D1670579

J.-J. Burlamaqui
Principes du Droit Naturel

Jean-Jaques Burlamaqui

Principes du Droit Naturel

2 volumes en 1 volume

1984
Georg Olms Verlag
Hildesheim · Zürich · New York

Nachdruck der Ausgabe Genf 1748
Printed in Germany
Herstellung: Strauss & Cramer GmbH, 6945 Hirschberg 2
ISBN 3 487 07400 1

PRINCIPES

DU

DROIT NATUREL,

PAR

J. J. BURLAMAQUI,

CONSEILLER D'ÉTAT, & ci-devant
PROFESSEUR en Droit Naturel
& Civil à GENEVE.

PREMIERE PARTIE.

A GENEVE,

Chez BARRILLOT & FILS.

M. DCC. XLVIII.

AVERTISSEMENT.

CE Traité des *Principes du Droit Naturel* est le commencement d'un ouvrage plus étendu, ou d'un système complet sur le Droit de la Nature & des Gens, que je me proposois de publier un jour. Mais ayant été traversé depuis quelque tems dans ce dessein, soit par d'autres occupations, soit principalement par la foiblesse de ma santé, je l'avois comme perdu de vue. Cependant, apprenant que des copies manuscrites de cayers que j'avois dressés pour mon usage particulier, lorsque j'enseignois la Jurisprudence, s'étoient multipliées & répandues d'une manière à me faire craindre que cet Ouvrage ne vît le jour malgré moi & trop défiguré ; cette raison, jointe aux solicitations de plusieurs personnes, m'a enfin déterminé à publier ce premier

morceau.

morceau. Incertain fi le reſte pourra
ſuivre, j'ai tâché de donner à ces Principes aſſés d'étendue, pour que mon
Livre pût être de quelque utilité à
ceux qui commencent à s'inſtruire
du Droit de la Nature ; car ce n'eſt
pas pour les perſonnes déja éclairées
que je l'ai fait : & mes vues feront
remplies, s'il peut être en effet de
quelque uſage aux Jeunes gens, dans
l'étude de cette importante Science.

PRINCIPES
DU DROIT NATUREL.
PREMIERE PARTIE.

CHAPITRE PREMIER.

De la Nature de l'Homme confidéré par
rapport au Droit : de l'Entendement
& de ce qui a rapport à cette faculté.

§ I.

Deſſein de cet Ouvrage. Ce que c'eſt que Droit Naturel.

 Ous avons deſſein , dans cet
Ouvrage , de rechercher quelles
ſont les *Régles* que la ſeule *Raiſon*
preſcrit aux hommes , pour les
conduire ſûrememt au but qu'ils doivent ſe
propoſer , & qu'ils ſe propoſent tous en effet,
je veux dire, au véritable & ſolide bonheur ;

I. Partie.   A   &

& c'est le *système ou l'assemblage de ces Régles,*
considérées comme autant de Loix que Dieu im-
pose aux hommes, que l'on appelle DROIT DE
LA NATURE. Cette Science renferme les
principes les plus importans de la *Morale,* de la
Jurisprudence & de la *Politique ;* c'est-à-dire,
tout ce qu'il y a de plus intéressant pour
l'homme & pour la société. Rien aussi n'est
plus digne de l'application d'un être raisonnable, qui a sérieusement à cœur sa perfection
& sa félicité. Une juste connoissance des maximes que l'on doit suivre dans le cours de la
vie est le principal objet de la SAGESSE, & la
VERTU consiste à les pratiquer constamment,
sans que rien puisse nous en détourner.

§ II.

Il faut tirer les principes de cette Science de la nature
& de l'état de l'homme.

L'IDÉE du *Droit,* & plus encore celle
du *Droit Naturel,* sont manifestement des
idées relatives à la nature de l'homme. C'est
donc de cette *nature* même de l'homme, de
sa *constitution* & de son *état,* qu'il faut déduire les principes de cette Science.

Le terme de *Droit,* dans sa première origine , vient du verbe *diriger,* qui signifie
conduire à un certain but par le chemin le plus
court.

court. Ainſi le Droit, dans le ſens propre le plus général, & auquel tous les autres doivent ſe rapporter, eſt *tout ce qui dirige, ou qui eſt bien dirigé.* Cela étant, la première choſe qu'il faut examiner, c'eſt ſi l'homme eſt ſuſceptible de direction & de régle par rapport à ſes actions. Pour le faire avec ſuccès, il faut reprendre les choſes dès leur origine, & remontant à la nature & à la conſtitution de l'homme, il faut développer quel eſt le principe de ſes actions, & quels ſont les états qui lui ſont propres; afin de voir enſuite comment & en quoi il eſt ſuſceptible de direction dans ſa conduite. C'eſt le ſeul moyen de connoître ce qui eſt *droit,* & ce qui ne l'eſt pas.

§ III.

Définition de l'homme : quelle eſt ſa nature.

L'H O M M E eſt *un animal doué d'intelligence & de raiſon : un être compoſé d'un corps organiſé & d'une ame raiſonnable.*

L'homme, à l'égard du corps, eſt un animal à peu près ſemblable aux êtres de la même eſpéce, ayant les mêmes organes, les mêmes propriétés, les mêmes beſoins. C'eſt un corps vivant, organiſé, compoſé de pluſieurs parties; un corps qui ſe meut par lui-même,

A 2

même , & qui foible dans ses commencê-
mens , croît peu-à-peu par la nourriture ,
jusqu'à un certain point , où il paroit dans sa
fleur & dans sa force, d'où il déchoit insensiblement pour passer à la vieillesse, qui le conduit enfin à la mort. Tel est le cours ordinaire de la vie humaine , à moins qu'elle ne
se trouve abrégée par quelque maladie ou
par quelque accident.

Mais l'homme , outre la disposition merveilleuse de son corps, a de plus en partage
une *ame raisonnable* , qui le distingue avantageusement des bêtes. C'est par cette noble partie de lui-même que l'homme pense
& peut se faire de justes idées des différens
objets qui se présentent , les comparer ensemble , tirer des principes connus des vérités inconnues , juger sainement de la convenance des choses entr'elles , & des rapports
qu'elles ont avec nous , délibérer sur ce
qu'il doit faire ou ne pas faire , & se déterminer en conséquence à agir d'une manière
ou d'une autre. Notre esprit se rappelle le
passé , le joint au présent , & pousse ses vues
jusque dans l'avenir. Il est capable de voir
les causes , les progrès & les suites des choses , & de découvrir ainsi , comme d'une seule
vue , le cours entier de la vie : ce qui le met
en

en état de se pourvoir des choses nécessaires
pour en fournir heureusement la carrière.
D'ailleurs, en tout cela, il n'est point assujetti à une suite constante d'opérations uniformes & invariables : il peut agir ou ne
point agir, suspendre ses actions & ses mouvemens, les diriger & les régler comme il le
trouve à propos.

§ IV.

*Différentes actions de l'homme : quelles sont celles qui
sont l'objet du Droit.*

TELLE est en général l'idée que l'on
doit se faire de la nature de l'homme. Ce
qui en résulte, c'est que les actions de
l'homme sont de plusieurs sortes. Les unes
sont purement *spirituelles*, comme penser,
réfléchir, douter ; &c. d'autres sont purement *corporelles*, comme respirer, croître, &c.
& il y en a que l'on peut appeller *mixtes*,
auxquelles l'esprit & le corps ont part, &
qui sont produites par leur concours, en
conséquence de l'union que Dieu a établie
entre ces deux parties de l'homme, comme
parler, marcher, &c.

Toutes les actions qui dépendent de l'ame,
ou dans leur origine, ou dans leur direction,
s'appellent *actions humaines* ou *volontaires* :
toutes les autres sont des actions purement

A 3   *physiques.*

physiques. L'ame eſt donc le *principe* des actions humaines, & ces actions ne peuvent
être l'objet de quelque *Régle*, qu'en tant
qu'elles ſont produites & dirigées par ces
nobles facultés dont le Créateur a enrichi
l'homme. C'eſt pourquoi il eſt néceſſaire d'entrer là-deſſus dans quelque détail, & d'examiner plus particulièrement les facultés de
l'ame & leurs opérations, afin de connoître
comment ces facultés concourent à la production des actions humaines ; ce qui ſer-
vira en même-tems à dévelober la nature
de ces actions, à nous aſſurer ſi elles ſont
effectivement ſuſceptibles de quelque régle,
& juſqu'à quel point elles ſe trouvent ſoumiſes à l'empire de l'homme.

§. V.

Principales facultés *de l'ame.*

POUR peu que l'homme réfléchiſſe ſur
lui-même, le ſentiment & l'expérience lui
apprennent que ſon ame eſt un *agent* dont
l'activité ſe dévelope par une ſuite conti-
nuelle d'opérations différentes ; & comme
l'on a déſigné ces opérations par des noms
qui les diſtinguent, on les a auſſi attribuées
à différentes *facultés*, comme à leurs principes. Les principales de ces facultés ſont l'*entendement.*

tendement , la *volonté*, & la *liberté*. L'ame eſt
à la vérité un être ſimple ; mais rien n'empêche qu'en faiſant attention à ſes différentes manières d'opérer , on ne la conſidére
comme un *ſujet* en qui réſident différens
pouvoirs d'agir, ou différentes *puiſſances*, & que
l'on ne donne divers noms à ces puiſſances.
Et pourvu que l'on prenne la choſe de cette
maniére , cette méthode ne peut que donner
plus de préciſion & de netteté à nos idées.
Souvenons-nous donc que les FACULTÉS de
l'ame ne ſont autre choſe que *les pouvoirs d'a-*
gir , *ou les différentes puiſſances qui ſont en elle* ,
& au moyen deſquelles elle fait toutes ſes opéra-
tions.

§. VI.

L'Entendement : *ce que c'eſt que* vérité.

LA principale faculté de l'ame , celle qui
conſtitue le fonds de ſon eſſence & qui en
eſt comme la lumière , c'eſt l'ENTENDE-
MENT. On peut le définir : *Cette faculté ou*
cette puiſſance de l'ame , par laquelle elle apper-
çoit les choſes , & s'en forme des idées , pour par-
venir à la connoiſſance de la vérité. LA VÉRITÉ
ſe prend ici en deux ſens ; ou pour *la nature*
des choſes , leur état & les rapports qu'elles ont
entr'elles ; ou pour des *idées conformes à cette*

A 4   *nature*

nature , à cet état & à ces rapports. CONNOÎ-
TRE LA VÉRITÉ, *c'est donc appercevoir les
choses telles qu'elles sont en elles-mêmes , & s'en
faire des idées conformes à leur nature.*

§ VII.

PRINCIPE. *L'Entendement est naturellement droit.*

SUR QUOI il faut d'abord poser & reconnoître comme un principe incontestable :
QUE l'*Entendement humain est naturellement
droit , & qu'il a en lui-même la force nécessaire
pour parvenir à la connoissance de la vérité, &
pour la discerner de l'erreur ; principalement dans
les choses qui intéressent nos devoirs , & qui doivent former les hommes à une vie vertueuse , honnête & tranquille ; pourvu que d'ailleurs l'homme y apporte les soins & l'attention qui dépendent de lui.*

Le sentiment intérieur & l'expérience
concourent à nous convaincre de la vérité
de ce principe , qui est comme le pivot sur
lequel roule tout le système de l'humanité.
On ne sauroit le révoquer en doute sans
sapper par le fondement, & sans renverser
de fond en comble , tout l'édifice de la société ; puisque ce seroit anéantir toute distinction entre la *vérité* & l'*erreur*, entre le
bien & le *mal* ; & par une suite naturelle de

ce

ce renverſement des choſes, l'on ſe trouveroit enfin réduit à la néceſſité de douter de
tout, ce qui eſt le comble de l'extrava-
gance.

Ceux donc qui ont prétendu que la raiſon & ſes facultés étoient tellement dépra-
vées, qu'elles ne pouvoient plus ſervir à
l'homme de guide ſûr & fidéle, ſoit en matière de devoirs, ſoit en particulier dans la
Religion; n'ont pas fait attention qu'ils pre-
noient pour baſe de leur ſyſtême un principe
deſtructif de toute vérité, & de la Religion
par conſéquent. Auſſi voyons - nous que,
bien loin que l'Ecriture ſainte établiſſe rien
de ſemblable, S. Paul * aſſure » Q u e lorſ-
» que les peuples qui n'ont point eu de loi
» révélée, ſont naturellement les choſes que
» la Loi ordonne, ils ſont leur propre Loi à
» eux-mêmes, & que par-là ils ſont voir que
» les commandemens de la Loi ſont écrits
» dans leurs cœurs, par le témoignage de
» leur propre conſcience. « Il eſt vrai qu'u-
ne mauvaiſe éducation, des habitudes vicieu-
ſes, des paſſions déréglées, peuvent obſcur-
cir les lumières de l'eſprit; & que l'inattention, la légèreté & les préjugés jettent ſouvent

* *Rom. II.* 14. 15.

vent les hommes dans les erreurs les plus
grossières, en matière même de Religion &
de Morale. Mais cela prouve seulement que
les hommes peuvent abuser de leur raison,
& non que cette *Rectitude* naturelle des facultés de l'ame soit détruite. Ce qui nous
reste à dire mettra encore la chose dans un
plus grand jour.

§ VIII.

Comment se forme la Perception. Attention : Examen.

S U I V O N S de plus près les opérations
de l'Entendement. La *perception*, ou *la vue
& la connoissance des choses*, se forme, pour
l'ordinaire, du concours de deux actions ;
l'une de la part de l'*objet*, & qui n'est autre
chose que l'*impression* que cet objet fait sur
nous ; l'autre de la part de l'*esprit*, & qui est
proprement un *regard* de l'ame sur l'objet
qu'elle veut connoître. Mais comme un premier regard ne suffit pas toujours, il est nécessaire, pour acquérir une connoissance exacte des choses, & pour s'en faire de justes
idées, que l'esprit s'applique quelque tems
à bien considérer son objet. *Cette application
avec laquelle l'ame continue à regarder un objet
pour le bien connoître, s'appelle* ATTENTION ;
& si elle se tourne de divers côtés, pour envisager
l'objet

l'objet par toutes ses faces: cela s'appelle Examen. On peut donc dire que la perception
ou la connoiffance des chofes dépend toute
entière, par rapport à l'efprit, de fa force
naturelle & de fon attention.

§ IX.

Evidence. Probabilité.

C'est avec ces fecours, tirés de fon
propre fonds, que l'homme parvient enfin à
une connoiffance claire & diftincte des chofes
& de leurs rapports, des idées & de la conformité de ces idées avec leurs originaux ;
en un mot, qu'il acquiert la connoiffance de
la vérité. L'on appelle Evidence , cette
*vue claire & diftincte des chofes & des rapports
qui font entr'elles*, & c'eft à quoi il faut faire
une grande attention. Car cette évidence
étant le *caractère* effentiel de la *vérité*, ou la
marque fûre à laquelle on ne peut s'empêcher de la reconnoître, elle produit néceffairement une *conviction* intérieure, qui fait
le plus haut dégré de la *certitude*. Il eft vrai
que tous les objets ne s'offrent pas à nous
avec une lumière auffi vive, & que, malgré tous les foins & toute l'application que
l'on peut y apporter, l'on ne peut très-fou-
vent fe procurer que des *lueurs*, qui, felon
qu'elles

qu'elles font plus ou moins fortes; produifent différens dégrés de *probabilité* & de *vraifemblance*. Mais les chofes ne fauroient aller
autrement à l'égard de tout être dont les facultés font bornées. Il fuffit que l'homme
puiffe, relativement à fa deftination & à fon
état, connoître avec certitude les chofes
qui intéreffent fa perfection & fa félicité, &
que d'ailleurs il puiffe diftinguer la *probabilité* de l'*évidence*, & les différens *dégrés*
de probabilité les uns des autres, afin de
proportionner fur ces différences l'*affentiment* qu'il doit leur donner. Or pour peu
que l'on rentre en foi-même, & que l'on
réfléchiffe fur les opérations de fon efprit,
on ne fauroit douter que l'homme n'ait en
effet ce difcernement.

§. X.

Ce que c'eft que les Sens, l'Imagination, la Mémoire.

IL faut encore rapporter à l'Entendement les *Sens*, pris pour la faculté de fentir,
l'*Imagination* & la *Mémoire*. En effet, les
SENS confidérés de cette manière, ne font
autre chofe que l'*Entendement* lui-même,
*en tant qu'il fe fert des fens & des organes du
corps, pour appercevoir les objets corporels.* L'I-

MA-

MAGINATION n'eſt de même que l'*Entende-*
ment , en tant *qu'il apperçoit les objets abſens ,*
non par eux-mêmes , mais par les images qu'il
s'en forme dans le cerveau. La MÉMOIRE enfin n'eſt encore que l'*Entendement , conſidéré*
comme ayant la faculté de retenir les idées qu'il
ſe forme des choſes , & comme pouvant ſe les re-
préſenter au beſoin : avantages qui dépendent
principalement du ſoin que l'on prend de
répéter ſouvent ces idées.

§ XI.

La perfection *de l'Entendement conſiſte dans la con-.*
noiſſance de la vérité. Deux obſtacles à cette per-
*'fection , l'*Ignorance *& l'*Erreur.

Il réſulte de tout ce qui a été dit jufqu'ici ſur l'Entendement, que l'*objet* de cette
faculté de notre ame eſt la VÉRITÉ, avec
tous les actes & les moyens qui nous y conduiſent. Cela ſuppoſé , la *perfection* de l'Entendement conſiſte dans la *connoiſſance de la*
vérité, puiſque c'eſt la *fin* à laquelle il eſt deſtiné.

Deux choſes , entr'autres , ſont oppoſées
à cette perfection, l'*Ignorance* & l'*Erreur,* qui
ſont comme deux maladies de l'ame. L'I-
GNORANCE n'eſt qu'*une privation d'idées ou de*
connoiſſances ; mais l'ERREUR eſt *la non-con-*
formité

formité , ou l'oppofition de nos idées avec la na-
ture & l'état des chofes. Ainfi l'erreur étant le
renverfement de la vérité, elle lui eft beaucoup plus contraire que l'ignorance, qui
eft comme un *milieu* entre la vérité & l'erreur.

Il faut fe fouvenir que nous ne parlons
pas ici de l'entendement, de la vérité, de
l'ignorance & de l'erreur, fimplement pour
connoître ce que ces chofes font en elles-mêmes : notre principal but eft de les envifager
comme *principes* de nos actions. Sur ce pié-
là, l'ignorance & l'erreur, quoique naturellement diftinctes l'une de l'autre, fe trouvent pour l'ordinaire mêlées enfemble &
comme confondues ; enforte que ce que l'on
dit de l'une doit également s'appliquer à
l'autre. L'ignorance eft fouvent la caufe de
l'erreur ; mais jointes ou non, elles fuivent
les mêmes régles, & produifent le même
effet par l'influence qu'elles ont fur nos *ac-*
tions ou nos *omiffions.* Peut-être même que,
dans l'exacte précifion, il n'y a proprement
que l'erreur qui puiffe être le principe de
quelque action, & non la fimple ignorance,
qui n'étant en elle-même qu'une privation
d'idées, ne fauroit rien produire.

§ XII.

§ XII.

Différentes sortes d'erreurs. 1°. *Erreur de droit & de fait :* 2°. *Volontaire & involontaire :* 3°. *Essentielle & accidentelle.*

L'IGNORANCE & l'ERREUR sont de plusieurs sortes, & il est nécessaire d'en marquer ici les différences. 1°. L'Erreur, considérée par rapport à son objet, est ou *de droit,* ou *de fait.* 2°. Par rapport à son origine, l'ignorance est *volontaire* ou *involontaire ;* l'erreur est *vincible* ou *invincible.* 3°. Enfin, eu égard à l'influence de l'erreur sur l'action ou sur l'affaire dont il s'agit, elle est *essentielle* ou *accidentelle.*

L'ERREUR est DE DROIT OU DE FAIT, *suivant que l'on se trompe, ou sur la disposition d'une loi, ou sur un fait qui n'est pas bien connu.* Ce seroit, par exemple, une erreur en Droit, si un Prince jugeoit que de cela seul qu'un Etat voisin augmente insensiblement en force & en puissance, il peut légitimement lui déclarer la guerre. Telle étoit encore l'erreur autrefois si commune chez les Grecs & chez les Romains, qu'il étoit permis à un père d'exposer ses enfans *. Au contraire, l'idée

* Voyez-en un autre exemple dans *S. Matthieu. Ch. XV. y. 4. 5.*

qu'avoit

qu'avoit *Abimélech* de *Sara*, femme d'*Abra-
ham*, en la prenant pour une perſonne libre,
étoit une erreur en fait.

*L'ignorance dans laquelle on ſe trouve par
ſa faute, ou l'erreur contractée par négligence,
& dont on ſe ſeroit garanti ſi l'on eut pris tous
les ſoins & apporté toute l'attention dont on étoit
capable,* eſt une IGNORANCE VOLONTAIRE;
ou bien, c'eſt une ERREUR VINCIBLE &
SURMONTABLE. Ainſi le *Polythéiſme* des
Payens étoit une erreur vincible; car il ne
tenoit qu'à eux de faire uſage de leur raiſon,
pour comprendre qu'il n'y avoit nulle néceſſité de ſuppoſer pluſieurs Dieux. J'en dis
autant de l'opinion établie chez la plupart
des anciens peuples, Que l'on pouvoit hon-
nêtement exercer la piraterie contre tous
ceux avec qui l'on n'avoit aucun traité, &
en uſer avec eux comme avec des ennemis.
Mais L'IGNORANCE eſt INVOLONTAIRE,&
L'ERREUR eſt INVINCIBLE, *ſi elles ſont telles
que l'on n'ait pu, ni s'en garantir, ni s'en re-
lever, même avec tous les ſoins moralement
poſſibles;* c'eſt-à-dire, à en juger ſelon la
conſtitution des choſes humaines & de la vie
commune. C'eſt ainſi que l'ignorance de
la Religion chrétienne, où étoient les Amé-
ricains avant qu'ils euſſent aucun commerce
avec

avec les Européens, étoit une *ignorance in-*
volontaire & invincible.

Enfin, l'on entend par une ERREUR ESSEN-
TIELLE, *celle qui a pour objet quelque circonf-*
tance néceſſaire dans l'affaire dont il s'agit, &
qui par cela même a une influence directe ſur l'ac-
tion faite en conſéquence ; en ſorte que, ſans
cette erreur, l'action n'auroit point été faite. De-
là vient qu'on appelle auſſi cette erreur *effi-*
cace. Entendez par *circonſtances néceſſaires,celles*
que demande néceſſairement & par elle-même la
nature de la choſe, ou bien l'intention de l'agent,
formée dans le tems qu'il falloit, & notifiée par
des indices convenables. C'étoit, par éxemple,
une erreur *eſſentielle* que celle de ces Troyens
qui, à la priſe de leur ville, lançoient des
traits ſur leurs propres gens, les prenant
pour des ennemis, parcequ'ils étoient armés à la grecque. Autre exemple: Un homme
épouſe la femme d'autrui, la croyant fille ;
ou ne ſachant pas que ſon mari eſt encore en
vie. C'eſt-là une erreur qui regarde la nature
même de la choſe, & qui eſt par conſéquent
eſſentielle.

Au contraire, l'ERREUR ACCIDENTELLE
eſt celle qui n'a par elle-même nulle liaiſon néceſ-
ſaire avec l'affaire dont il s'agit, & qui par
conſéquent ne ſçauroit être conſidérée comme la

I. Partie.   B   *vraie*

vraie cause de l'action. Un homme outrage ou maltraite quelqu'un, le prenant pour un autre, ou parcequ'il croit que le Prince est mort, comme le bruit s'en étoit répandu sans fondement, &c. Ce sont-là des erreurs purement *accidentelles*, qui se trouvant actuellement dans l'esprit de l'agent, ont bien accompagné son action, mais qui ne sçauroient être considérées comme en étant la véritable cause.

Au reste, il faut encore observer que ces différentes qualifications de l'ignorance ou de l'erreur, peuvent concourir ensemble & se trouver réunies dans le même cas. C'est ainsi qu'une erreur de fait peut être ou essentielle ou accidentelle; & l'une & l'autre peuvent encore être volontaires ou involontaires, vincibles ou invincibles.

Mais voilà qui peut suffire sur l'Entendement. Passons à l'examen des autres *facultés* de notre ame, qui concourent aussi à la production des actions humaines.

CHA-

CHAPITRE II.

Suite des principes sur la nature de l'Homme;
de la Volonté & de la Liberté.

§ I.

La Volonté. *Ce que c'est que le* Bonheur, *le* Bien.

CE n'étoit pas assés, suivant les vues
du Créateur, que l'ame de l'homme
eût la faculté de connoître les choses & de
s'en former des idées : il falloit de plus qu'elle
fût douée d'un principe d'activité qui la mît
en mouvement ; d'une puissance par laquelle
l'homme, après avoir connu les objets qui
se présentent, pût se déterminer à agir ou à
ne pas agir, selon qu'il le juge convenable.
Cette faculté est ce qu'on appelle la *Volonté.*

La Volonté n'est donc autre chose que
cette *puissance de l'ame par laquelle elle se détermine d'elle même, & en vertu d'un principe
d'activité inhérent à sa nature, à rechercher ce qui
lui convient, & à agir d'une certaine manière,
à faire une action, ou à ne la pas faire ; toujours
en vue de son bonheur.*

Entendez par le Bonheur *cette satisfac-*
B 2   *tion*

tion intérieure de l'ame, qui naît de la posses-
sion du bien; & par le BIEN, *tout ce qui con-*
vient à l'homme pour sa conservation, pour sa
perfection, pour sa commodité ou son plaisir.
L'idée du bien détermine celle du MAL,
qui dans sa notion la plus générale, désigne
tout ce qui est opposé à la conservation, à la
perfection, à la commodité ou au plaisir de
l'homme.

§ II.

Instincts, Inclinations, Passions.

A la *volonté* se rapportent les *Instincts, les*
Inclinations & les *Passions.* Les INSTINCTS
font *des sentimens excités dans l'ame par les*
besoins du corps, qui la déterminent à y pour-
voir sans délai. Tels font la faim, la soif, l'a-
version pour tout ce qui est nuisible, &c.
Les INCLINATIONS font *une pente de la vo-*
lonté, qui la porte vers certains objets plutôt que
vers d'autres, mais d'une manière égale, tran-
quille, & si proportionnée à toutes ses opéra-
tions, que bien loin de les troubler, pour l'ordi-
naire elle les facilite. Pour les PASSIONS, ce
font bien, comme les inclinations, *des mou-*
vemens de la volonté vers certains objets; mais
ce font *des mouvemens plus impétueux & plus*
turbulens, qui tirent l'ame de son assiète natu-
relle.

relle , & qui l'empêchent souvent de bien diri-
ger ses opérations. C'est alors que les passions
deviennent une des plus dangereuses maladies de l'homme. La cause des passions est
pour l'ordinaire l'appas des biens *sensibles ,*
qui sollicitent l'ame , & l'agitent par une
impression trop forte.

Il est aisé de comprendre par ce que l'on
vient de dire , que les inclinations , les passions & les instincts ont beaucoup d'affinité
ensemble. Ce sont toujours des penchans ou
des mouvemens de l'ame , qui ont souvent
les mêmes objets. Mais il y a cette différence entre ces trois espéces de mouvemens ,
que les instincts se trouvent nécessairement
les mêmes dans tous les hommes , par une
suite naturelle de la constitution de leur
corps , & de l'union de ce corps avec l'ame ;
au lieu que les inclinations & les passions
prises en particulier, n'ont rien de nécessaire ,
& que d'un homme à l'autre elles varient
extrêmement.

Faisons encore une remarque qui trouve
ici sa place naturelle : c'est qu'en notre lan-
gue on donne le nom de *Cœur* à la volonté ,
en tant qu'on la considére comme susceptible des mouvemens que nous venons d'expliquer ; & cela apparemment parcequ'on

a cru que ces mouvemens avoient leur fiége
dans le cœur.

§. III.

Liberté : *en quoi elle confifte.*

TELLE eft la nature de notre ame, que
non-feulement la volonté agit toujours avec
fpontanéité, c'eft-à-dire de fon propre mouvement, de fon bon gré, & par un principe
interne ; mais encore que fes déterminations font pour l'ordinaire accompagnées
de *liberté.*

On nomme LIBERTÉ, *cette force
de l'ame par laquelle elle modifie & régle
fes opérations comme il lui plaît, en forte
qu'elle peut ou fufpendre fes délibérations & fes
actions, ou les continuer, ou les tourner d'un
autre côté ; en un mot, fe déterminer & agir
avec choix, felon ce qu'elle juge le plus convenable.* C'eft par cette excellente faculté, que
l'homme a une forte d'empire fur lui-même
& fur fes actions. Et comme c'eft auffi ce
qui le rend capable de fuivre une régle, &
refponfable de fa conduite, il eft néceffaire
de développer un peu plus la nature de cette
faculté.

La volonté & la liberté étant des facultés
de l'ame, ne peuvent être aveugles, ni deftі-
tuées

tuées de connoiſſance ; elles ſuppoſent toujours l'opération de l'entendement. Quel
moyen en effet de ſe déterminer, ou de ſuſpendre ſes déterminations, & de ſe tourner
d'un côté plutôt que d'un autre, ſi l'on ne
connoît pas ce que l'on doit choiſir ? Il eſt
contraire à la nature d'un être intelligent &
raiſonnable, d'agir ſans intelligence & ſans
raiſon. Cette raiſon peut être legère & mauvaiſe ; mais elle a du moins quelque apparence, quelque lueur, qui nous la fait trouver bonne pour le moment. Dès qu'il y a
du choix, il y a comparaiſon d'un parti à
un autre ; & qui dit comparaiſon dit toujours une réfléxion, du moins confuſe, &
une ſorte de délibération, quoique prompte
& preſque imperceptible, ſur le ſujet dont
il s'agit.

Le but de toutes nos délibérations, c'eſt
de nous procurer quelque avantage. Car la
volonté tend en général au *Bien*, c'eſt-à-dire,
à tout ce qui eſt propre à nous rendre heureux, ou du moins qui nous paroît tel ; de
ſorte que toutes les actions qui dépendent
de l'homme, & qui ont quelque rapport à
ſon but, ſont par cela même ſoumiſes à la
volonté. Et comme le *Vrai*, ou la connoiſſance des choſes, convient auſſi à l'homme,

& que dans ce sens la *vérité* est un *bien*, il s'ensuit que le *vrai* fait aussi l'un des principaux objets de la volonté.

La Liberté a pour *objet* le *bien* & le *vrai* ; comme la volonté : mais elle a moins d'étendue par rapport aux *actions* ; car elle ne s'exerce pas dans tous les actes de la volonté, mais seulement dans ceux que l'ame peut suspendre ou tourner comme il lui plaît.

§. IV.

Usage de la Liberté dans nos jugemens par rapport au vrai.

Mais quels sont ces actes où la liberté se déploie ? On les connoîtra en faisant attention à ce qui se passe en nous, & à la manière dont notre esprit se conduit dans les divers cas qui se présentent : 1°. dans nos jugemens sur le *vrai* & sur le *faux* ; 2°. dans nos déterminations par rapport au *bien* & au *mal* ; & enfin dans les choses *indifférentes*. Ce détail est nécessaire pour bien connoître la nature, l'usage & l'étendue de la Liberté.

A l'égard du *vrai*, nous sommes faits de telle manière, qu'aussitôt que l'*évidence* frappe notre esprit, nous ne sommes plus les maîtres de suspendre notre jugement. En
vain

vain voudrions-nous réfifter à cette vive lumière ; elle emporte notre affentiment. Qui
pourroit nier, par exemple, que le *tout* eft
plus grand qu'une de fes *parties* ; ou que la
concorde & la paix font préférables pour
une famille & pour un Etat, au trouble, aux
diffenfions & à la guerre ?

Il n'en eft pas de même dans les chofes
où il y a moins de clarté & d'évidence.
C'eft alors que l'ufage de la liberté fe développe dans toute fon étendue. Il eft vrai que
notre efprit fe porte naturellement du côté
qui lui paroît le plus vraifemblable ; mais
cela n'empêche pas qu'on ne puiffe s'arrêter
pour chercher de nouvelles preuves, ou
pour renvoyer tout cet examen à un autre
tems. Plus les chofes font obfcures, & plus.
auffi nous demeurons les maîtres d'héfiter,
de fufpendre ou de différer notre détermination. C'eft-là une chofe d'expérience :
tous les jours, & pour ainfi dire, à chaque
pas, il fe préfente des queftions, où, à caufe
des bornes de notre efprit, les raifons pour
& contre nous laiffent dans une forte de
doute & d'équilibre, qui nous permet de
fufpendre notre jugement, d'examiner la
chofe de nouveau, & de faire enfin pencher
la balance d'un côté plutôt que d'un autre.

On

On fent, par exemple, que l'esprit peut hé-
siter long-tems, & ne se déterminer qu'après
une mûre consultation sur les questions suivantes : Un serment extorqué par force est-il
obligatoire ? Le meurtre de César fut-il légitime ? Le Sénat Romain pouvoit-il avec
justice ne pas confirmer la promesse que les
Consuls avoient faite aux Samnites, pour se
tirer des fourches Caudines ; ou bien devoit-
il la ratifier, & lui donner la force d'un Traité
public ? &c.

§. V.

La Liberté a son usage, même à l'égard des choses
évidentes.

QUOIQUE l'exercice de la Liberté n'ait
plus lieu dans nos jugemens, dès que les
choses s'offrent à nous d'une manière claire
& distincte ; il ne faut pas croire pour cela,
que tout usage de cette faculté cesse à l'é-
gard des choses *évidentes.* Car premièrement
il dépend toujours de nous d'appliquer notre
esprit à les considérer, ou bien de l'en détourner en portant ailleurs notre attention.
Et cette première détermination de la volonté, par laquelle elle se porte à considérer ou à ne pas considérer les idées qui se
présentent à nous, mérite d'être remarquée,

à

à cause de l'influence naturelle qu'elle doit avoir sur la détermination même , par laquelle nous prenons le parti d'agir ou de ne pas agir, en conséquence de nos pensées & de nos jugemens. En second lieu , il est encore en notre pouvoir de faire , pour ainsi dire , naître l'évidence dans certains cas , à force d'attention & d'examen ; au-lieu que nous n'avions d'abord que des lueurs , qui ne suffisoient pas pour nous donner une connoissance parfaite de l'état des choses. Enfin , lorsque nous sommes parvenus à nous procurer l'évidence , nous sommes encore les maîtres de nous arrêter plus ou moins à la considérer : ce qui est aussi de grande conséquence , puisque de-là dépend l'impression plus ou moins forte qu'elle fera sur nous.

Ces remarques nous conduisent à une réflexion importante , & qui sert de réponse à une objection que l'on fait contre la liberté. » Il ne dépend pas de nous , dit-on , » d'appercevoir les choses autrement qu'elles ne se présentent à notre esprit ; c'est » sur la perception que nous en avons que » nous formons nos jugemens , & c'est sur » ces jugemens que la volonté se détermine. » Tout cela est donc *nécessaire ,* & indépendant de notre liberté.

Mais

Mais cette difficulté n'a qu'une vaine apparence. Quoi que l'on puiſſe en dire, nous ſommes toujours les maîtres d'ouvrir ou de fermer les yeux à la lumière ; nous pouvons ſoutenir notre attention , ou la relâcher. L'expérience fait voir que lorſqu'on enviſage un objet ſous diverſes faces , & qu'on s'applique à l'approfondir, on y découvre des choſes qui échappoient à la première vue. Cela ſuffit pour montrer que la liberté trouve ſon uſage dans les opérations de l'entendement , auſſi bien que dans toutes les actions qui en dépendent.

§. VI.

Uſage de la Liberté par rapport au bien *& au* mal.

SOMMES - NOUS également libres dans nos déterminations par rapport au *bien* & au *mal* ? C'eſt la ſeconde queſtion qu'il s'agit d'examiner.

Pour cela il ne faut point ſortir de nous mêmes : c'eſt encore par le fait , & par ce que nous éprouvons au dedans de nous , que la queſtion ſe décidera. Il eſt bien ſûr qu'à l'égard du *bien* & du *mal* , en général & conſidérés comme tels , nous ne ſçaurions proprement faire uſage de la liberté , puiſque nous nous ſentons entraînés vers l'un par un

penchant

penchant invincible, & détournés de l'autre
par une averfion naturelle & infurmontable.
C'eft l'auteur de notre être qui l'a voulu
ainfi, fans qu'il dépende de l'homme de
changer à cet égard fa nature. Nous fommes
faits de telle manière, que le *bien* nous attire
néceffairement, au-lieu que le *mal*, par un
effet oppofé, nous repouffe, pour ainfi dire,
& nous écarte.

Mais cette tendance fi forte vers le bien ;
& cette averfion naturelle pour le mal en
général, n'empêchent pas que nous ne de-
meurions parfaitement libres à l'égard des
biens & des maux particuliers ; & quoiqu'on
ne puiffe s'empêcher d'être fenfible aux premières impreffions que les objets font fur
nous, l'on n'eft pas pour cela invinciblement
porté à rechercher ou à fuir ces objets. Que
des fruits les plus beaux à l'œil, annoncés par
l'odeur la plus agréable, & pleins d'un jus
délicieux, fe préfentent tout à coup à un
homme preffé de la chaleur & de la foif ; il
fe fentira d'abord porté à profiter du bien
qui s'offre à lui, & à foulager fon inquiétude par un rafraichiffement falutaire. Mais
il peut auffi s'arrêter, il peut fufpendre fon
action, pour examiner fi le bien qu'il fe pro-
curera en mangeant ces fruits ne fera pas
                                                        fuivi

fuivi d'un mal : en un mot , il peut délibérer
& calculer , pour prendre enfin le parti le
plus fûr. Et non-feulement l'on peut , par
un effort de raifon , fe priver d'une chofe
dont l'idée nous flatte agréablement ; mais
l'on peut même s'expofer à une douleur ou
à un chagrin que l'on appréhende , & que
l'on voudroit bien pouvoir éviter , fi des
confidérations fupérieures ne nous faifoient
réfoudre à le fupporter. Que pourroit-on defirer de plus pour marquer la liberté ?

§. VII.

Ufage de la Liberté par rapport aux chofes indifférentes.

IL eft pourtant vrai que l'exercice de
cette faculté ne paroît jamais plus que dans
les chofes *indifférentes.* Je fens, par exemple ,
qu'il dépend tout-à-fait de moi d'étendre ou
de retirer la main ; de refter affis ou de me
promener ; de diriger mes pas à droit ou à
gauche, *&e.* Dans ces occafions, où l'ame eft
entièrement laiffée à elle-même , foit par le
défaut de motifs extérieurs, foit par l'oppofition & pour ainfi dire l'équilibre de ces
motifs , on peut dire que fi elle fe détermine
à quelque parti , c'eft par un pur effet de fon
bon-plaifir , ou de l'empire qu'elle a fur fes
propres actions.

§ VIII.

§. VIII.

Pourquoi l'exercice de la Liberté se trouve restreint aux vérités non-évidentes & aux biens particuliers.

Arrétons-nous ici un moment à rechercher pourquoi l'exercice de la liberté est borné aux biens particuliers, & aux vérités non-évidentes, sans s'étendre jusqu'au bien en général, ni jusqu'aux vérités parfaitement claires. Si nous en découvrons la raison, ce sera un nouveau sujet d'admirer la sagesse du Créateur dans la constitution de l'homme, & en même-tems un moyen de connoître toujours mieux le but & le vrai usage de la liberté.

Nous demandons d'abord qu'on nous accorde que le but de Dieu en créant l'homme, a été de le rendre *heureux.* Cela supposé, l'on conviendra sans peine, que l'homme ne peut parvenir au bonheur, que par la connoissance de la *vérité,* & par la possession des *vrais biens.* C'est ce qui résulte évidemment des notions que nous avons données ci-dessus du *bonheur* & du *bien.* Dirigeons nos réfléxions sur ce point de vue. Lorsque les choses qui sont l'objet de nos recherches, ne se présentent à notre esprit qu'avec une foible clarté, & qu'elles ne sont pas

accom-

accompagnées de cette vive lumière qui
nous met en état de les connoître parfaitement, & d'en juger avec une pleine certitude ; il étoit convenable, & même nécessaire,
que nous eussions le pouvoir de suspendre
notre jugement, afin que n'étant pas nécess-
sairement déterminés à acquiescer aux premières impressions, nous demeurassions les
maîtres de pousser plus loin notre examen ,
jusqu'à ce que nous fussions parvenus à un
plus haut dégré de certitude, & s'il étoit
possible, jusqu'à l'évidence. Sans cela nous
tomberions à tout moment dans l'erreur , &
nous n'aurions aucune ressource pour en sortir. Il étoit donc très-utile & très-nécessaire
que l'homme dans ces circonstances pût
faire usage de sa liberté.

Mais lorsque nous avons une vue claire &
distincte des choses & de leurs rapports,
c'est-à-dire, lorsque l'évidence nous frappe ;
ce seroit inutilement , & pour parler ainsi, à
pure perte , que nous pourrions nous servir de la liberté pour suspendre notre jugement. Car la certitude étant alors aussi grande qu'elle puisse être , que gagnerions-nous
par un nouvel examen , s'il étoit en notre
pouvoir ? L'on n'a plus besoin de consulter
un guide , lors qu'on voit distinctement &
le

le but où l'on va & la route qu'il faut tenir.
C'eſt donc encore un avantage pour l'homme, de ne pouvoir refuſer ſon acquieſcement
à l'évidence.

§ IX.

RAISONNONS à peu-près de même
ſur l'uſage de la liberté par rapport au *bien*
& au *mal.* L'homme deſtiné à être heureux
devoit certainement être fait de manière ,
qu'il fût dans une *néceſſité* abſolue de deſirer
& de chercher le bien , & de fuir au contraire
le mal en général. Si la nature de ſes facultés
étoit telle , qu'elles le laiſſaſſent dans un état
d'*indifférence* , en ſorte qu'il fût le maître à
cet égard de ſuſpendre ou de détourner ſes
deſirs ; l'on ſent bien que ce ſeroit en lui
une grande imperfection , qui marqueroit un
défaut de ſageſſe dans l'auteur de ſon être ,
comme étant directement contraire au but
qu'il s'eſt propoſé.

Mais d'un autre côté ce ne ſeroit pas un
moindre inconvénient , ſi la néceſſité où
l'homme ſe trouve de rechercher le bien &
de fuir le mal , étoit telle , qu'il fût invinciblement déterminé à agir ou à ne pas agir ,
en conſéquence des premières impreſſions
que chaque objet fait ſur lui. Telle eſt la con-

I. Partie.   C   dition

dition des chofes humaines, que les apparences nous trompent fouvent : il eft rare
que les biens & les maux fe préfentent à nous,
bien épurés ou fans mélange ; il y a prefque
toujours du pour & du contre, des inconvéniens mêlés avec des utilités. Pour agir
donc avec fureté, & pour ne pas trouver du
mécompte, il faut le plus fouvent fufpendre
fes premiers mouvemens, examiner les chofes de plus près, faire des difcernemens, des
calculs, des compenfations : & tout cela demandoit l'ufage de la liberté. La liberté eft
donc, pour parler ainfi, une faculté *fubfi-*
diaire, qui fupplée à ce qu'il peut y avoir de
défectueux dans les autres facultés, & dont
l'office ceffe auffitôt qu'elle les a redreffées.

C O N C L U O N S de-là que l'homme eft
pourvu de tous les moyens néceffaires pour
parvenir à la fin à laquelle il eft deftiné ; &
qu'à cet égard, comme à tout autre, le
Créateur a fait les chofes avec une fageffe
admirable.

§ X.

La preuve de la Liberté, qui fe tire du fentiment
intérieur, eft fupérieure à tout.

A P R E's ce que l'on vient de dire de la
nature de la liberté, de fes opérations & de
fon ufage, il femblera peut-être inutile de
s'arrêter

s'arrêter à prouver que l'homme eſt effectivement un être libre , & que cette faculté
ſe trouve en nous auſſi réellement que toutes
les autres.

Cependant comme c'eſt ici un principe
eſſentiel , & l'une des baſes de notre édifice ,
il eſt à propos de faire au moins ſentir la
preuve indubitable que notre expérience
nous en fournit tous les jours. Conſultons-
nous donc nous-mêmes. Chacun ſent qu'il
eſt bien le maître , par exemple , de marcher
ou de s'aſſeoir , de parler ou de ſe taire. Et
n'éprouvons-nous pas de même à toute heure, qu'il ne tient qu'à nous de ſuſpendre notre
jugement, pour en venir à un nouvel examen ? Peut-on nier de bonne-foi que dans
le choix des biens & des maux , c'eſt ſans
aucune contrainte que nous nous détermi-
nons ; que , malgré les premières impreſſions , nous pouvons nous arrêter tout court ,
balancer le pour & le contre , & faire en un
mot, tout ce que l'on peut attendre de l'être
le plus libre ? Si j'étois entraîné *invinciblement*
vers un bien *particulier* plutôt que vers un
autre , je ſentirois alors en moi la même impreſſion qui me porte vers le bien *en général ;*
c'eſt-à-dire , une impreſſion qui m'entraîne-
roit néceſſairement , & à laquelle il ne ſeroit

pas poſſible de réſiſter. Or l'expérience ne
me fait rien ſentir de ſi fort par rapport à un
tel *bien* en *particulier*. Je puis m'en abſtenir ;
je puis différer de m'en ſervir ; je puis lui en
préférer un autre ; je puis héſiter dans le
choix : en un mot, je ſuis maître de choiſir ;
ou ce qui eſt la même choſe, je ſuis *libre*.

Si l'on demande comment il peut ſe faire
que n'étant pas libres par rapport au bien
en général, nous le ſoyons pourtant à l'é-
gard des biens particuliers ; je réponds que
le deſir naturel du bonheur ne nous entraîne
invinciblement vers aucun bien particulier ,
parce qu'aucun bien particulier ne renferme
ce bonheur où nous tendons néceſſairement.

De telles preuves de ſentiment ſont au-
deſſus de toutes les objections, & produiſent la *conviction* la plus intime ; puiſqu'il eſt
impoſſible que, dans le tems même que notre
ame ſe trouve modifiée d'une certaine manière , elle ne ſente pas cette modification &
l'état où elle eſt en conſéquence. Quelle autre certitude avons-nous de notre éxiſtence ?
& comment ſçavons-nous que nous penſons,
que nous agiſſons , ſi ce n'eſt par le ſentiment intérieur ?

Ce ſentiment que nous avons de notre
liberté

liberté eft d'autant moins équivoque, qu'il
n'eft point paffager ou momentané : c'eft
un fentiment continuel, qui ne nous quitte
point , & dont nous faifons chaque jour une
infinité d'expériences.

Auffi voyons - nous qu'il n'y a rien de
mieux établi dans le monde , que la perfuafion intime que tous les hommes ont de leur
liberté. Confidérez le fyftême de l'humanité , foit en général , foit dans les cas particuliers vous verrez que tout roule fur ce
principe. Réfléxions , délibérations , recherches , actions , jugemens : tout cela fuppofe
la liberté. De-là les idées du bien & du mal ,
du vice & de la vertu : de - là ce qui en eft
une fuite , je veux dire , le blâme ou la louange , la condamnation ou l'approbation de
notre propre conduite , ou de celle d'autrui.
Il en eft de même des affections & des fentimens naturels des hommes les uns envers
les autres ; comme l'amitié , la bienveillance , la reconnoiffance , la haine , l'averfion ,
la colère , les plaintes & les reproches : aucun de ces fentimens n'auroit lieu fi l'on ne
fuppofoit la liberté. En un mot, comme cette
prérogative eft en quelque forte la *Clé* du
fyftême de l'humanité , l'ôter à l'homme ,
c'eft tout bouleverfer & tout confondre.

C 3 § X I.

§ XI.

Pourquoi l'on a mis en question la Liberté.

COMMENT donc a-t-on pu mettre sérieusement en doute, si l'homme étoit maître de ses actions, s'il étoit libre? Je m'é-
tonnerois moins de ce doute, s'il s'agissoit
d'un fait étranger qui se passât hors de
l'homme. Mais il s'agit ici d'une chose qui
se passe au dedans de nous, dont nous avons
un sentiment immédiat, & dont nous faisons
une expérience journalière. Comment douter d'une faculté de notre ame? & pourquoi
fait-on plutôt cette question: L'homme est-il
doué de *liberté*? que celles-ci : L'homme est-
il doué d'*intelligence*? L'homme a-t-il une
volonté? Car à s'en tenir au sentiment que
nous avons de l'une & de l'autre, il n'y a
nulle différence. Mais quelques Philosophes
trop subtils, à force d'envisager ce sujet du
côté métaphysique, l'ont', pour ainsi dire,
dénaturé; & se trouvant embarrassés à répondre à certaines difficultés, ils ont fait plus
d'attention à ces difficultés qu'aux preuves
positives de la chose : ce qui les a insensiblement conduits à penser que le sentiment
de notre liberté pourroit bien n'être qu'une
illusion. J'avoue qu'il est bien nécessaire,

dans

dans la recherche de la vérité, de confidérer
un objet par toutes fes faces, & de pefer également le *pour* & le *contre* : il faut cependant
prendre garde de ne pas donner aux objections plus de poids qu'elles n'en ont. L'expérience nous apprend qu'en plufieurs chofes, qui font pour nous de la dernière certitude, il fe rencontre néanmoins des difficultés fur lefquelles nous ne fçaurions pleinement nous fatisfaire : c'eft une fuite naturelle des bornes de notre efprit. Que conclure de-là ? Q U E *quand une vérité fe trouve*
fuffifamment prouvée par des raifons folides . tout
ce que l'on peut y oppofer ne doit point ébranler
ni affoiblir notre perfuafion ; tant que ce font de
fimples difficultés . qui ne font qu'embarraffer
l'efprit. fans détruire les preuves mêmes. Cette
régle eft d'un fi grand ufage dans les Sciences, qu'on ne doit jamais la perdre de vue *.
Reprenons la fuite de nos réfléxions.

---

* ″ Il y a bien de la différence entre voir qu'une chofe eft
″ abfurde, & ne fçavoir pas tout ce qui la regarde : entre une
″ *queftion infoluble touchant une vérité*, & une *objection infoluble*
″ *contre une vérité* ; quoique bien des gens confondent ces deux
″ fortes de difficultés. Il n'y a que celles du dernier ordre qui
″ prouvent que ce que l'on prenoit pour une vérité connue,
″ ne fçauroit être vrai, parcequ'autrement il s'enfuivroit quel-
″ que *abfurdité.* Mais les autres prouvent feulement l'*ignorance*
″ où nous fommes de bien des chofes qui concernent une vé-
″ rité connue. *Bibliot. Raifon. Tom.* VII. pag. 345.

§ XII.

Des *Actions* volontaires & involontaires : libres, nécessaires & contraintes.

ON appelle ACTIONS VOLONTAIRES ou HUMAINES, en général, *toutes celles qui dépendent de la volonté* ; & LIBRES, *celles qui font du reffort de la liberté . & que l'ame peut fufpendre, ou tourner comme il lui plaît.* Ce qui eft oppofé au *volontaire .* c'eft l'*involontaire* ; & l'oppofé du *libre* , c'eft le *néceffaire* , ou ce qui fe fait par *force* ou par *contrainte.* Toutes les actions humaines font volontaires, en ce qu'il n'y en a point qui ne viennent de nous-mêmes , & dont nous ne foyons les auteurs. Mais fi quelque violence , produite par une force étrangère à laquelle nous ne fçaurions réfifter, nous empêche d'agir, ou nous fait agir malgré nous , & fans que le confentement de notre volonté y intervienne ; comme fi quelqu'un plus fort que nous , nous faifit le bras pour en bleffer un autre; l'action qui en réfulte étant *involontaire*, n'eft point , à proprement parler , notre fait ou *notre action* , c'eft celle de l'*agent* qui nous fait violence.

Il n'en eft pas de même des actions qui ne font *forcées* ou *contraintes* , qu'en ce qu'on y eft eſt déterminé par la crainte prochaine d'un grand mal dont on ſe voit menacé; comme ſi un Prince injuſte & cruel obligeoit un Juge à condamner un innocent, en le menaçant de le faire mourir lui-même, s'il ne lui obéiſſoit pas. De telles actions, quoique forcées en un ſens, puiſqu'on ne s'y porte qu'avec répugnance, & qu'on n'y conſentiroit jamais ſans une néceſſité ſi preſſante; de telles actions, dis-je, ne laiſſent pas d'être miſes au rang des *actions volontaires*: parcequ'après tout, elles ſont produites par une délibération de la volonté, qui choiſit entre deux maux inévitables, & qui ſe réſout à préférer celui qu'elle trouve moindre à celui qui lui paroît le plus grand. C'eſt ce que l'on comprendra encore mieux par de nouveaux exemples.

Quelqu'un fait l'aumône à un pauvre, qui lui expoſe ſes beſoins & ſa miſère: cette action eſt *volontaire* & *libre* tout enſemble. Mais ſi l'on ſuppoſe qu'un homme qui voyage ſeul & déſarmé, tombe entre les mains des voleurs, & que ces ſcélérats le menacent d'une mort prochaine, à moins qu'il ne leur donne tout ce qu'il a; l'abandon que ce voyageur fait de ſon argent pour ſauver ſa vie, eſt bien une action *volontaire*, mais
contrainte

contrainte & destituée de liberté. C'estpourquoi quelques-uns appellent ces actions
mixtes * ; comme tenant du *volontaire* & de
l'*involontaire.* Elles sont volontaires, parceque le principe qui les produit est dans l'a-
gent même, & que la volonté s'y détermine comme au moindre de deux maux :
mais elles tiennent de l'involontaire, parceque la volonté les éxécute contre son inclination, & que jamais elle ne s'y porteroit,
si elle pouvoit trouver quelque autre expé-
dient pour se tirer d'affaire.

Un autre éclaircissement nécessaire, c'est
qu'il faut supposer ici que le mal dont on
est menacé soit assez grand pour devoir raisonnablement faire impression sur un homme sage, jusqu'à l'intimider ; & que d'ailleurs, celui qui use de contrainte envers
nous n'ait aucun *droit* de gêner notre liberté, en sorte que nous ne soyons point dans
l'*obligation* de tout souffrir plutôt que de
lui déplaire. Dans ces circonstances, la raison veut que l'on se détermine à souffrir le
moindre mal, supposé au moins qu'ils soient
tous deux inévitables. Cette sorte de contrainte

* Voyez *Pufend.* Droit de la Nat. & des Gens. *Liv. I. Ch.*
IV. §. 9.

trainte impofe une *néceſſité* qu'on appelle
morale, au lieu que quand on eſt abſolument
forcé d'agir, fans pouvoir s'en défendre à
quelque prix que ce ſoit, cela ſe nomme
une *néceſſité phyſique*.

La précifion philofophique veut donc que
l'on diſtingue le *volontaire* & le *libre*. Et en
effet il eſt aiſé de comprendre par ce que l'on
vient de dire, que toutes les actions libres
font bien volontaires ; mais que toutes les
actions volontaires ne font pas libres. Cependant le langage commun & populaire
confond le plus ſouvent ces deux termes ;
& c'eſt à quoi il faut faire attention, pour
éviter toute équivoque.

On donne auſſi quelquefois le nom de
MOEURS aux *actions libres*, en tant que *l'eſprit
les conſidère comme ſuſceptibles de régle*. De-là
vient qu'on appelle MORALE, *l'art qui nous
enſeigne ces régles de conduite, & les moyens
d'y conformer nos actions*.

§ XIII.

Nos facultés s'entr'aident réciproquement.

NOUS finirons ce qui regarde les facultés de l'ame, par quelques remarques qui
feront encore mieux connoître leur nature
& leur uſage.

1°. Nos facultés s'entr'aident les unes les autres dans leurs opérations ; & se trouvant toutes réunies dans le même sujet, elles agissent toujours conjointement. Nous avons déja observé que la volonté suppose l'intelligence, & que la lumière de la raison sert de guide à la liberté. Ainsi l'entendement, la volonté & la liberté ; les sens, l'imagination & la mémoire ; les instincts, les inclinations & les passions, sont comme autant de différens ressorts, qui concourent tous à produire un certain effet ; & c'est par ces secours réunis que nous parvenons enfin à la connoissance de la vérité, & à la possession des vrais biens, d'où dépend notre perfection & notre bonheur.

§. XIV.

Ce que c'est que la Raison & la Vertu.

2°. MAIS pour nous procurer ces avantages, non-seulement il est nécessaire que nos facultés soient en elles-mêmes bien constituées ; il faut encore en faire un bon usage, & entretenir la subordination naturelle qui est entr'elles & entre les divers mouvemens qui nous portent vers certains objets, ou qui nous en éloignent. Ce n'est donc pas assez de connoître quel est l'état *commun* &
naturel

naturel de nos facultés ; il faut auſſi ſçavoir quel eſt leur état de *perfection* , & en quoi conſiſte leur vrai uſage. Or la vérité étant , comme on l'a vu , l'objet propre de l'entendement , la perfection de cette puiſſance de notre ame eſt de connoître diſtinctement la vérité ; c'eſt-à-dire, au moins les vérités importantes qui intéreſſent nos devoirs & notre bonheur. Pour cela , il faut que cette faculté ſoit formée à une attention ſuivie, à un diſcernement juſte , & à un raiſonnement ſolide. L'*entendement* ainſi *perfectionné* , *& conſidéré comme ayant actuellement des principes qui lui font connoître & diſcerner le vrai & l'utile* , eſt ce que l'on appelle proprement la RAISON : & de-là vient que l'on parle de la raiſon comme de la *lumière* de l'eſprit , & comme d'une *régle* qu'il faut toujours ſuivre dans nos jugemens & dans nos actions.

Si nous conſidérons de même la volonté dans ſon état de perfection , nous trouverons que cette perfection conſiſte dans *la force & l'habitude de ſe déterminer toujours bien* , c'eſt-à-dire , *de ne vouloir que ce que la* RAISON *dicte* , *& de ne ſe ſervir de ſa liberté que pour choiſir le meilleur.* Cette ſage direction de la volonté ſe nomme proprement la VERTU : on la déſigne auſſi quelquefois

quefois par le terme de *raiſon*. Et comme
c'eſt des ſecours que ſe prêtent mutuellement nos facultés , conſidérées dans leur
état le plus parfait , que dépend la perfection de notre ame , l'on entend encore quelquefois par la *raiſon ,* priſe dans un ſens plus
vague & plus étendu , *l'ame elle-même , enviſagée avec toutes ſes facultés , & comme en
faiſant actuellement un bon uſage.* Ainſi le
terme de *raiſon* emporte toujours une idée
de *perfection ,* qui s'applique tantôt à l'ame
en général , & tantôt à quelqu'une de ſes
facultés en particulier.

§. XV.

Cauſes de la diverſité qu'il y a dans la conduite des hommes.

3°. Les facultés dont nous parlons ſont
communes à tous les hommes ; mais elles
ne s'y trouvent pas toujours au même dégré , ni déterminées de la même manière.
Outre que dans chaque homme elles ont
leurs périodes , c'eſt-à-dire , leur commencement , leur accroiſſement , leur perfection,
leur affoibliſſement & leur décadence , à peu
près comme les organes du corps ; elles varient auſſi extrêmement d'un homme à l'autre. L'un a l'intelligence plus vive , un autre
les

les sens plus subtils ; celui-ci a une imagination forte, celui-là les passions violentes. Et
tout cela se combine encore & se diversifie à
l'infini, selon la différence des tempéra-
mens, de l'éducation, des exemples & des
occasions qui ont donné lieu à exercer certaines facultés ou certains penchans plutôt
que d'autres : car c'est l'exercice qui les ren-
force plus ou moins. Telle est la source de
cette prodigieuse variété de génies, de goûts
& d'habitudes, qui constitue ce qu'on appelle les caractères & les mœurs des hommes : variété qui envisagée en général, bien
loin d'être inutile, a de très-grands usages
dans les vues de la Providence.

§. XVI.

La Raison peut toujours être la maîtresse.

4°. MAIS quelque force que l'on attribue
aux inclinations, aux passions & aux habitudes, il est important d'observer qu'elles n'en
ont jamais assez pour porter invinciblement
les hommes à agir contre la raison. La raison
peut toujours conserver ses droits & sa supériorité. Il est en son pouvoir, avec des
soins & de l'application, de corriger les dispositions vicieuses, de prévenir les mauvaises habitudes, & même de les déraciner ; de
tenir

tenir en bride les paſſions les plus violentes
par de ſages précautions, de les affoiblir peu
à peu, & enfin de les détruire entièrement,
ou de les réduire à leurs juſtes bornes. C'eſt
ce que prouve le ſentiment intérieur que
chacun a de la liberté avec laquelle il ſe détermine à ſuivre ces ſortes d'impreſſions ;
c'eſt ce que prouvent les reproches ſecrets
que l'on ſe fait à ſoi-même, quand on s'y
eſt trop livré ; c'eſt enfin ce que cent expériences confirment. Il eſt vrai que ce n'eſt
pas ſans peine que l'on ſurmontera de tels
obſtacles ; mais cette peine ſe trouve ample-
ment compenſée, & par la gloire qui ſuit
une ſi belle victoire, & par les ſolides avantages qu'on en recueille.

CHAP. III.

CHAPITRE III.

Que L'HOMME ainſi conſtitué eſt une
créature capable de DIRECTION MORALE,
& COMPTABLE de ſes actions.

§. I.

L'homme eſt capable de direction *dans ſa conduite.*

APRE's avoir vu quelle eſt la nature de
l'homme conſidéré par rapport au
DROIT ; ce qui en réſulte , c'eſt que *l'homme
eſt une créature réellement capable de choix & de
direction dans ſa conduite.* Car puiſqu'il peut ,
au moyen de ſes facultés , connoître la nature & l'état des choſes , & juger ſur cette
connoiſſance ; puiſqu'il a en lui-même le
pouvoir de ſe déterminer entre deux ou
pluſieurs partis qui lui ſont propoſés ; & enfin , puiſqu'avec la liberté , il peut en certains cas ſuſpendre ou continuer ſes actions ,
comme il le juge à propos ; il s'enſuit évidemment , qu'il eſt le maître de ſes actions ,
& qu'il exerce ſur elles une ſorte d'empire ,
en vertu duquel il peut les diriger & les
tourner d'un côté ou d'un autre. On voit par
là pourquoi il falloit avant toutes choſes ,

I. Partie.   D   re-

remonter comme nous avons fait, à la nature
& aux facultés de l'homme. Car comment
trouver les régles qu'il doit suivre dans sa
conduite , si l'on ne sçait auparavant comment il agit , & quels sont , pour ainsi dire ,
les ressorts qui le sont mouvoir ?

§. I I.

Il est comptable *de ses actions : elles peuvent lui être*
imputées.

UNE autre remarque , qui est une suite de
la précédente , c'est que , puisque l'homme
est l'auteur immédiat de ses actions , il en est
comptable , & qu'elles peuvent raisonnablement lui être *imputées*. C'est ce qu'il est
nécessaire d'expliquer ici en peu de mots.

Le terme d'*imputer* est pris de l'*Arithméti-*
que : il signifie proprement *mettre une somme*
sur le compte de quelqu'un. IMPUTER *une ac-*
tion à quelqu'un , c'est donc *la lui attribuer*
comme à son véritable auteur , la mettre , pour
parler ainsi , sur son compte , & l'en rendre res-
ponsable. Or il est bien manifeste que c'est
une qualité essentielle des actions humaines , en tant que produites & dirigées par
l'entendement & par la volonté , d'être
susceptibles d'*imputation* ; c'est-à-dire , que
l'homme puisse en être légitimement regardé
comme

comme l'auteur, ou comme la caufe productrice, & que par cette raifon, l'on foit
en droit de lui en faire rendre compte, &
de rejetter fur lui les effets qui en font les
fuites naturelles. En effet, la véritable raifon
pourquoi un homme ne fçauroit fe plaindre
qu'on le rende refponfable d'une action, c'eft
qu'il l'a produite lui-même, le fachant & le
voulant. Prefque tout ce qui fe dit & fe fait
entre les hommes, fuppofe ce principe communément reçû, & chacun y acquiefce par
un fentiment intérieur.

§. III.

*Principe fur l'imputabilité. Il ne faut pas la confondre
avec l'imputation.*

Il faut donc pofer comme un principe inconteftable & fondamental fur l'*imputabilité* des actions humaines : QUE *toute action volontaire eft fufceptible d'imputation* , ou,
pour dire la même chofe en d'autres termes :
QUE toute action ou omiffion foumife à la
direction de l'homme, peut être mife fur le
compte de celui au pouvoir duquel il étoit
qu'elle fe fît, ou qu'elle ne fe fît pas ; &
qu'au contraire, toute action dont l'exiftence
ou la non-exiftence n'a point dépendu de
nous, ne fçauroit nous être imputée. Remar-

D 2   quez

quez que les *omiffions* font mifes par Tes Jurifconfultes & les Moraliftes , au rang des
actions ; parcequ'ils les conçoivent comme
l'effet d'une fufpenfion volontaire de l'exercice de nos facultés.

Tel eft le fondement de l'*imputabilité,* & la
véritable raifon pour laquelle une *action* ou
une *omiffion* eft de nature à pouvoir être imputée. Mais il faut bien prendre garde que,
de cela feul qu'une action eft *imputable,* il
ne s'enfuit pas qu'elle *mérite d'être actuellement imputée.* L'*imputabilité* & l'*imputation*
font deux chofes qu'il faut diftinguer. La
dernière fuppofe, outre l'*imputabilité,* quelque *néceffité morale* d'agir ou de ne pas agir
d'une certaine manière, ou, ce qui revient
au même, quelque *obligation,* qui demande
qu'on faffe, ou qu'on ne faffe pas, ce que
l'on peut faire ou ne pas faire.

Il femble que **PUFENDORF** * n'ait pas
toujours démêlé ces deux idées avec affés
de foin. Nous nous contentons d'en indiquer ici la diftinction ; renvoyant à traiter
de l'imputation actuelle, & d'en établir les
principes, lorfque nous aurons expliqué la
nature de l'*obligation,* & que nous aurons

* *Voy.* Droit de la Nature & des Gens. *Liv. I. Ch. V. §. 5.*
& les Devoirs de l'Homme & du Citoyen. *Liv. I Ch. I. §. 17.*

fait

fait voir que l'homme eſt effectivement *tenu* de conformer ſes actions à une régle.

Ce que nous avons dit juſqu'ici regarde proprement la nature de l'eſprit humain, ou les facultés internes de l'homme, en tant qu'elles le rendent capable de direction morale. Mais pour achever de connoître la nature humaine, il faut encore l'enviſager dans ſa condition extérieure, dans ſes beſoins, dans ſa dépendance, & dans les diverſes relations où elle ſe trouve placée ; en un mot, dans ce qu'on peut appeller les *divers états de l'homme*. Car c'eſt notre ſituation qui décide de l'uſage que nous devons faire de nos facultés.

CHAP.

CHAPITRE IV.

Où l'on continue à rechercher ce qui regarde la NATURE HUMAINE, en considérant les divers ÉTATS de l'homme.

§. I.

Définition. Division.

LEs différens ÉTATS de *l'homme* ne font autre chose que, *La situation où il se trouve par rapport aux êtres qui l'environnent, avec les relations qui en résultent.*

Nous nous contenterons de parcourir ici en général les principaux de ces états, & de les faire connoître par les endroits essentiels qui les caractérisent, sans entrer encore dans un détail qui doit trouver sa place naturelle en traitant de chaque état en particulier.

L'on peut ranger tous ces divers états sous deux classes générales : les uns sont des *états primitifs* & *originaires*, & les autres des *états accessoires* ou *adventifs*.

§. II.

Etats primitifs *&* originaires. 1. *Etat de l'homme par rapport à* Dieu.

LES ÉTATS PRIMITIFS & ORIGINAIRES sont

font *ceux où l'homme se trouve placé par la main
même de Dieu, & indépendamment d'aucun fait
humain.*

Tel est premièrement l'état de l'homme
par rapport à Dieu ; qui est un état de
dépendance absolue. Car pour peu que l'homme fasse usage de ses facultés, & qu'il s'é-
tudie lui-même, il reconnoît évidemment
que c'est de ce premier Etre qu'il tient la
vie, la raison, & tous les avantages qui les
accompagnent ; & qu'en tout cela il éprouve
tous les jours, de la manière la plus sensible,
les effets de la puissance & de la bonté du
Créateur.

§. III.

2. *Etat de* Société.

UN autre état primitif & originaire, c'est
celui où les hommes se trouvent les uns à
l'égard des autres. Ils habitent tous une
même terre ; ils sont placés les uns à côté
des autres ; ils ont tous une nature commune ;
mêmes facultés, mêmes inclinations, mêmes
besoins, mêmes desirs. Ils ne sçauroient se
passer les uns des autres ; & ce n'est que
par des secours mutuels qu'ils peuvent se
procurer un état agréable & tranquille. Aussi
remarque-t-on en eux une inclination naturelle

relle qui les rapproche, & qui établit entr'eux un commerce de fervices & de bienfaits, d'où réfulte le bien commun de tous,
& l'avantage particulier de chacun. L'état
naturel des hommes entr'eux eft donc un
état d'union & de fociété: la SOCIÉTÉ n'é-
tant autre chofe que *l'union de plufieurs per-*
fonnes pour leur avantage commun. D'ailleurs il eft bien manifefte que c'eft-là un état
primitif, puifqu'il n'eft point l'ouvrage de
l'homme : c'eft Dieu lui-même qui en eft
l'auteur. La fociété naturelle eft une fociété
d'égalité & de *liberté.* Les hommes y jouif-
fent tous des mêmes prérogatives, & d'une
entière indépendance de tout autre que de
Dieu. Car naturellement chacun eft maître
de foi-même & égal à tout autre, auffi long-
tems qu'il ne fe trouve point affujetti à quelqu'un par une convention.

§ IV.

3. *Etat de* Solitude. 4. Paix. Guerre.

L'ÉTAT oppofé à celui de la *fociété,* eft
la SOLITUDE ; c'eft à-dire, *La condition où*
l'on conçoit que fe trouveroit l'homme, s'il vi-
voit abfolument feul, abandonné à lui-même,
& deftitué de tout commerce avec fes femblables.
Que l'on fe figure un homme devenu grand,
fans

fans avoir eu aucune éducation ni aucun commerce avec d'autres hommes , & par conféquent , fans autres connoiffances que celles qu'il auroit acquifes de lui-même ; ce feroit fans contredit le plus miférable de tous les animaux. On ne verroit en lui que foibleffe , ignorance & barbarie : à peine pourroit-il fatisfaire aux befoins de fon corps; & il feroit toujours expofé à périr , ou de faim, ou de froid, ou par les dents de quelque bête féroce. Quelle différence de cet état à celui de fociété, qui par les fecours que les hommes tirent les uns des autres , leur procure toutes les connoiffances , toutes les commodités & les douceurs qui font la fûreté, le bonheur & l'agrément de la vie ! Il eft vrai que tous ces avantages fuppofent que les hommes , bien loin de fe nuire , vivent dans une bonne intelligence , & entretiennent cette union par des offices réciproques. C'eft ce que l'on appelle un état de PAIX; au lieu que ceux qui cherchent à faire du mal , & ceux qui fe voient obligés de le repouffer , font dans un état de GUERRE ; état violent, & directement contraire à celui de fociété.

§ V.

§ V.

5. *Etat de l'homme à l'égard des* biens *de la* terre.

REMARQUONS enfuite que l'homme fe trouve naturellement attaché à la terre, du fein de laquelle il tire prefque tout ce qui fert à fa confervation & aux commodités de la vie. Cette fituation produit un nouvel état primitif de l'homme, qui mérite auffi notre attention.

Telle eft en effet la conftitution naturelle du corps humain, qu'il ne fçauroit fe conferver uniquement par lui-même, & par la feule force de fon tempérament. Dans tous les âges, l'homme a befoin de plufieurs fecours exté-rieurs pour fe nourrir, pour réparer fes for-ces, & pour entretenir fes facultés en bon état. C'eft pourquoi le Créateur a libérale-ment femé autour de nous les chofes qui nous font néceffaires ; & il nous a en même-tems donné les inftincts & les qualités pro-pres à tourner toutes ces chofes à notre ufage. L'état naturel de l'homme, confidéré dans ce nouveau point de vue, & à l'égard des biens que la terre lui préfente, eft donc un état d'INDIGENCE & de *befoins toujours re-naiffans*, aufquels il ne fçauroit pourvoir d'une manière convenable, qu'en faifant
ufage

uſage de ſon *induſtrie* par un *travail* continuel. Tels ſont les principaux états primitifs
& originaires.

§ VI.

Etats acceſſoires *ou* adventifs. 1. *La* Famille.
2. *Le* Mariage.

MAIS l'homme étant par ſa nature un être
libre, il peut apporter de grandes modifications à ſon premier état, & donner par divers établiſſemens comme une nouvelle face
à la vie humaine. De-là ſe forment les ETATS
ACCESSOIRES OU ADVENTIFS, qui ſont proprement l'ouvrage de l'homme, *dans leſquels
il ſe trouve placé par ſon propre fait , & en
conſéquence des établiſſemens dont il eſt l'auteur.*
Parcourons les principaux.

Celui qui ſe préſente le premier eſt l'état
de FAMILLE. Cette ſociété eſt la plus naturelle & la plus ancienne de toutes, & elle
ſert de fondement à la *ſociété nationale :* car
un peuple ou une *nation* n'eſt qu'un compoſé
de pluſieurs familles.

Les familles commencent par le MARIAGE;
& c'eſt la nature elle-même qui invite les
hommes à cette union. De-là naiſſent les enfans, qui en perpétuant les familles, entretiennent la ſociété humaine, & réparent les
brêches

brêches que la mort y fait chaque jour.

L'état de famille produit diverses relations : celle de *mari* & de *femme* ; de *père*,
de *mère* & d'*enfans* ; de *frères* & de *sœurs*, &
tous les autres dégrés de parenté, qui font
le premier lien des hommes entr'eux.

§ VII.

3. Foibleſſe *de l'homme à ſa* naiſſance. 4. Dépendance *naturelle des enfans de leurs pères & mères.*

L'HOMME conſidéré dans ſa *naiſſance*,
eſt la *foibleſſe* & l'*impuiſſance* même, tant à
l'égard du corps, qu'à l'égard de l'ame. Il
eſt même remarquable que l'état de foibleſſe
& d'enfance dure plus long-tems chés l'homme que chés les autres animaux. Mille beſoins l'aſſiégent & le preſſent de toutes parts ;
& deſtitué de connoiſſances autant que de
forces, il eſt dans l'impoſſibilité d'y pourvoir : il a donc un beſoin tout particulier
du ſecours des autres. C'eſt pourquoi la Providence a inſpiré aux pères & aux mères cet
inſtinct ou cette tendreſſe naturelle, qui les
porte ſi fortement à prendre avec plaiſir les
ſoins les plus pénibles pour la conſervation &
le bien de ceux à qui ils ont donné le jour.
C'eſt auſſi par une ſuite de cet état de foibleſſe
& d'ignorance où naiſſent les enfans, qu'ils ſe

trouvent

trouvent naturellement *affujettis* à leurs parens, & que la nature donne à ceux-ci toute
l'*autorité* & tout le pouvoir néceffaire, pour
gouverner ceux dont ils doivent procurer
l'avantage.

§. VIII.

5. *L'état de* propriété.

LA PROPRIÉTÉ des biens eft un autre
établiffement très-important, qui produit
un nouvel état acceffoire. Elle modifie le
droit que tous les hommes avoient originairement fur les biens de la terre; & dif-
tinguant avec foin ce qui doit appartenir à
chacun, elle affure à tous une jouiffance
tranquille & paifible de ce qu'ils poffédent :
ce qui eft un moyen très-propre à entretenir
la paix & la bonne harmonie entr'eux. Mais
puifque tous les hommes avoient originairement le droit d'ufer en commun de tout ce
que la terre produit pour leurs befoins; il
eft bien manifefte que fi ce pouvoir naturel
fe trouve actuellement reftreint & limité à
divers égards, ce ne peut être que par une
fuite de quelque fait humain; & par conféquent l'*état de propriété*, qui produit ces li-
mitations, doit être mis au rang des états
acceffoires.

§ IX.

§ IX.

6. *Etat* civil. Gouvernement.

MAIS entre tous les états produits par
le fait des hommes, il n'y en a point de plus
confidérable que l'*état civil*, ou celui de la
SOCIÉTÉ CIVILE, & du GOUVERNEMENT.
Le caractère effentiel de cette fociété, qui
la diftingue de la fimple fociété de *nature*
dont nous avons parlé, c'eft la *fubordination* à
une *autorité fouveraine*, qui prend la place de
l'*égalité* & de l'*indépendance*. Originairement
le genre humain n'étoit diftingué qu'en *familles* & non en *peuples*. Ces familles vivoient
fous le gouvernement paternel de celui qui
en étoit le chef, comme le père ou l'ayeul.
Mais enfuite étant venues à s'accroître & à
s'unir pour leur défenfe commune, elles
compoférent un corps de *nation*, gouverné
par la volonté de celui, ou de ceux à qui
l'on remettoit l'autorité. De-là vient ce qu'on
appelle le *gouvernement civil*, & la diftinction
de *fouverain* & de *fujets*.

§ X.

L'état civil & la propriété des biens donnent lieu à plufieurs états accefoires.

L'ÉTAT CIVIL & la propriété des biens
ont

ont encore donné lieu à plusieurs autres établissemens, qui font la beauté & l'ornement
de la société, & d'où résultent tout autant
d'états accessoires : comme font les différentes charges de ceux qui ont quelque part
au gouvernement ; des magistrats, des juges,
des officiers des princes, des ministres de
la religion, des docteurs, &c. A quoi l'on
doit ajouter les arts, les métiers, l'agricul-
ture, la navigation, le commerce, avec
toutes leurs dépendances : ce qui forme tout
autant d'états particuliers, par où la vie humaine est si avantageusement diversifiée.

§ XI.

Véritable idée de l'état naturel de l'homme.

Tels font les principaux états produits
par le fait humain. Cependant, comme ces
différentes modifications de l'état primitif
de l'homme font un effet de sa *liberté naturelle* ; les nouvelles relations qui en résultent,
& les différens états qui en font une suite,
peuvent fort bien être envisagés comme autant d'états *naturels*, pourvu du moins que
l'usage que les hommes font de leur liberté
à cet égard, n'ait rien que de conforme à
leur constitution naturelle, je veux dire, à la
raison & à l'état de *société*.

II

Il eſt donc à propos de remarquer à ce ſujet, que quand on parle de *l'état naturel* de l'homme, on ne doit pas ſeulement entendre par là cet état naturel & primitif dans lequel il ſe trouve placé, pour ainſi dire, par les mains de la nature même ; mais encore tous ceux dans leſquels l'homme entre par ſon propre fait, & qui dans le fonds ſont conformes à ſa nature, & n'ont rien que de convenable à ſa conſtitution & à la fin pour laquelle il eſt né. Car puiſque l'homme, en qualité d'être intelligent & libre, peut lui-même reconnoître ſa ſituation, découvrir ſa dernière fin, & prendre en conſéquence de juſtes meſures pour y parvenir ; c'eſt proprement dans ce point de vue, qu'il faut conſidérer ſon *état naturel*, pour s'en faire une juſte idée. C'eſt-à-dire, que L'ETAT NATUREL de l'homme eſt, à parler en général, *celui qui eſt conforme à ſa nature, à ſa conſtitution, à la raiſon & au bon uſage de ſes facultés, priſes dans leur point de maturité & de perfeƈtion.* Il eſt néceſſaire de faire attention à cette remarque, dont on ſentira bien mieux l'importance par l'application & l'uſage que l'on peut en faire dans pluſieurs matières.

§ XII.

§ XII.

Différence des états originaires & adventifs.

N'oublions pas non‑plus d'observer qu'il y a cette différence entre l'état pri‑mitif & l'état accessoire , que le premier étant comme attaché à la nature de l'hom‑me & à sa constitution , telles qu'il les a reçues de Dieu , cet état est , par cela mê‑me , commun à tous les hommes. Il n'en est pas ainsi des états accessoires ou adventifs , qui supposant un fait humain , ne sçauroient par eux‑mêmes convenir à tous les hommes indifféremment , mais seulement à ceux d'en‑tr'eux qui se les sont procurés.

Ajoutons enfin que plusieurs de ces é‑tats peuvent se trouver combinés & réunis dans la même personne , pourvu qu'ils n'ayent rien d'incompatible. Ainsi l'on peut être tout à la fois, *père de famille , juge , ministre d'Etat , &c.*

Telles sont les idées que l'on doit se faire de la nature de l'homme & de ses différens états; & c'est de toutes ces parties réunies , que résulte le système total de l'humanité. Ce sont‑là comme autant de roues d'une ma‑chine , qui combinées ensemble & habi‑lement ménagées , conspirent au même

I. Partie.   E   but ;

but ; & qui au contraire étant mal conduites, se heurtent & s'entredétruisent. Mais enfin, comment l'homme peut-il observer ce sage ménagement, & quelle régle doit-il suivre pour arriver à cette heureuse fin ? C'est ce qu'il faut chercher, & qui va faire la matière des chapitres suivans.

CHAPITRE V.

Que l'homme doit suivre une RÉGLE dans sa conduite : quel est le moyen de trouver cette régle ; & des FONDEMENS du DROIT en général.

§ I.

Ce que c'est qu'une Régle.

COMMENÇONS par expliquer les termes. Une RÉGLE, dans le sens propre, est *un instrument, au moyen duquel on tire d'un point à un autre, la ligne la plus courte, & qui, pour cette raison, est appellée droite.*

Dans le sens figuré & moral, la RÉGLE n'est autre chose qu'*un principe, une maxime, qui fournit à l'homme un moyen sûr & abrégé pour parvenir au but qu'il se propose.*

§ II.

§ II.

Il n'eſt pas convenable que l'homme vive ſans aucune Régle.

L A première choſe qui ſe préſente à exa-miner ſur cette matière, c'eſt de ſçavoir s'il eſt effectivement convenable à la nature de l'homme qu'il aſſujettiſſe ſes actions à quel-que régle fixe & invariable ; * ou s'il peut au contraire ſe livrer indifféremment à tous les mouvemens de ſa volonté , & jouir ainſi pleinement & ſans contrainte de la facilité extrême avec laquelle cette faculté ſe tourne de tous côtés, par une ſuite de la fléxibi-lité qui lui eſt naturelle.

Les réfléxions que nous avons faites dans les chapitres précédens , font déja aſſez ſentir que la nature & la conſtitution de l'homme demandent par elles-mêmes l'éta-bliſſement de quelque régle , ſans qu'il ſoit néceſſaire de nous arrêter beaucoup à le prouver. Tout dans la nature a ſa deſti-nation & ſa fin ; & en conſéquence chaque créature eſt conduite à ſon *but* par un *prin-cipe de direction* qui lui eſt propre. L'homme, qui tient un rang ſi diſtingué parmi les êtres qui l'environnent, entre ſans doute pour ſa

* Voyez *Pufend.* Droit de la Nat. & des Gens. *Liv. II. Ch. I.*

part dans cet ordre univerſellement établi. Et ſoit qu'on le conſidére en lui-même comme un être intelligent & raiſonnable ; ſoit qu'on l'enviſage comme membre de la ſociété ; ſoit enfin qu'on le regarde comme créature de Dieu, & tenant de ce premier Être ſon exiſtence, ſes facultés & ſon état, toutes ces circonſtances indiquent manifeſtement un *but*, une *deſtination*, & emportent par conſéquent la néceſſité d'une *Régle*. Si l'homme avoit été fait pour vivre au hazard, ſans aucune vue fixe & déterminée, ſans ſçavoir ni où il va, ni quelle route il doit tenir ; il eſt viſible que ſes plus nobles facultés ne lui ſeroient d'aucun uſage. C'eſt pourquoi, ſans mettre en doute la néceſſité d'une régle, tâchons plutôt de découvrir quelle peut être cette régle, qui éclairant l'homme dans ſes démarches, & dirigeant ſes actions à une fin digne de lui, peut ſeule faire l'ordre & la beauté de la vie humaine.

§ III.

La Régle ſuppoſe un but, *une* fin.

QUAND on parle d'une régle pour les actions humaines, l'on ſuppoſe manifeſtement deux choſes : l'une, que l'homme eſt ſuſceptible de direction dans ſa conduite,

comme

comme nous l'avons prouvé ci-devant ; & l'autre, que dans ses actions & dans ses démarches, l'homme se propose une *fin* à laquelle il veut parvenir.

§ IV.

La dernière fin de l'homme est son bonheur.

OR pour peu que l'homme réfléchisse sur lui-même, il reconnoît bientôt, QU'IL *ne fait rien qu'en vue de son bonheur,* & que c'est la dernière fin qu'il se propose dans toutes ses actions, ou le dernier terme auquel il les rapporte. C'est-là une première vérité dont nous sommes instruits par le sentiment intérieur & continuel que nous en avons. Telle est en effet la nature de l'homme, qu'il s'aime nécessairement lui-même, qu'il cherche en tout & par-tout son avantage, & qu'il ne sçauroit jamais s'en détacher. Nous désirons naturellement le bien, & nous le voulons nécessairement. Ce désir précéde toutes nos réfléxions, & n'est point laissé à notre choix : il domine en nous, il devient le mobile de toutes nos déterminations ; & notre cœur ne se porte vers aucun bien particulier, que par l'impression naturelle qui nous pousse vers le bien en géné-

E 3   ral.

ral. Il ne dépend pas de nous de changer cette pente de la volonté ; c'est le Créateur lui-même qui nous l'a donnée.

§ V.

C'est le systême de la Providence.

CE systême de la Providence s'étend à tous les êtres doués de connoissance & de sentiment. Les animaux mêmes ont un pareil instinct : car ils s'aiment tous eux - mêmes ; ils tâchent de se conserver par toutes sortes de moyens ; ils recherchent avec empressement ce qui leur paroît *bon* ou *utile*, & ils fuient au contraire ce qui leur paroît *nuisible* ou *mauvais*. Le même penchant se trouve dans l'homme ; non-seulement comme un instinct, mais comme une inclination raisonnable que la réfléxion approuve & fortifie. De-là vient que tout ce qui se présente à nous comme propre à avancer notre bonheur, ne peut manquer de nous plaire ; aulieu que tout ce qui nous paroît opposé à notre félicité, devient pour nous un objet d'aversion. Plus on étudiera l'homme, plus on verra que c'est-là en effet la source de tous nos goûts, & le grand ressort qui nous fait agir.

§ VI.

§ VI.

Le defir de la félicité eſt eſſentiel à l'homme : il eſt inſéparable de la raiſon.

E T véritablement , S'il eſt de la nature de tout être intelligent & raiſonnable, d'agir toujours dans une certaine vue & pour une certaine fin ; il n'eſt pas moins évident que cette vue ou cette fin n'eſt jamais en dernier reſſort, que lui-même , & par conſéquent ſon propre avantage, ſon bonheur. Le deſir de la félicité eſt donc auſſi eſſentiel à l'homme que la raiſon même ; il en eſt inſéparable : car la RAISON , comme le terme l'indique , n'eſt qu'un CALCUL. Raiſonner, c'eſt calculer & faire ſon compte, en balançant tout, pour voir enfin de quel côté eſt l'avantage. Ainſi il y auroit de la contradiction à ſuppoſer un être raiſonnable , qui pût ſe détacher de ſes intérêts , ou être indifférent ſur ſa propre félicité.

§ VII.

L'amour de nous-mêmes eſt un principe qui n'a rien de vicieux en ſoi.

Il faut donc bien prendre garde de ne pas enviſager l'*amour de ſoi-même* , & le ſentiment qui nous attache ſi fortement à notre bonheur, comme un principe mauvais de ſa nature,

E 4   ture ,

ture, & comme le fruit de la dépravation.
Ce seroit accuser l'auteur de notre existence, & convertir en poison ses plus beaux
présens. Tout ce qui vient de l'Etre souve-
rainement parfait est bon en soi-même; &
si, sous prétexte que l'amour propre mal-
entendu & mal ménagé est la source d'une
infinité de désordres, on vouloit condamner ce sentiment comme mauvais en soi, il
faudroit aussi condamner la raison; puisque
c'est de l'abus qu'en font les hommes, que
proviennent les erreurs les plus grossières &
les plus grands déréglemens.

L'on fera peut-être surpris que nous nous
soyons arrêtés à développer & à faire sentir
la vérité d'un principe qui doit frapper tout
le monde, les ignorans comme les sçavans.
Cependant il étoit nécessaire d'y insister;
parce que c'est une vérité de la dernière importance, & qui nous donne, pour parler
ainsi, la *clé* du systême de l'homme. Il est
vrai que tous les Moralistes conviennent
que l'homme est fait pour le bonheur, &
qu'il le desire naturellement: (& comment
pourroit-on ne pas entendre ce cri de la nature, qui s'élève au fond de notre cœur?)
Mais plusieurs, après avoir reconnu ce principe, semblent le perdre de vue; & peu attentifs

tentifs aux conféquences qui en découlent ,
ils élévent leur fyftême fur des fondemens
tout différens , quelquefois même oppofés.

§ VIII.

L'homme ne peut parvenir au bonheur que par la raifon.

MAIS s'il eft vrai que l'homme ne fait
rien qu'en vue de fon bonheur , il n'eft pas
moins certain : QUE *c'eft uniquement par la*
RAISON *que l'homme peut y parvenir.*

Pour établir cette feconde vérité , il n'y a
qu'à faire attention à l'idée même du bonheur , & à la notion du bien & du mal. Le
bonheur eft cette fatisfaction intérieure de
l'ame qui naît de la poffeffion du bien : le *bien*
eft tout ce qui convient à l'homme pour fa
confervation , pour fa perfection , pour fon
agrément & pour fon plaifir. Le *mal* eft l'oppofé du bien.

Or l'homme éprouve fans ceffe , qu'il y
a des chofes qui lui conviennent , & d'autres qui ne lui conviennent pas ; que les
premières ne lui conviennent pas toutes également , mais que les unes lui conviennent
plus que les autres ; enfin , que cette convenance dépend le plus fouvent de l'ufage
qu'il fçait faire des chofes ; & que la même
chofe qui peut lui convenir , à en ufer d'une
certaine

certaine manière, & dans une certaine mesure, ne lui convient plus dès qu'il sort
des bornes de cet usage. Ce n'est donc qu'en
reconnoissant la nature des choses, les rapports qu'elles ont entr'elles, & ceux qu'elles
ont avec nous, que nous pouvons découvrir leur convenance ou leur disconvenance
avec notre félicité ; discerner les biens des
maux, placer chaque chose en son rang,
donner à chacune son véritable prix, & régler en conséquence nos desirs & nos recherches.

Mais le moyen d'acquérir ce discernement, sinon en se formant des idées justes
des choses & de leurs rapports, & en tirant
de ces premières idées les conséquences qui
en découlent par des raisonnemens exacts
& bien suivis ? Or c'est à la raison seule que
toutes ces opérations appartiennent. Mais
ce n'est pas tout : car comme il ne suffit pas,
pour parvenir au bonheur, de se faire de
justes idées de la nature & de l'état des
choses ; & qu'il est encore nécessaire que
dans notre conduite, la volonté suive constamment ces idées & ces jugemens ; il est
certain encore qu'il n'y a que la raison qui
puisse communiquer à l'homme, & entretenir en lui, cette force qui est nécessaire pour
bien

bien uſer de ſa liberté, & pour ſe déterminer dans tous les cas conformément aux lumières de l'entendement, malgré les impreſſions & les mouvemens qui pourroient le
porter au contraire.

§ IX.

La Raiſon eſt donc la régle primitive de l'homme.

LA RAISON eſt donc, à tous égards,
le ſeul moyen qu'ayent les hommes de parvenir au bonheur, qui eſt auſſi la principale
fin pour laquelle ils l'ont reçue. Toutes les
facultés de l'ame, ſes inſtincts, ſes inclinations, ſes paſſions même ſe rapportent à cette
fin ; & par conſéquent c'eſt cette même
RAISON qui peut nous indiquer la vraie
régle des actions humaines, ou qui eſt elle-
même, ſi l'on veut, la régle primitive. En
effet, ſans ce *guide* fidéle, l'homme vivroit
au hazard : il s'ignoreroit lui-même ; il ne con-
noîtroit ni ſon origine, ni ſa deſtination,
ni l'uſage qu'il doit faire de tout ce qui l'environne : ſemblable à un aveugle, il bron-
cheroit à chaque pas, & s'égareroit ſans fin
comme dans un labyrinthe.

§ X.

Ce que c'eſt que le Droit en général.

PAR là nous ſommes conduits naturellement

ment à la première idée du terme de DROIT; qui, dans le sens le plus général, & auquel tous les sens particuliers ont quelque rapport, n'est autre chose que : *Tout ce que la raison reconnoît certainement comme un moyen sûr & abrégé de parvenir au bonheur , & qu'elle approuve comme tel.*

Cette définition est le résultat des principes que nous avons établis. Pour en sentir la justesse, il n'y a qu'à rapprocher ces principes, & les réunir sous le même point de vue. Et en effet, puisque le *Droit* dans sa première notion, signifie tout ce qui dirige, ou qui est bien dirigé; puisque la *direction* suppose un *but*, une *fin*, à laquelle on veut parvenir; puisque la dernière fin de l'homme c'est le *bonheur*; & enfin, puisque l'homme ne peut parvenir au bonheur que par la *raison*; ne s'ensuit-il pas évidemment : QUE le Droit en général, est tout ce que la raison approuve comme un moyen sûr & abrégé de parvenir au bonheur ? C'est aussi en conséquence de ces principes, que la raison, s'approuvant elle - même, lorsqu'elle se trouve bien cultivée & dans cet état de perfection où elle sçait user de tout le discernement qui lui est propre, s'appelle la DROITE RAISON par excellence; comme

étant

étant le premier moyen de direction, & le plus sûr par lequel l'homme puisse aller à sa félicité.

Pour ne rien oublier dans l'analyse de ces premières idées, il est bon de remarquer ici, que ce que nous appellons *Droit*, les Latins l'expriment par le mot de J u s, qui signifie proprement un *ordre* ou un *commandement* *. La cause de ces différentes dénominations est sans doute que la raison semble nous commander avec empire tout ce qu'elle reconnoît être un moyen droit & sûr d'avancer notre félicité. Et comme, pour sçavoir ce que la raison nous *commande*, il ne faut que chercher ce qui est *droit*; de là est venu la liaison naturelle de ces deux idées par rapport aux régles de la droite raison. En un mot, de deux idées naturellement liées, les Latins ont suivi l'une, & les François l'autre.

* *Jus à jubendo : Jura enim veteres jusa vel jussa vocabant. Festus : Jusa, Jura.*

CHA-

CHAPITRE VI.

RÉGLES générales de conduite que la RAISON nous donne. De la nature de l'OBLIGATION, & de ses premiers fondemens.

§ I.

La Raison nous donne diverses régles de conduite.

C'EST déja beaucoup que d'être parvenu à connoître la régle primitive des actions humaines, & de sçavoir quel est ce *guide* fidéle qui doit diriger l'homme dans tous ses pas, & dont il peut suivre la direction & les conseils avec une entière confiance. Mais n'en demeurons pas là : & comme l'expérience nous apprend que nous nous trompons souvent dans nos jugemens sur les biens & sur les maux, & que ces jugemens erronés nous jettent dans des égaremens très-préjudiciables ; interrogeons notre guide, & apprenons de lui quels sont les *caractères* des vrais biens & des vrais maux, afin de sçavoir en quoi consiste la véritable félicité, & quelle est la route que nous devons suivre pour y parvenir.

§ I I.

§ II.

I. R É G L E. *Faire un juste discernement des biens
& des maux.*

Quoique la notion générale du bien & du
mal soit en elle-même fixe & invariable, les
biens & les maux particuliers, ou les choses
qui passent pour telles dans l'esprit des
hommes, sont pourtant de plusieurs sortes.

1°. C'estpourquoi le premier conseil que
la Raison nous donne, est : DE *bien examiner
la nature des biens & des maux, & d'en observer
avec soin les différences, afin de donner à chaque chose son juste prix.*

Ce discernement n'est pas difficile à faire.
Une légère attention sur ce que nous ex-
périmentons tous les jours, nous apprend
d'abord : 1. Que l'homme étant un être composé d'un corps & d'une ame, il y a aussi
des biens & des maux de deux sortes, *spirituels* ou *corporels.* Les premiers sont ceux *qui
viennent de nos seules pensées :* les seconds *sont
produits par les impressions des objets extérieurs
sur nos sens.* Ainsi le sentiment agréable que
cause la découverte d'une vérité importante, ou l'approbation que l'on se donne à soi-
même, quand on s'est acquitté de son devoir, &c. sont des biens purement spirituels : comme le chagrin d'un Géométre,

qui

qui ne trouve pas une démonstration ; ou les
remords que l'on sent pour avoir mal agi, &c.
sont aussi des peines purement spirituelles.
A l'égard des biens & des maux *corporels*,
ils sont assez connus : c'est d'un côté, la
santé, la force, la beauté ; de l'autre, les
maladies, l'affoiblissement, la douleur, &c.
Ces deux sortes des biens & de maux intéressent l'homme, & ne peuvent pas être
comptés pour indifférens ; parce que l'homme étant composé d'un corps & d'une ame,
l'on voit bien que sa perfection & sa félicité
dépendent du bon état de l'une & de l'autre de ces parties.

2°. Nous remarquons aussi fréquemment
que les apparences nous trompent, & que
ce qui nous a d'abord paru un bien, se trouve réellement un mal ; tandis qu'un mal apparent cache souvent un très-grand bien. Il
y a donc une distinction à faire des biens &
des maux *réels* & *véritables*, d'avec ceux
qui sont *faux* & *apparens*. Ou ce qui revient presqu'au même, le bien est quelquefois *purement bien*, & le mal *purement mal* :
d'autres fois il y a un *mélange* de l'un & de
l'autre, qui ne laisse pas discerner d'abord
quelle partie l'emporte, & si c'est le bien ou
le mal qui y domine.

3°. Une

3°. Une troisiéme différence regarde la *durée* des uns & des autres. A cet égard les biens & les maux n'ont pas tous la même nature : les uns sont *solides* & *durables* ; les autres sont *passagers* & *inconstans*. A quoi l'on peut ajouter qu'il y a des biens & des maux dont nous sommes ; pour ainsi dire , les *maîtres* , & qui dépendent tellement de nous , que nous pouvons fixer les uns pour en jouir constamment , & nous délivrer des autres. Mais tous ne sont pas de ce genre : il y a des biens qui nous *échappent* malgré nous , & des maux qui nous *atteignent* , quelqu'effort que nous fassions pour nous en garantir.

4°. Il y des biens & des maux *présens* , que nous éprouvons actuellement ; & des biens & des maux *à venir* , qui sont l'objet de nos espérances ou de nos craintes.

5°. Il y a des biens & des maux *particuliers* , qui n'affectent que quelques individus, & d'autres qui sont *communs* & *universels* , ausquels tous les membres de la société participent. Le bien du *tout* est le véritable bien ; celui d'une des *parties* , opposé au bien du tout , n'est qu'un bien apparent , & par conséquent un vrai mal.

6°. De toutes ces remarques nous pouvons conclure enfin : QUE les biens & les maux n'étant pas tous d'une même espéce, il y a entr'eux des différences ; & que comparés ensemble, on trouve qu'il y a des biens *plus excellens* les uns que les autres, & des maux *plus* ou *moins fâcheux*. Il arrive de même qu'un bien, comparé avec un mal, peut être ou *égal*, ou *plus grand*, ou *moindre* ; ce qui produit encore des différences ou des *gradations*, qui méritent d'être appréciées.

Ces détails font bien sentir l'utilité de la principale régle que nous avons donnée, & combien il est essentiel à notre félicité de faire un juste discernement des biens & des maux. Mais ce n'est pas le seul conseil que la raison nous adresse ; nous allons en indiquer d'autres qui ne sont pas moins importans.

§ III.

II. RÉGLE. *Le vrai bonheur ne sçauroit consister dans des choses incompatibles avec la nature & l'état de l'homme.*

LE *vrai bonheur ne sçauroit consister dans des choses qui sont incompatibles avec la nature & l'état de l'homme.* Voilà un autre principe qui découle naturellement de la notion même du bien & du mal. Car ce qui est incompatible avec la *nature* d'un être, tend par cela même à le dégrader ou à le détruire, à le

corrompre

corrompre ou à altérer ſa conſtitution ; ce
qui étant directement oppoſé à la conſervation, à la perfection & au bien de cet être,
ſappe & renverſe les fondemens mêmes de
ſa félicité. Ainſi la raiſon étant la plus noble partie de l'homme, & faiſant ſa principale eſſence, tout ce qui eſt incompatible
avec la raiſon ne ſçauroit faire ſon bonheur.
J'ajoute que ce qui eſt incompatible avec
l'*état* de l'homme ne peut contribuer à ſa félicité ; & c'eſt encore là une choſe de la dernière évidence. Tout être qui par ſa conſtitution, a des rapports eſſentiels à d'autres
êtres dont il ne ſçauroit ſe détacher, ne doit
pas être conſidéré ſeulement dans ce qu'il
eſt en lui-même ; mais auſſi comme faiſant
partie d'un *tout* auquel il ſe rapporte. Et il
eſt bien manifeſte que c'eſt de la ſituation où
il ſe trouve à l'égard des êtres qui l'environnent, & des rapports de convenance ou
d'oppoſition qu'il a avec eux, que doit dépendre, en grande partie, ſon bon ou ſon
mauvais état, ſon bonheur ou ſa miſère.

§. IV.

III. RÉGLE. *Comparer enſemble le préſent*
& l'avenir.

POUR ſe procurer un ſolide bonheur :
IL *ne ſuffit pas de faire attention au bien & au*

mal

mal préfent, il faut encore examiner quelles en feront les fuites naturelles ; afin que, comparant le préfent avec l'avenir, & balançant l'un par l'autre, on puiffe reconnoître d'avance quel en doit être le réfultat.

IV. REGLE. *Ne pas rechercher un bien qui apporte un mal plus grand.*

IL eft donc contre la raifon, de rechercher un bien qui caufera certainement un mal plus confidérable*

V. REGLE. *Souffrir un mal léger dont la fuite eft un bien confidérable.*

Mais au contraire, RIEN n'eft plus raifon- nable que de fe réfoudre à fouffrir un mal dont il doit certainement nous revenir un plus grand bien.

La vérité & l'importance de ces maxi- mes fe font fentir d'elles-mêmes. Le bien & le mal étant les deux oppofés, l'effet de l'un détruit l'effet de l'autre : c'eft-à-dire, que la poffeffion d'un bien qui eft accom- pagné d'un plus grand mal, nous rend vé- ritablement malheureux ; & au contraire, un mal léger, mais qui nous procure un bien plus confidérable, n'empêche point que

---

* *Voyez* la Note 3. de M. Barbeyrac, fur les devoirs de l'Homme & du Citoyen. *Liv I.. Ch. I. § XI.*

nous

nous ne foyons heureux. Anfi tout bien
compté, le premier doit être évité comme un vrai mal, & le fecond doit être re-
cherché comme un vrai bien.

La nature des chofes humaines exige que
l'on faffe attention à ces principes. Si chacune
de nos actions étoit tellement reftreinte &
terminée en elle-même, qu'elle n'entraînât
après foi aucune conféquence, on ne fe mé-
prendroit pas fi fouvent dans le choix, &
l'on feroit prefque fûr de faifir le bien. Mais
inftruits comme nous le fommes par l'expérience, que les chofes ont fouvent des effets bien différens de ce qu'elles fembloient
promettre, en forte que les plus agréables
ont des fuites amères, & qu'au contraire
un bien folide & réel coute à acquérir ; la
prudence ne permet pas de s'arrêter uniquement au préfent. Il faut étendre fa vue fur
l'avenir, & confidérer également l'un &
l'autre, afin de porter un jugement folide,
qui ferve à nous bien déterminer.

§ V.

VI. R e g l e. *Donner la préférence aux biens les*
plus excellens.

Par la même raifon, L'on doit *préférer*
un plus grand bien à un moindre ; on doit af-
F 3
pirer

pirer toujours aux biens les plus excellens qui peuvent nous convenir, & proportionner nos desirs & nos recherches à la nature & au mérite de chaque bien. Cette régle est si évidente, que ce seroit perdre le tems que d'y insister.

§ VI.

VII. REGLE. *Dans certains cas, la seule possibilité & à plus forte raison la vraisemblance, doit nous déterminer.*

IL *n'est pas nécessaire d'avoir une entière certitude à l'égard des biens & des maux considérables : la seule possibilité, & plus encore la vraisemblance suffit pour engager une personne raisonnable à se priver de quelques petits biens, & même à souffrir quelques maux légers, en vue d'acquérir des biens beaucoup plus grands, ou d'éviter des maux beaucoup plus fâcheux.*

Cette régle est une conséquence de celles qui la précédent ; & l'on peut dire que la conduite ordinaire des hommes montre qu'ils en sentent tous la sagesse & la nécessité. En effet, quel est le but de tout ce tracas d'affaires où ils se jettent ? & à quoi tendent tous les travaux qu'ils entreprennent, toutes les peines & les fatigues qu'ils endurent, tous les périls à quoi ils s'exposent ? Leur vue est de se procurer certains avantages

tages qu'ils ne croient pas acheter trop cher;
quoique ces avantages ne soient ni présens,
ni aussi certains que les sacrifices qu'il faut
faire pour les obtenir.

Et cette manière d'agir est très-raisonnable. La raison veut qu'au défaut de la *certitude*, nous prenions la *probabilité* pour régle
de nos jugemens & de nos déterminations ;
car alors la probabilité est l'unique lumière,
le seul guide que nous ayons. Et à moins
qu'il ne vaille mieux errer dans l'incertitude,
que de suivre un guide ; à moins qu'on ne
soutienne qu'il faut éteindre notre lampe,
quand nous sommes privés de la lumière du
soleil ; il est raisonnable de nous conduire par
la probabilité, lorsque nous ne pouvons avoir
l'évidence. On parvient encore mieux au but,
à l'aide d'une foible clarté, que si l'on restoit
dans les ténébres *.

---

* Dans le cours ordinaire de la vie, on est le plus souvent
obligé de se déterminer sur des probabilités : car il n'est pas
toujours possible de se procurer une pleine évidence. Le philosophe *Sénéque* a fort bien établi & développé cette maxime.
» Huic respondebimus , nunquam expectare nos certissimam
» rerum comprehensionem, quoniam in arduo est veri ex-
» ploratio : sed eâ ire quâ ducit veri similitudo. OMNE HAC
» VIA PROCEDIT OFFICIUM. Sic serimus, sic navigamus, sic
» militamus,sic uxores ducimus, sic liberos tollimus;quanquam
» omnium horum incertus sit eventus. Ad ea accedimus, de
» quibus bene sperandum esse credimus. Quis enim pollicea-
» tur serenti proventum, naviganti portum, militanti victo-

§ VII.

VIII. REGLE. *Prendre le goût des vrais biens.*

IL ne faut rien négliger pour faire prendre
à notre esprit le goût des vrais biens ; ensorte que
la considération des biens excellens & reconnus
pour tels , excite en nous des desirs , & nous fasse
faire tous les efforts nécessaires pour en acquérir la
possession.

Cette dernière régle vient naturellement
à la suite des autres, pour en assurer l'exécution & les effets. Il ne suffit pas d'avoir
éclairé l'esprit sur la nature des biens & des
maux qui peuvent nous rendre véritablement
heureux ou malheureux; il faut encore rendre
ces principes actifs & efficaces, en formant
la volonté à se déterminer par goût & par
habitude, conformément aux conseils d'une
raison éclairée. Et que l'on ne pense pas qu'il
soit impossible de changer les inclinations,
ou de réformer les goûts. Il en est du goût
de l'esprit, comme de celui du palais. L'ex-

» riam , marito pudicam uxorem, patri pios liberos ? Sequi-
» mur quâ RATIO.non quâ veritas trahit. EXSPECTA, UT NISI
» BENE CESSURA NON FACIAS, ET NISI COMPERTA VERITATE
» NIHIL MOVERIS : RELICTO OM I ACTU VITA CONSISTIT.
» Dum verisimilia me in hoc aut illud impellant, non verebor
» beneficium dare ei quem verisimile erit gratum esse. *De Bene -*
» *fic. Lib. IV. Cap.* 33.

périence

périence montre que l'on peut changer l'un & l'autre, & faire en sorte que nous trouvions enfin du plaisir dans des choses qui d'abord nous étoient désagréables. On commence à faire une chose avec peine & par un effort de raison : ensuite on se familiarise peu à peu avec elle ; des actes réitérés nous la rendent plus facile ; la répugnance cesse ; on voit la chose d'un autre œil qu'on ne la voyoit, & l'usage enfin nous fait aimer ce que nous regardions auparavant avec aversion. Tel est l'effet des habitudes : elles font trouver insensiblement tant de commodité & d'attrait dans ce que l'on a coutume de faire, qu'on a de la peine à s'en abstenir.

§ VIII.

Notre esprit acquiesce naturellement à ces maximes, & elles doivent influer sur notre conduite.

VOILA les principaux conseils que nous donne la raison. Ce sont tout autant de maximes, qui tirées de la nature des choses, & en particulier de la nature de l'homme & de l'état où il se trouve, nous font connoître ce qui lui convient essentiellement, & renferment les régles les plus nécessaires pour sa perfection & sa félicité.

Ces principes généraux sont d'ailleurs d'une

d'une telle nature , qu'ils nous arrachent ;
pour ainſi dire , notre aſſentiment ; en ſorte
qu'une raiſon éclairée & tranquille , déga-
gée des préjugés & du trouble des paſſions,
ne peut s'empêcher d'en reconnoître la vérité & la ſageſſe. Chacun voit combien il ſeroit utile à l'homme d'avoir toujours ces
principes préſens à l'eſprit, afin que par l'application & l'uſage qu'il en ſeroit dans les
cas particuliers, ils deviñſent inſenſiblement
la régle uniforme & conſtante de ſes inclinations & de ſa conduite.

    En effet, de telles maximes ne ſont pas
de ſimples *ſpéculations ;* elles doivent naturellement influer ſur les mœurs & être d'uſage
dans la *pratique.* Car à quoi ſerviroit d'entendre les conſeils de la raiſon, ſi l'on ne vouloit
pas les ſuivre ? & de quel prix ſeroient des
régles de conduite qui nous paroiſſent évidemment bonnes & utiles, ſi l'on refuſoit
de s'en ſervir ? Nous ſentons nous-mêmes
que ce flambeau nous a été donné pour régler nos mouvemens & nos démarches. Si
l'on a manqué de ſuivre les maximes dont
nous parlons, l'on ſe déſapprouve ſoi-même
& l'on ſe condamne, comme on déſapprouve
auſſi tout autre qui eſt dans le même cas.
Mais a-t-on ſuivi ces maximes ? c'eſt un
ſujet

fujet de fatisfaction intérieure ; l'on s'approuve foi-même, comme l'on approuve
également les autres qui ont agi de cette
manière. Ces fentimens font fi naturels,
qu'il ne dépend pas de nous de penfer autrement. Nous fommes forcés de refpecter
ces principes, comme une régle qui convient
à notre nature, & d'où dépend notre bonheur.

§ I X.

Ce que c'est que l'obligation confidérée en général.

CETTE convenance bien reconnue emporte une néceffité d'y conformer notre
conduite. Quand nous parlons de *néceffité*,
chacun comprend bien qu'il ne s'agit pas
d'une *néceffité phyfique* ; mais feulement d'une
néceffité morale, qui confifte dans l'impreffion
que font fur nous certains motifs, qui nous
déterminent à agir d'une certaine façon, &
ne nous permettent pas *raifonnablement* d'a-
gir d'une manière oppofée.

Quand on fe trouve dans ces circonftances, l'on dit que l'*on eft dans l'obligation* de
faire une chofe, ou de s'en abftenir. C'eft-
à-dire, que l'on y eft déterminé par de folides raifons, & engagé par de puiffans motifs, qui comme autant de *liens*, entraînent
notre

notre volonté de ce côté-là. C'est en ce sens qu'on se dit *obligé* à quelque chose. Car soit que l'on s'arrête au langage populaire, soit que l'on s'adresse aux Jurisconsultes ou aux Moralistes, l'on trouvera que les uns & les autres font consister proprement l'*obligation* dans une *raison*, qui étant bien comprise & approuvée, nous détermine absolument à agir d'une certaine manière préférablement à une autre. D'où il résulte, que toute la force de cette obligation dépend du *jugement* par lequel nous *approuvons* ou nous *condamnons* une certaine manière d'agir. Car *approuver*, c'est *reconnoître* que l'on *doit* faire une chose ; & *condamner*, c'est *reconnoître* qu'on *ne doit pas la* faire. Or *devoir* ou *être obligé* sont des termes synonimes.

Nous avons déja insinué l'analogie toute naturelle qu'il y a entre le sens *propre* & *littéral* du mot *obliger*, & le sens *figuré* de ce même terme. L'*obligation* signifie proprement un *lien* *. Un homme *obligé* est donc un homme *lié*. Et comme celui qui est lié de cordes ou de chaînes, ne sçauroit se remuer pour agir, il en est à-peu-près de même d'un homme *obligé* ; avec cette différence, qu'au premier cas c'est un empêchement extérieur

---

* *Obligatio, à ligando.*

&

& *physique* qui arrête l'effet des forces naturelles ; mais au second cas, le lien n'est que
moral : c'est-à-dire, que l'assujettissement où
se trouve la liberté, est produit par la raison, qui étant la régle primitive de l'homme
& de ses facultés, en dirige & en modifie
nécessairement les opérations d'une manière
convenable à la fin qu'elle se propose.

L'on peut donc définir l'obligation
considérée en général, & dans sa première
origine : *Une restriction de la liberté naturelle,
produite par la raison ; en tant que les conseils
que la raison nous donne, sont autant de motifs qui déterminent l'homme à une certaine manière d'agir préférablement à toute autre.*

§ X.

L'obligation peut être plus ou moins forte.

Telle est la nature de l'obligation primitive & originale. Il s'ensuit de-là que cette
obligation peut être plus ou moins forte,
plus ou moins rigoureuse, selon que les raisons qui l'établissent ont plus ou moins de
poids, & que par conséquent, les motifs qui
en résultent sont plus ou moins d'impression
sur notre volonté. Car il est bien manifeste,
que plus ces motifs seront puissans & efficaces, plus aussi la nécessité d'y conformer

nos

nos actions deviendra forte & indispensable.

§ XI.

Sentiment de M. Clark sur la nature & l'origine
de l'obligation.

JE n'ignore pas que tous les Jurisconsultes & les Moralistes n'expliquent pas la nature & l'origine de l'obligation, comme nous venons de le faire. Quelques-uns prétendent: * « Que la convenance & la disconvenance naturelle que nous reconnoiſſons » dans certaines actions, eſt le vrai & le premier fondement de toute obligation; que » la vertu a une beauté intérieure qui la rend » aimable par elle-même, & qu'au contraire » le vice eſt accompagné d'une laideur inſtrinſéque, qui doit nous le faire haïr; & » cela antécédemment & indépendamment » du bien & du mal, des récompenſes & des » peines que la pratique de l'un ou de l'autre » peut nous procurer. »

Mais il me ſemble que ce ſentiment ne ſçauroit ſe ſoutenir qu'autant qu'on le raménera à celui que nous avons expliqué. Car dire que la vertu a par elle-même une beauté naturelle qui fait qu'elle mérite d'être pratiquée, & qu'au contraire le vice mé-

---

* Voyez *Clark* Rel. Nat. *Tom. II. Ch. III. n. 7.*

rite

rite par lui-même notre averſion ; n'eſt-ce
pas reconnoître que nous avons une *raiſon* de
préférer l'un à l'autre ? Or certainement
cette raiſon, quelle qu'elle ſoit, ne devient
un *motif* capable de déterminer la volonté,
qu'autant qu'elle nous préſente quelque bien
à acquérir, ou qu'elle tend à nous faire éviter
quelque mal ; en un mot, qu'autant qu'elle
peut contribuer à notre ſatisfaction, & à
nous mettre dans un état heureux & tranquille. C'eſt la conſtitution même de l'homme & la nature de la volonté, qui le veulent ainſi. Car comme c'eſt le *bien* en général, qu'eſt l'objet de la volonté ; le ſeul motif capable de la mettre en mouvement, ou
de la déterminer pour un parti préférablement à un autre, c'eſt l'eſpérance d'obtenir
le *bien*. Faire abſtraction de tout *intérêt* par
rapport à l'homme, c'eſt donc lui ôter tout
motif d'agir ; c'eſt le réduire à un état d'inaction & d'indifférence. D'ailleurs, quelle idée
pourroit-on ſe faire de la *convenance* ou de la
diſconvenance des actions humaines, de leur
beauté ou de leur *turpitude*, de leur *proportion*
ou de leur *déſordre*, ſi l'on ne rapportoit pas
tout cela à l'homme lui-même, & à ce que
demandent ſa deſtination, ſa perfection, le
bien-être de ſa nature, & pour tout dire en
un mot, ſa véritable félicité ?　　§ XII.

§ XII.

Sentiment de M. Barbeyrac *fur le même fujet:*

La plupart des Jurifconfultes ont fuivi
un fentiment différent de celui du Docteur
CLARK. * « Ils établiffent pour principe de
» l'obligation proprement ainfi nommée , la
» volonté d'un Etre fupérieur, duquel on fe
» reconnoît dépendant. Ils prétendent qu'il
» n'y a que cette volonté, ou les ordres d'un
» tel Etre, qui puiffent mettre un frein à la
» liberté, & nous affujettir à régler nos ac-
» tions d'une certaine maniere. Ils ajoutent
» que ni les rapports de proportion & de
» convenance que nous reconnoiffons dans
» les chofes mêmes, ni l'approbation que la
» raifon leur donne, ne nous mettent point
» dans une néceffité indifpenfable de fuivre
» ces idées comme des régles de conduite.
» Que notre raifon n'étant au fonds autre
» chofe que nous-mêmes, perfonne ne peut,
» à proprement parler, s'impofer à foi-meme
» une obligation. D'où l'on conclut : QUE
» les maximes de la raifon, confidérées en

* Voyez *Jugement d'un Anonyme*, &c. § XV. C'eft un petit
Ouvrage de *M. Leibnitz*, fur lequel *M. Barbeyrac* a fait des Remarques; & qui eft joint à la cinquiéme édition de fa Tra-
duction des Devoirs de l'Homme & du Citoyen.

» elles-

» elles-mêmes, & indépendamment de la vo-
» lonté d'un fupérieur qui autorife, n'ont
» rien d'obligatoire ».

Cette manière d'expliquer la nature de
l'obligation & d'en pofer le fondement, nous
paroît infuffifante, parcequ'elle ne remonte
pas jufqu'à la fource primitive, & aux vrais
principes. Il eft vrai que la volonté d'un fupérieur oblige ceux qui font dans fa dépendance ; mais cette volonté ne peut produire
cet effet, qu'autant qu'elle fe trouve approuvée par notre raifon. Pour cela il faut,
non-feulement que la volonté du fupérieur
n'ait en elle-même rien d'oppofé à la nature
de l'homme ; mais que de plus elle foit tellement proportionnée à fa conftitution & à
fa dernière fin, que l'on ne puiffe s'empêcher de la réconnoître comme la régle de
nos actions ; en forte que nous ne fçaurions
la négliger fans nous jetter dans un égarement funefte ; & qu'au contraire le feul
moyen d'atteindre notre but eft de nous y
conformer. Sans cela, on ne fçauroit concevoir que l'homme puiffe fe foumettre volontairement aux ordres d'un fupérieur, ni fe
déterminer de bon gré à l'obéiffance. J'a-
voue que fuivant le langage des Jurifconfultes, l'idée d'un *fupérieur qui commande* in-

I. Partie.   **G**   tervient

tervient pour établir l'*obligation*, telle qu'on
la confidére ordinairement. Mais fi l'on ne
remonte pas plus haut, en fondant l'autorité
même de ce fupérieur fur l'approbation que
la raifon lui donne, elle ne produira jamais
qu'une *contrainte* extérieure, bien différente
de l'*obligation*, qui par elle-même la force de
pénétrer la volonté & de la fléchir par un
fentiment intérieur ; en forte que l'homme
eft porté à obéir de fon propre mouvement,
de fon bon gré, & fans aucune violence.

§ XIII.

Deux fortes d'obligations. Obligation interne : obligation externe.

JE conclus de toutes ces remarques, que
les différences qui fe trouvent entre les principaux fyftêmes fur la nature & l'origine de
l'obligation, ne font pas auffi grandes qu'elles le paroiffent d'abord. Si l'on examine de
près ces fentimens, en remontant jufqu'aux
premières fources, l'on verra que ces différentes idées, réduites à leur jufte valeur, loin de
fe trouver en oppofition, peuvent fe rapprocher, & doivent même concourir, pour
former un fyftême bien lié avec toutes les
parties qui lui font effentielles, relativement
à la nature de l'homme & à fon état. C'eft
ce

ce que nous efpérons de faire voir plus particulièrement dans la fuite. * Mais il eſt bon
d'avertir dès-à-préſent, que l'on peut diſtinguer deux ſortes d'obligations, l'une *interne* & l'autre *externe*. J'entends par OBLI-
GATION INTERNE, *celle qui eſt uniquement
produite par notre propre raiſon, confidérée
comme la régle primitive de notre conduite, &
en conféquence de ce qu'une action a en elle-même
de bon ou de mauvais.* Pour l'OBLIGATION
EXTERNE, *ce ſera celle qui vient de la volonté
de quelque être dont on ſe reconnoît dépendant,
& qui commande ou défend certaines choſes, ſous
la menace de quelque peine.* A quoi il faut ajouter, que tant s'en faut que ces deux obligations ſoient oppoſées entr'elles, qu'au contraire elles s'accordent parfaitement. Car
comme l'obligation externe peut donner une
nouvelle force à l'obligation interne, auſſi
toute la force de l'obligation externe dépend,
en dernier reſſort, de l'obligation interne;
& c'eſt de l'accord & du concours de ces
deux obligations, que réſulte le plus haut
dégré de néceſſité morale, le lien le plus
fort, ou le motif le plus propre à faire impreſſion ſur l'homme pour le déterminer à ſuivre
conſtamment certaines régles de conduite,

* *Voyez* ci-après. *Partie II, Ch. VI.*

& à ne s'en écarter jamais : en un mot, c'est
par-là que se forme l'obligation la plus parfaite.

CHAPITRE VII.

Du Droit pris pour Faculté, & de l'Obligation qui y répond.

§ I.

*Le terme de Droit se prend en plusieurs sens particu-
liers, qui tous découlent de la notion générale.*

OUTRE l'idée générale du Droit,
telle que nous venons de l'expliquer,
& en le considérant comme la régle primitive des actions humaines ; ce terme se
prend encore en plusieurs sens particuliers
qu'il faut indiquer ici.

Mais avant toutes choses, il ne faut pas
oublier la notion primitive & générale que
nous avons donnée du Droit. Car comme
c'est de cette notion que se déduit, comme
de son principe, tout ce qui va faire la matière de ce chapitre & des suivans ; si nos
raisonnemens sont justes en eux-mêmes, &
s'ils ont une liaison nécessaire avec le principe, il résultera de-là une nouvelle preuve

de

de ſa vérité. Que ſi, contre notre attente, il
en eſt autrement, l'on aura du moins l'avantage de découvrir l'erreur dans ſa ſource, &
de pouvoir mieux ſe redreſſer. Tel eſt l'effet
d'une bonne méthode. On reconnoît qu'une
idée générale eſt juſte, quand toutes les
idées particulières s'y rapportent, & peuvent y être ramenées comme des branches à
leur tronc.

§ II.

Ce que c'eſt que le Droit, pris pour faculté.

PREMIÉREMENT, le *Droit* ſe prend ſouvent pour une *qualité perſonnelle*, une *puiſſance*, un *pouvoir d'agir*, une *faculté*. C'eſt
ainſi que l'on dit que tout homme a le *droit*
de pourvoir à ſa conſervation ; qu'un père
a le *droit* d'élever ſes enfans ; qu'un Souverain a le *droit* de lever des troupes pour la
défenſe de l'Etat, &c.

Dans ce ſens il faut définir le D R O I T :
*Le pouvoir qu'a l'homme de ſe ſervir d'une cer-
taine manière, de ſa liberté & de ſes forces naturelles, ſoit par rapport à lui-même, ſoit à l'é-
gard des autres hommes ; en tant que cet exercice de ſes forces & de ſa liberté eſt approuvé par
la raiſon.*

Ainſi, quand nous diſons qu'un père a le

droit

droit d'élever ses enfans, cela ne veut dire
autre chose si ce n'est que la raison approuve
qu'un père se serve de sa liberté & de ses
forces naturelles d'une manière convenable
à la conservation de ses enfans, & propre à
leur former l'esprit & le cœur. De même,
comme la raison donne son approbation au
Souverain pour tout ce qui est nécessaire à
la conservation & au bien de l'Etat, elle l'autorise spécialement à lever des troupes & à
mettre sur pied des armées, pour s'opposer
à un ennemi; & l'on dit en conséquence,
qu'il a le droit de le faire. Mais nous assu-
rons au contraire, qu'un Prince n'a pas droit
de tirer sans nécessité les laboureurs de la
campagne, ou d'enlever les artisans à leur
famille & à leur travail; qu'un père n'est
pas en droit d'exposer ses enfans, ni de les
mettre à mort, &c. parceque la raison,
loin d'approuver ces choses, les condamne
formellement.

§ III.

Il faut bien distinguer le simple Pouvoir *du* Droit.

IL ne faut donc pas confondre le *simple*
Pouvoir avec le *Droit*. Le simple pouvoir est
une qualité *physique* : c'est la puissance d'a-
gir dans toute l'étendue des forces naturelles

les & de la liberté : mais l'idée du Droit est
plus restreinte. Elle renferme un rapport de
convenance avec une régle qui modifie le
pouvoir physique, & qui en dirige les opérations d'une manière propre à conduire
l'homme à un certain but. C'est pourquoi
l'on dit que le *Droit* est une qualité *morale*.
Il est vrai que quelques-uns mettent le *Pouvoir*, aussi-bien que le *Droit*, au rang des
qualités *morales* * : mais il n'y a rien en cela
d'essentiellement opposé à la distinction que
nous en faisons. Ceux qui comptent ces
deux idées entre les êtres moraux, entendent
par le *Pouvoir*, à peu-près la même chose
que nous entendons par le *Droit* ; & l'usage
même semble autoriser cette confusion : car
on dit également, par exemple, le *pouvoir
paternel* & le *droit paternel*, &c. Quoi qu'il en
soit, il ne faut point disputer des mots. L'essentiel est de distinguer ici le *physique* du *moral* ; & il semble que le terme de *Droit* est
par lui-même plus propre à désigner l'idée
morale, que celui de *Pouvoir*, comme Pu-
FENDORF lui-même l'insinue **. En un mot,

---

* Voyez *Pufendorf.* Droit de la Nature & des Gens. *Liv.* I.
Ch. I. § 19.

**.... « Et sur ce pié-là le DROIT & le POUVOIR renfer-
» ment à peu-près la même idée. Il y a seulement cette diffé-
» rence, que le POUVOIR insinue plus directement la possession

l'usage

l'ufage de nos facultés ne devient un *Droit* ,
qu'autant que la raifon l'approuve , & qu'il
fe trouve conforme à cette régle primitive
des actions humaines. Et tout ce que l'homme peut faire *raifonnablement* , devient pour
lui un *droit* , parceque la raifon eft le feul
moyen qui puiffe le conduire à fon but de
la manière la plus abrégée & la plus fûre. Il
n'y a donc rien d'arbitraire dans ces idées ;
elles font toutes prifes de la nature même des
chofes : & fi on les rapproche des principes
que nous avons pofés ci-devant, l'on verra
qu'elles en font des conféquences néceffaires.

§ I V.

Fondement général des droits de l'homme.

QUE fi l'on demande enfuite fur quel
fondement la raifon approuve un tel exercice
de nos forces & de notre liberté , plutôt
qu'un autre ; la réponfe fe préfente d'elle-
même. La différence de ces jugemens vient
de la nature même des chofes & de leurs
effets. Tout ufage de nos facultés , qui par
lui-même tend à la perfection & au bonheur

» actuelle d'une telle qualité par rapport aux chofes ou aux
» perfonnes , & ne défigne qu'obfcurément la manière dont
» on l'a acquife. Au-lieu que le DROIT donne à entendre pro-
» prement & diftinctement , que cette qualité a été légitime-
» ment acquife,& qu'ainfi on fe l'attribue à jufte titre. *Pufend.*
Droit de la Nature & des Gens. *Liv. I. Ch. I. §. 10.*

de

de l'homme, eſt approuvé par la raiſon, qui condamne par conſéquent celui qui va à des fins contraires.

§ V.

Le Droit *produit l'*obligation.

Ce qui répond au Droit, pris de la manière que nous venons de l'expliquer, & conſidéré dans ſes effets par rapport à autrui, c'eſt l'*obligation.*

L'on a déja parlé dans le chapitre précédent de l'obligation ; ce qui fait connoître quelle eſt en général la nature de cette qualité morale. Mais pour ſe faire une juſte idée de celle dont il s'agit ici, on obſervera que lorſque la raiſon approuve que l'homme faſſe un certain uſage de ſes forces & de ſa liberté, ou ce qui eſt la même choſe, lorſqu'elle reconnoît en lui un certain *droit ;* il faut, par une conſéquence naturelle, que pour aſſurer ce droit à un homme, elle reconnoiſſe en même-tems que les autres hommes ne doivent point ſe ſervir de leurs forces ni de leur liberté pour lui réſiſter en cela ; mais qu'au contraire ils doivent reſpecter ſon droit, & l'aider à en uſer, plutôt que de lui nuire. De-là découle naturellement l'idée de l'Obligation, qui n'eſt

autre

autre chose ici qu'*une restriction de la liberté
naturelle, produite par la raison* ; entant que la
raison ne permet pas que l'on s'oppose à ceux qui
usent de leur droit, & qu'au contraire elle assujettit toute autre personne à favoriser & à aider
ceux qui ne font que ce qu'elle autorise, plutôt
que de leur résister ou de les traverser dans l'éxé-
cution de ce qu'ils se proposent légitimement.

§ VI.

Le droit & l'obligation sont deux idées relatives.

LE droit & l'obligation sont donc deux termes *corrélatifs*, comme parlent les Logiciens :
l'une de ces idées suppose nécessairement
l'autre ; & l'on ne sçauroit concevoir un *droit*,
sans une *obligation* qui y réponde. Comment, par exemple pourroit-on attribuer à
un père le droit de former ses enfans à la sagesse & à la vertu par une bonne éducation,
sans reconnoître en même-tems que les enfans doivent se soumettre à la direction paternelle ; & que non-seulement ils sont
obligés de n'y point résister, mais encore
qu'ils doivent concourir par leur docilité &
leur obéissance, à l'exécution des vues que
leur père se propose par rapport à eux ?
S'il en étoit autrement, la raison ne seroit
plus la *régle* des actions humaines. Elle se
trou-

trouveroit en contradiction avec elle-même ;
& tous les droits qu'elle accorde à l'homme
lui deviendroient inutiles & de nul effet : ce
feroit lui ôter d'une main ce qu'elle lui
donne de l'autre.

§ VII.

Dans quel tems l'homme est susceptible de droit &
d'obligation.

Telle est la nature du droit pris pour
faculté , & de l'obligation qui y répond.
L'on peut dire en général , que l'homme est
susceptible de ces deux qualités , aussitôt
qu'il commence à jouir de la vie & du sentiment. Cependant il faut mettre ici quelque
différence entre le droit & l'obligation , à
l'égard du tems auquel ces qualités commencent à se développer dans l'homme. Les
obligations où l'on est entant qu'homme , ne
déploient actuellement leur vertu , que lorfque l'homme est parvenu à un âge de raison
& de discernement. Car pour s'acquitter
d'une obligation , il faut en avoir connoiffance ; il faut fçavoir ce que l'on fait , & être
en état de comparer ses actions avec une
certaine régle. Mais pour les droits qui peuvent procurer l'avantage de quelqu'un fans
qu'il fçache ce qui fe paffe , ils prennent naif-
fance

fance & font valables dès le premier moment
de fon exiſtence , & mettent les autres hommes dans l'obligation de les reſpecter. Par
exemple , le droit d'exiger que perſonne ne
nous maltraite & ne nous offenſe, n'appartient
pas moins aux enfans , & même à ceux qui
font encore dans le fein de leur mère, qu'aux
hommes faits. C'eſt le fondement de la régle
équitable du Droit Romain , qui porte : QUE
*les enfans encore dans le fein de leur mère ₔ font
cenſés venus au monde ₔ toutes les fois qu'il s'agit
de quelque choſe qui tourne à leur avantage* *.
Mais l'on ne ſçauroit dire , à parler exactement , qu'un enfant né ou à naître ſoit actuellement aſſujetti à quelque obligation à
l'égard des autres hommes. Cet état ne
commence proprement par rapport à lui ,
que lorſqu'il a atteint l'âge de connoiſſance
& de diſcrétion.

§ VIII.

Les droits & les obligations font de pluſieurs ſortes.

L'ON peut faire pluſieurs diſtinctions des

___

* *Qui in utero eſt , perinde ac ſi in rebus humanis eſſet , cuſto-
ditur , quoties de commodo ipſius partûs , quæritur.* L. 7. D. de
Statu homin. Lib. I. Tit. 3. Un autre Juriſconſulte établit
cette régle : *Itaque pati quis injuriam , etiamſi non ſentiat ,
poteſt : facere nemo , niſi qui ſcit ſe injuriam facere , etiamſi
neſciat cui faciat.* L. 3. § 2. Dig. de Injuriis. Lib. 47. tit. 10.

droits

droits & des obligations : nous nous contenterons d'indiquer ici les principales. *

Premièrement, il y a des *droits naturels* &
des *droits acquis.* Les premiers sont ceux *qui
appartiennent originairement & essentiellement à
l'homme ; qui sont inhérens à sa nature ; dont
il jouit par cela même qu'il est homme, indépendamment d'aucun fait particulier de sa part.*
Les *droits acquis sont,* au contraire, *ceux dont
l'homme ne jouit pas naturellement, mais qu'il
s'est procurés par son propre fait.* Ainsi le droit
de pourvoir à sa conservation, est un droit
naturel à l'homme : mais la souveraineté, ou
le droit de commander à une société d'hommes, est un droit acquis.

2°. Il y a des *droits parfaits & rigoureux,*
& des *droits imparfaits* ou *non-rigoureux.* Les
droits parfaits sont *ceux dont on peut exiger
l'effet à toute rigueur, & s'il est nécessaire,
jusqu'à employer la force pour en obtenir l'exécution, ou pour en maintenir l'usage, contre
ceux qui voudroient nous résister ou nous troubler à cet égard.* C'est ainsi que l'on peut
raisonnablement opposer la force à quiconque attente injustement sur notre vie, sur

* Voyez *Pufendorf.* Droit de la Nature & des Gens. *Liv.*
I. *Ch.* I. § 19. & *Grot.* Droit de la Guerre & de la Paix. *Liv.*
I. *Ch.* I. § 4. 5. 6. 7. avec les Notes de M. *Barbeyrac.*

nos

nos biens ou fur notre liberté. Mais *lorſque la raiſon ne nous permet pas d'employer des voies de fait pour nous aſſurer la jouiſſance des droits qu'elle nous accorde*, alors ces droits ne ſont qu'*imparfaits & non-rigoureux.* Ainſi quoique la raiſon autoriſe ceux qui par eux-mêmes ſont deſtitués des moyens de vivre, à exiger du ſecours des autres hommes ; ils ne peuvent pourtant pas, en cas de refus, ſe le procurer par la force, ni le leur arracher malgré eux. L'on comprend bien, ſans qu'il ſoit beſoin de le dire, que l'obligation répond ici exactement au droit ; & qu'elle eſt *plus* ou *moins forte*, qu'elle eſt *parfaite* ou *imparfaite*, ſelon que le droit lui-même eſt *parfait* ou *imparfait.*

3°. Une autre diſtinction qui mérite d'être remarquée, c'eſt qu'*il y a des droits auſquels on peut renoncer légitimement*, & d'autres *à l'égard deſquels cela n'eſt pas permis.* Un créancier, par exemple, peut, s'il le veut, remettre la dette à ſon débiteur, ou en tout, ou en partie : mais un père ne ſçauroit renoncer au droit qu'il a ſur ſes enfans, ni les laiſſer dans une entière indépendance. La raiſon de cette différence eſt qu'il y a des droits qui ont par eux-mêmes une liaiſon naturelle avec nos *devoirs*, & qui ne ſont donnés

donnés à l'homme que comme des *moyens* de s'en acquitter. Renoncer à ces sortes de droits , ce seroit donc renoncer à son devoir , ce qui n'est jamais permis. Mais à l'égard des droits qui n'intéressent en rien nos devoirs, la renonciation est licite , & ce n'est qu'une affaire de prudence. Ajoutons encore un exemple : L'homme ne sçauroit renoncer entièrement, absolument & sans réserve à sa liberté , car ce seroit manifestement se mettre dans la nécessité de mal faire , si celui auquel on s'est soumis sur ce pié-là l'ordonnoit ; mais l'on peut légitimement renoncer à une partie de sa liberté , si l'on se trouve par-là d'autant mieux en état de remplir ses devoirs , & qu'on se procure quelque avantage certain & raisonnable. C'est avec ces modifications qu'il faut entendre la maxime commune : Qu'il *est permis à chacun de renoncer à son droit.*

4°. Enfin , le droit, considéré par rapport à ses différens *objets* , peut être réduit à quatre espèces principales. 1°. Le droit que nous avons sur notre propre personne & sur nos actions , lequel s'appelle liberté ; 2°. Le droit que l'on a sur les choses qui nous appartiennent en propre , qui se nomme propriété ou domaine ; 3°. Le droit que
    l'on

l'on a sur la personne & les actions des autres hommes, qu'on désigne par le nom d'EMPIRE ou d'AUTORITÉ; 4°. Et enfin le droit que l'on peut avoir sur les choses qui appartiennent à autrui, lequel peut être de plusieurs sortes. Il suffit, quant à présent, d'avoir donné une connoissance générale de ces différentes espéces de droits. On en explique la nature & les effets quand on en vient au détail de ces matières.

Telles sont les idées que l'on doit avoir du Droit, considéré comme une faculté. Mais il y a encore un autre sens particulier de ce terme, par lequel il se prend pour la Loi; comme quand on dit, que le Droit naturel est le fondement de la Morale & de la Politique; qu'il défend de manquer à sa parole; qu'il ordonne la réparation du dommage, &c. Dans tous ces cas, le Droit est pris pour la Loi. Et comme cette espéce de Droit convient à l'homme d'une façon particulière, il est important de bien le développer. C'est ce qui va faire la matière des chapitres suivans.

❅

CHA-

CHAPITRE VIII. *

De la Loi en général.

§ I.

DANS les recherches que nous avons faites jufqu'ici fur la régle des actions humaines, nous ne fommes point fortis de l'homme ; nous n'avons confulté que fa propre nature, le fonds de fon effence & ce qu'il eft en lui-même. Cet examen nous a fait connoître que l'homme trouvoit au dedans de lui, & dans fa RAISON, la régle qu'il doit fuivre ; & que les confeils que la raifon lui donne, lui indiquant la route la plus abrégée & la plus fûre pour fe perfectionner & fe rendre heureux, il réfultoit de-là un principe d'obligation, ou un puiffant motif de conformer fes actions à cette régle primitive. Mais pour avoir une jufte connoiffance du fyftême de l'homme, on ne doit pas s'arrêter à ces premières confidérations : il faut encore, fuivant la méthode que nous avons indiquée **, porter fon attention fur

---

* Voyez *Pufendorf.* Droit de la Nature & des Gens. *Liv. I. Ch. VI.*

** *Voyez* ci-devant. *Ch. III.* § 3.

I. Part.　　　　　　　　　H　　les

les différens *états* de l'homme, & sur les *relations* qui en sont les suites, & qui ne peuvent manquer de produire certaines modifications dans les régles qu'il doit suivre. Car,
comme nous l'avons déja observé, non-seulement ces régles doivent être conformes à
la nature de l'homme, mais elles doivent
encore être proportionnées à sa situation &
à son état.

§ II.

*L'homme par sa nature étant un être dépendant, la
Loi doit être la régle de ses actions.*

OR, entre les états primitifs de l'homme,
l'*état de dépendance* est un de ceux qui méritent le plus d'attention, & celui qui doit
avoir le plus d'influence sur la régle qu'il
doit observer. En effet, un être *indépendant*
de tout autre, n'a d'autre régle à suivre que
les conseils de sa propre raison ; & par une
suite de cette indépendance, il se trouve
affranchi de tout assujettissement à la volonté
d'autrui : en un mot, il est maître absolu de
lui-même & de ses actions. Mais il n'en est
pas ainsi d'un être que l'on suppose *dépendant* d'un autre, comme d'un supérieur &
d'un maître. Le sentiment de cette dépendance doit naturellement engager l'inférieur
à prendre pour régle de sa conduite la volonté

lonté de celui dont il dépend ; puisque l'af-
sujettissement où il se trouve ne lui permet
pas d'espérer raisonnablement de pouvoir se
procurer un solide bonheur , indépendamment de la volonté de son supérieur , & des
vues qu'il peut se proposer par rapport à
lui. * Et cela encore a plus ou moins d'étendue & d'effet , à proportion que la supériorité de l'un & la dépendance de l'autre sera
plus ou moins grande , sera absolue ou li-
mitée. L'on voit bien que toutes ces remarques s'appliquent à l'homme d'une façon particulière : ensorte que dès que l'homme reconnoît un supérieur , à la puissance & à
l'autorité duquel il est naturellement soumis ,
c'est une conséquence de cet état , qu'il reconnoisse aussi la volonté de ce supérieur
pour la *régle* de ses actions. C'est-là le *droit*
que nous appellons L o i.

Bien entendu pourtant que cette volonté
du supérieur n'ait en elle-même rien de contraire à la R a i s o n , qui est la régle primitive de l'homme. Car si cela étoit , nous se-
rions hors d'état de lui obéir. Afin qu'une
Loi soit la régle des actions humaines , il faut
absolument qu'elle s'accorde avec la nature

* *Voyez* ci-devant. *Chap. VI.* § 3.

&

& la conftitution de l'homme, & qu'elle fe
rapporte en dernier reffort à fon bonheur,
qui eft ce que la raifon lui fait néceffairement rechercher. Ces remarques, affés claires d'elles-mêmes, le paroîtront encore davantage, quand nous aurons expliqué plus
particulièrement la nature de la Loi.

§. III.

Définition de la Loi.

J E définis la Loi : *Une régle prefcrite par*
le Souverain d'une fociété à fes fujets ; foit pour
leur impofer l'obligation de faire ou de ne pas
faire certaines chofes, fous la menace de quelque
peine ; foit pour leur laiffer la liberté d'agir ou
de ne pas agir en d'autres chofes, comme ils le
trouveront à propos, & leur affurer une pleine
jouiffance de leurs droits à cet égard.

En définiffant ainfi la Loi, nous nous
écartons un peu des définitions que G R O-
T I U S & P U F E N D O R F en ont données.
Mais il nous a paru que les définitions de
ces deux auteurs avoient quelque chofe de
trop vague, & que d'ailleurs elles ne con-
venoient pas à la Loi confidérée dans toute
fon étendue. C'eft ce que juftifieront les
détails où nous allons entrer, fi l'on en fait

la

la comparaifon avec les paffages que nous indiquons *.

§. IV.

Pourquoi on définit la Loi une regle prefcrite.

Je dis que la Loi eſt une *régle* : premièrement , pour marquer ce que la Loi a de
commun avec le *conſeil ;* c'eſt que l'un &
l'autre ſont des régles de conduite : & en
ſecond lieu , pour diſtinguer la Loi des *ordres paſſagers* qu'un ſupérieur peut donner ,
& qui n'étant point des régles *permanentes*
de la conduite des ſujets , ne ſont pas proprement des Loix. L'idée de *régle* renferme
principalement ces deux choſes, l'*univerſa-
lité* & la *perpétuité ;* & ces deux caractères
étant eſſentiels à la régle conſidérée en général , ils ſervent auſſi à diſtinguer la Loi
de toute autre volonté particulière du Souverain.

J'ajoute que la Loi eſt une régle *preſcrite ;*
parcequ'une ſimple réſolution renfermée
dans l'eſprit du Souverain , ſans ſe mani-
feſter par quelque ſigne extérieur , ne feroit pas une Loi. Il faut que cette volonté ſoit *notifiée* aux ſujets d'une manière con-

---

* Voy. *Grotius.* Droit de la Guerre & de la Paix. *Liv.* I. *Ch.* I.
§ 9. & *Puſend.* Droit de la Nat. & des Gens. *Liv.* I. *Ch.* VI.
§ 4. Ajoutez-y les notes de M. *Barbeyrac.*

venable ;

venable ; en forte qu'ils puiffent connoître
ce que le Souverain exige d'eux , & la néceffité où ils font d'y conformer leur conduite. Au refte , de quelque manière que fe
faffe cette notification , foit de vive voix ,
foit par écrit ou autrement , la chofe eft indifférente. Il fuffit que les fujets foient bien
inftruits de la volonté du Légiflateur.

§ V.

Ce que c'eft que le Souverain , *la* Souveraineté *& le*
droit de commander.

ACHEVONS de développer les principales
idées qui entrent dans la définition de la Loi.
La Loi eft prefcrite par le *Souverain* : c'eft
ce qui la diftingue du *confeil* , qui vient d'un
ami , d'un *égal* , qui comme tel , n'a aucun
pouvoir fur nous , & dont par conféquent les
avis n'ont pas la même force & ne produifent pas la même obligation que la Loi , laquelle émanant du Souverain , a pour appui
le *commandement* & l'*autorité* d'un fupérieur *.
L'on fuit le confeil par des raifons tirées de
la nature même de la chofe : l'on obéit à la
Loi , non-feulement en vue des raifons fur
lefquelles elle eft établie ; mais auffi à caufe
de l'autorité du Souverain qui la prefcrit.

* *Voyez* Droit de la Nat. & des Gens. *Liv. I. Ch. VI.* § 1.

L'O-

L'obligation que produit le conseil est une obligation purement *interne* ; celle de la Loi est *interne & externe* tout à la fois *.

La Société *est*, comme on l'a déja remarqué , *l'union de plusieurs personnes pour une certaine fin , qui est quelque avantage commun*. La Fin, c'est *l'effet ou l'avantage que se proposent des êtres intelligens , & qu'ils veulent se procurer :* & l'Union *de plusieurs personnes , c'est le concours de leur volonté pour se procurer la fin qu'ils se proposent en commun*. Mais quoique nous fassions entrer l'idée de la société dans la définition de la Loi , il n'en faut pas conclure que la société soit une condition absolument essentielle & nécessaire à l'établissement des loix. A la rigueur , & dans l'exacte précision, l'on peut fort bien concevoir la Loi , lors même que le Souverain n'auroit qu'une seule personne soumise à son autorité : & ce n'est que pour nous rapprocher du fait ou de l'état actuel des choses , que nous supposons un Souverain qui commande à une société d'hommes. Il faut pourtant observer que la relation qu'il y a entre le Souverain & les sujets , forme entr'eux une sorte de société ; mais qui est d'une espéce particulière , & que l'on peut appeller *société d'i-*

* *Voyez.* ci-devant. *Ch. VI.* §. 13.

H 4 *né-*

négalité : le Souverain commande , & les sujets obéiſſent.

Le Souverain *eſt* donc *celui qui a
droit de commander en dernier reſſort.* Commander *c'eſt diriger ſelon ſa volonté &
avec autorité, ou avec pouvoir de contraindre,
les actions de ceux qui nous ſont ſoumis :* & je
dis que le Souverain commande *en dernier
reſſort;* pour faire connoître que comme il tient
dans la ſociété le premier rang , ſa volonté
eſt ſupérieure à toute autre, & que tous les
membres de la ſociété lui ſont aſſujettis.
Enfin , le Droit de commander *n'eſt* autre choſe que *le pouvoir de diriger avec autorité
les actions des autres.* Et comme le pouvoir de
ſe ſervir de ſes forces & de ſa liberté , n'eſt
un *droit* qu'autant que la raiſon l'approuve
& l'autoriſe ; c'eſt auſſi , en dernier reſſort ,
ſur cette approbation de la raiſon , que le
droit de commander ſe trouve établi.

§ VI.

Ceci nous conduit à rechercher plus
particulièrement quels ſont les *fondemens* naturels de l'*empire* ou de la *ſouveraineté ;* ou ce
qui revient au même, en vertu de quoi on a
le droit d'impoſer à autrui quelque obligation , & d'exiger de lui la ſoumiſſion & l'o-
béiſſance.

béiffance. Cette queftion eft très-importante
en elle-même ; elle l'eft auffi par fes effets.
Car plus on connoîtra les raifons qui établiffent l'autorité d'une part, & la dépendance de l'autre ; plus on fera porté à fe
foumettre en effet & de bon gré à ceux de
qui l'on dépend. D'ailleurs, la diverfité des
fentimens fur la manière de pofer les fondemens de la Souveraineté, eft une preuve que
ce fujet demande d'être traité avec quelque
foin.

CHAPITRE IX,

Des Fondemens de la Souveraineté, ou du droit de commander.

§ I.

Première remarque. *Il s'agit ici d'une Souveraineté néceffaire.*

QUAND nous recherchons ici les fondemens du droit de commander, nous
n'envifageons la chofe que d'une manière
générale & métaphyfique. Il s'agit de fçavoir quels font les fondemens d'une fouveraineté & d'une dépendance *néceffaire ;* c'eft-
à-dire, qui fe trouvent établies fur la nature
même des chofes, & qui font une fuite naturelle de la conftitution des êtres aufquels
on

on les attribue. Mettons donc à part ce qui
touche une espéce particulière de souveraineté, pour remonter aux idées générales,
d'où dérivent les premiers principes. Mais
comme des principes généraux, quand ils
font juftes & bien fondés, s'appliquent aifément à tous les cas particuliers ; il s'enfuit
que les premiers fondemens de la fouveraineté, ou les raifons fur lefquelles elle eft
établie, doivent être pofés de manière que
l'on puiffe les appliquer convenablement à
toutes les efpéces qui nous font connues.
Par-là, comme nous le difons ci-devant,
on pourra ou s'affurer pleinement de la ju-
fteffe des principes, ou reconnoître s'ils font
défectueux.

§ II.

Seconde remarque. *Il n'y a ni fouveraineté ni dépen-*
dance néceffaire entre des êtres parfaitement égaux.

UNE autre remarque générale & pré-
liminaire, c'eft qu'il ne peut y avoir ni fouveraineté ni dépendance naturelle & néceffaire, entre des êtres qui par leur nature,
par leurs facultés & par leur état, fe trouveroient dans une égalité fi parfaite, que
l'on ne fçauroit rien attribuer à l'un qui ne
fe rencontre également dans l'autre. Et en
effet, dans cette fuppofition, il n'y auroit
nulle

nulle raiſon pourquoi l'un pût s'attribuer
quelque autorité ſur les autres & les mettre
dans ſa dépendance, que ceux-ci ne puſſent
également faire valoir contre lui. Mais cela
réduiſant la choſe à l'*abſurde*, il s'enſuit
qu'une telle égalité entre pluſieurs êtres exclut toute ſubordination entr'eux, tout empire, toute dépendance néceſſaire des uns
aux autres ; comme l'égalité de deux poids
fait qu'ils demeurent en équilibre. IL FAUT
donc qu'il y ait dans la nature même de ceux
que l'on veut ſubordonner l'un à l'autre, des
qualités eſſentiellement différentes, ſur leſquelles on puiſſe fonder la relation de *ſupérieur* & *d'inférieur*. Mais les ſentimens ſe trouvent partagés dans la détermination de ces
qualités.

§ III.

*Différentes opinions ſur l'origine & les fondemens de
la ſouveraineté.*

QUELQUES-uns prétendent que la
ſeule *ſupériorité de forces*, ou, comme ils parlent, une *puiſſance irréſiſtible*, eſt le vrai &
premier fondement du droit d'impoſer quelque obligation & de preſcrire des loix.
« Cette ſupériorité de puiſſance donne, ſe-
» lon eux, le *droit de régner*, par l'impoſſi-
» bilité

» bilité où elle met les autres de réſiſter à
» celui qui a ſur eux un tel avantage *.

2° Il y en a d'autres qui rapportent l'origine & le fondement de l'empire « à l'*excel-*
» *lence de nature* ; qui non-ſeulement rend un
» être indépendant de tous ceux qui ſont
» d'une nature inférieure ; mais qui fait en-
» core que ces derniers peuvent être regar-
» dés comme faits pour le premier. C'eſt
» de quoi , diſent-ils , nous avons une preu-
» ve dans la conſtitution même de l'hom-
» me ; car c'eſt l'ame qui gouverne , com-
» me étant la partie la plus noble : &
» c'eſt auſſi ſur ce fondement qu'eſt établi
» l'empire de l'homme ſur les animaux **.

3°. UN troiſiéme ſentiment , qui mérite
d'être rapporté , eſt celui de M. BARBEY-
RAC ***. Suivant ce judicieux auteur , il n'y
a proprement qu'un ſeul fondement général d'obligation , auquel tous les autres ſe
réduiſent ; c'eſt la dépendance naturelle où
nous ſommes de DIEU , en tant qu'il nous
a donné l'être , & qu'il peut en conſéquen-

---

* Voyez *Hobb.* De Cive. *Cap. XV.* §. 5.

** Voyez *Pufend.* Droit de la Nature. & des Gens. *Liv. I.*
Ch. VI. §. 11.

*** On le trouve dans la note 2. ſur le §. 12. du grand Ouvrage de *Pufend.* Liv. I. Ch. VI. & dans la note 3. ſur le § V. des
Devoirs de l'homme & du Citoyen. *Liv. I. Ch. II.*

ce

ce exiger de nous que nous faſſions de
nos facultés l'uſage auquel il les a manifeſtement deſtinées. « Un ouvrier , ajoute-t-
» il , eſt , comme tel , le maître de ſon ouvra-
» ge ; il peut en diſpoſer à ſon gré........
» Si un Statuaire pouvoit par ſa vertu pro-
» pre faire des ſtatues animées ,...... *cela*
» *ſeul* le mettroit en droit d'exiger que le
» marbre façonné de ſes mains , & doué par
» lui d'intelligence , ſe ſoumît à ſa volonté....
» Mais DIEU eſt l'auteur de la matière &
» de la forme des parties dont notre être eſt
» compoſé ; il a créé nos corps & nos ames ,
» & il a donné à celles-ci toutes les facultés
» dont elles ſont revêtues. Il peut donc preſ-
» crire telles bornes qu'il veut à ces facultés ,
» & exiger que les hommes n'en faſſent
» uſage que de telle ou telle manière , &c.

§ I V.

Examen de ces opinions. 1°. *La ſeule ſupériorité de*
puiſſance ne ſuffit pas pour donner le droit
de commander.

TELS ſont les principaux ſyſtêmes ſur
l'origine & les fondemens de la ſouveraineté
& de la dépendance. Examinons - les : &
pour en bien juger , n'oublions ni la diſtinction de la néceſſité *phyſique & morale* , ni les
notions primitives du *droit* & de l'*obligation* ,
                                                    telles

telles qu'on les a expliquées ci-devant. *

1°. Cela posé , je dis que ceux qui fondent le droit de prescrire des loix , sur la
seule supériorité de puissance , ou sur un
pouvoir auquel il est impossible de résister ,
établissent un principe insuffisant , & qui même en le prenant à la rigueur , se trouvera
faux. En effet , de cela seul que je suis hors
d'état de résister à quelqu'un , il ne s'ensuit
pas qu'il ait droit de me commander , c'est-
à-dire , que je sois tenu de me soumettre à
lui en vertu d'un principe d'obligation, &
de reconnoître sa volonté comme la régle
universelle de ma conduite. Le *droit* n'étant
autre chose que ce que la raison approuve ,
il n'y a que cette *approbation* que la raison
donne à celui qui commande , qui puisse faire
son *droit* , & qui par une conséquence nécessaire , produise en nous ce sentiment que
nous appellons *obligation* , lequel nous porte
à nous soumettre de bon gré. Toute obligation suppose donc certaines raisons qui
agissent sur la conscience, & qui fléchissent
la volonté ; en sorte que suivant les lumières de notre propre raison , nous jugions
que nous ferions mal de résister , lors même
que nous en aurions le pouvoir ; & qu'ainsi

* *Chap. VI. & VII.*

nous

nous n'en avons pas le *droit*. Or quiconque
n'allégue d'autre raison que la supériorité
de ses forces, ne propose point un motif
suffisant pour obliger la volonté. Par exemple, la puissance que peut avoir un être
malfaisant ne lui donne aucun droit de commander, & ne sçauroit nous mettre dans l'o-
bligation d'obéir ; parceque cela répugne
manifestement à l'idée même de droit & d'o-
bligation. Au contraire, le premier conseil
que la raison nous donne à l'égard d'une
puissance malfaisante, c'est de lui résister,
& s'il est possible, de la détruire. Or, si nous
avons droit de résister, c'est un droit incompatible avec l'obligation d'obéir, & qui l'exclut évidemment. Il est vrai que si nous
voyons clairement, que tous nos efforts seront inutiles, & que notre résistance ne feroit que nous attirer un mal plus fâcheux ;
nous aimerons mieux nous soumettre pour
un tems, quoiqu'à regret, que de nous
exposer aux coups d'une puissance maligne.
Mais alors nous sommes *contraints*, & non
obligés. Nous souffrons malgré nous les effets
d'une force supérieure ; & en nous y sou-
mettant extérieurement, nous nous sou-
levons intérieurement contre elle par un
sentiment naturel : ce qui nous laisse toujours

jours en plein *droit* de tenter toutes sortes
de voies pour nous délivrer du joug injuste
que l'on nous impose. Il n'y a donc point
alors d'*obligation* proprement dite ; or le
défaut d'obligation emporte le défaut de
droit *. Nous n'insistons pas ici sur les dangereuses conséquences de ce système ; il
suffit de l'avoir réfuté par les principes, &
l'on aura peut-être occasion d'en parler une
autre fois.

§ V.

2°. *Ni la seule excellence ou supériorité de nature.*

LES deux autres sentimens que nous
avons rapportés, ont quelque chose de plau-
sible, & même de vrai. Cependant ils ne me
paroissent pas tout-à-fait suffisans : les principes qu'ils posent sont trop vagues, & ont
besoin d'être amenés à un point plus précis.

2°. Et véritablement, je ne vois pas que
la seule *excellence de nature* suffise pour donner un droit de souveraineté. Je reconnoî-
trai, si l'on veut, cette excellence, & j'en
conviendrai comme d'une vérité qui m'est
bien connue : voilà tout l'effet que doit naturellement produire cette hypothèse. Mais
je m'arrête-là : & la connoissance que j'ai
de l'excellence d'un être au-dessus de moi,

* *Voyez* ci-devant. *Ch.* VII. § 6.

ne me préfente point par elle-même un motif fuffifant pour me foumettre abfolument
à lui , & pour abandonner ma volonté
afin de prendre la fienne pour régle. Auffi-
long-tems que l'on s'en tiendra à ces géné-
ralités , & que l'on ne me dira rien de plus ,
je ne me fentirai point porté par un mouvement intérieur , à me foumettre ; & je puis ,
fans que ma confcience me faffe aucun re-
proche , juger que le principe intelligent qui
eft en moi fuffit pour me conduire. Jufque-
là donc tout s'arrête à la fimple *fpéculation*.
Que fi vous voulez exiger de moi quelque
chofe de plus , je raménerai la queftion à ce
point : Comment & de quelle manière cet
être que vous fuppofez plus excellent que
moi , veut-il fe conduire à mon égard ; &
par quels effets cette excellence ou cette fu-
périorité de nature fe manifeftra - t-elle ?
Veut-il me faire du bien ou. du mal, ou
refte-t-il par rapport à moi dans l'indifférence ? Il faut de toute néceffité que l'on
s'explique ; & alors , fuivant le parti que
l'on prendra , je conviendrai peut-être que
cet être a droit de me commander , & que je
fuis dans l'obligation d'obéir. Mais ces réfléxions font bien voir , fi je ne me trompe ,
qu'il ne fuffit pas d'alléguer purement & fim-

I. Partie.   I   ple-

plement l'excellence, d'un être par-dessus
les autres, pour établir les fondemens de la
souveraineté.

§ VI.

3°. Ni la seule qualité de Créateur.

3°. Il y a peut-être quelque chose de
plus précis dans la troisiéme hypothèse.
» Dieu, dit-on, est le créateur des hom-
» mes : c'est de lui qu'ils tiennent la vie,
» la raison & toutes leurs facultés. Il est
» donc le maître de son ouvrage, & il peut
» en conséquence prescrire aux hommes
» telles régles qu'il lui plaît. De-là découle
» naturellement notre dépendance, & l'em-
» pire absolu de Dieu sur nous ; & c'est-là
» aussi la première source, ou le premier fon-
» dement de toute autorité. »

Tout ce qu'on allégue ici pour fonder
l'empire de Dieu sur les hommes, se réduit à sa *puissance suprême*. Mais s'ensuit-il de
cela seul, & par une conséquence immédiate & nécessaire, qu'il ait *droit* de nous prescrire des loix ? Voilà le point de la question.
La souveraine puissance de Dieu lui donne
bien le *pouvoir* de faire à l'égard des hommes, & d'exiger d'eux tout ce qu'il lui
plaît, & de les mettre dans la *nécessité* de s'y
assujettir ; car la créature ne sçauroit résister

au

au créateur, & elle se trouve par sa nature
& par son état, dans une dépendance si entière, que le créateur peut même, s'il le
veut, l'anéantir & la détruire. Cela est certain. Mais cela ne paroît pas encore suffisant
pour établir le *droit* du Créateur. Il faut quelque chose de plus pour faire du simple *pouvoir* une qualité *morale*, & le convertir en
droit. * En un mot il est nécessaire, comme
nous l'avons remarqué plus d'une fois, que
la puissance soit telle qu'elle soit *approuvée*
par la raison; afin que l'homme puisse s'y
soumettre de bon gré, & par ce sentiment qui
produit l'*obligation.*

Qu'on nous permette de faire une supposition qui rendra la chose sensible. Si le Créateur n'avoit donné l'existence à la créature
que pour la rendre malheureuse, la relation
de créateur à créature subsisteroit toujours;
& cependant l'on ne sçauroit dans cette supposition concevoir ni *droit*, ni *obligation.* Le
pouvoir irrésistible du créateur pourroit bien
contraindre la créature; mais cette contrainte ne formeroit pas une *obligation de raison,*
un *lien moral;* parcequ'une obligation de ce
genre suppose toujours le concours de la volonté, & une approbation ou un acquiesce-

ment de la part de l'homme, qui produit la *soumission* volontaire: acquiefcement qu'il ne fçauroit donner à un être qui ne feroit ufage de fon pouvoir fuprême, que pour l'opprimer & le rendre malheureux.

La qualité de Créateur ne fuffit donc pas feule & par elle-même, pour établir le droit de commander & l'obligation d'obéir.

§ VII.

Véritables fondemens de la Souveraineté: La puiffance, la fageffe, *la* bonté *jointes enfemble.*

MAIS fi à l'idée d'un Créateur tout-puiffant, nous joignons (ce qu'apparemment M. BARBEYRAC fuppofoit, mais qu'il n'exprime pas affés diftinctement,) fi, dis-je, nous y joignons l'idée d'un être parfaitement fage & fouverainement bon, qui ne veut faire ufage de fa puiffance que pour le bien & l'avantage de fes créatures ; nous aurons alors tout ce qui eft néceffaire pour fonder une autorité légitime.

Confultons-nous nous-mêmes. Suppofons que non-feulement nous tenons l'exiftence, la vie, & toutes nos facultés d'un être infiniment fupérieur à nous en puiffance ; mais encore, que nous fommes pleinement affurés que cet être, auffi fage que puiffant,

n'a

n'a eu d'autre but en nous créant, que celui
de nous rendre heureux, & que c'eſt dans
cette vue qu'il veut nous impoſer des loix.
Il eſt certain que dans ces circonſtances
nous ne ſçaurions qu'approuver une telle
puiſſance, & l'uſage que l'on en fait à notre
égard. Or cette approbation eſt une recon-
noiſſance du *droit* du ſupérieur ; & en conſéquence, le premier conſeil que la raiſon
nous donne, c'eſt de nous abandonner à la
direction d'un tel Maître, de nous ſoumettre
à lui, & de conformer toutes nos actions ſur
ce que nous connoîtrons de ſa volonté. Pourquoi cela ? Parceque dans l'état des choſes,
nous voyons évidemment qu'il n'y a point
de route plus ſûre ni plus abrégée pour arriver à la félicité, à laquelle nous aſpirons.
Et de la manière que nous ſommes faits,
cette connoiſſance entraînera néceſſairement
le concours de notre volonté, notre acquieſcement, notre ſoumiſſion : tellement
que ſi nous agiſſons contre ces principes,
& qu'il nous en arrive quelque choſe de fâcheux, nous ne ſçaurions nous empêcher de
nous condamner nous-mêmes, & de reconnoître que nous nous ſommes juſtement attiré le mal que nous ſouffrons. Or voilà ce

I 3   qui

qui conſtitue le vrai caractère de l'obligaꞏ
tion proprement dite.

§ VIII.

Explication de notre ſentiment.

Sɪ l'on veut donc tout embraſſer & tout
réunir, pour faire une définition complette,
il faudra dire : Qᴜᴇ *le droit de Souveraineté
dérive d'une puiſſance ſupérieure, accompagnée
de ſageſſe & de bonté.*

Je dis premièrement, une *puiſſance ſupérieure,* parceque l'égalité de puiſſance, comme on l'a dit dès l'entrée, exclut tout empire, toute ſubordination naturelle & néceſſaire ; & que d'ailleurs la ſouveraineté &
le commandement par où elle ſe développe,
deviendroient inutiles & de nul effet, s'ils
n'étoient ſoutenus d'une puiſſance ſuffiſante. Que ſeroit-ce qu'un Souverain qui n'auroit pas en main des moyens efficaces pour
contraindre & pour ſe faire obéir ?

Mais cela ne ſuffit pas ; & je dis en ſecond
lieu que cette puiſſance doit auſſi être *ſage*
& *bienfaiſante* : *ſage,* pour connoître & choiſir les moyens les plus propres à nous rendre
heureux ; & *bienfaiſante,* pour être en général portée à employer ces moyens qui tendent à notre bonheur.

Pour

Pour s'en convaincre, il suffit de remarquer trois cas, qui sont les seuls qu'on puisse supposer ici. Ou cette puissance sera, par rapport à nous, une puissance *indifférente* ; c'est-à-dire, qu'elle ne voudra nous faire ni bien ni mal, comme ne prenant nul intérêt à ce qui nous regarde : ou bien ce sera une puissance *maligne* ; ou enfin, ce sera une puissance favorable & *bienfaisante.*

Dans le premier cas, notre question n'a plus lieu. Quelque supérieur que soit un être à mon égard, dès qu'il ne prend nul intérêt à ce qui me regarde, & qu'il me laisse entièrement à moi-même ; je demeure par rapport à lui dans une liberté aussi entière que s'il ne m'étoit point connu, ou même s'il n'existoit point du tout *. Ainsi nulle autorité de sa part, nulle obligation de la mienne.

Que si l'on suppose une puissance maligne & malfaisante ; la raison, loin de *l'approu-*

* » Quelque impie que soit le sentiment des *Epicuriens*, qui
» se figuroient des Dieux jouissant dans une paix profonde de
» leur souveraine félicité, & regardant avec la dernière indiffé-
» rence toutes les choses humaines, sans daigner en prendre
» soin, ni s'intéresser en aucune manière aux bonnes ou aux
» mauvaises actions ; quelque impie, dis-je, que soit une telle
» pensée, ils avoient raison d'en inférer que cela posé, toute
» Religion & toute crainte des Dieux étoit vaine & chiméri-
» que. » *Pufend.* Droit de la Nat. & des Gens. *Liv. I. Ch. VI.*
§ 11, Vid. *Cicer.* de Nat. Deor. Lib. I. Cap. 2.

ver, se *souléve* contre elle, comme contre un *ennemi* d'autant plus dangereux qu'il est plus puissant. L'homme ne sçauroit reconnoître un tel *pouvoir* comme un *droit* : au contraire il se trouve autorisé à chercher tous les moyens de se souftraire à un maître si redoutable, afin d'être à couvert des maux qu'il pourroit en souffrir.

Mais supposons une puissance également sage & bienfaisante. Bien loin que l'homme puisse lui refuser son approbation, il se sentira porté intérieurement & par le penchant naturel de sa volonté, à se soumettre & à acquiescer entièrement à la volonté d'un tel être, qui possède toutes les qualités nécessaires pour nous conduire à notre but. Par sa *puissance* il est pleinement en état de procurer le bien de ceux qui lui sont soumis, & d'éloigner tout ce qui pourroit leur nuire. Par sa *sagesse* il connoît parfaitement quelle est la nature & la constitution de ceux à qui il donne des loix, quelles sont leurs facultés & leurs forces, & en quoi consistent leurs véritables intérêts. Il ne sçauroit donc se tromper, ni dans les desseins qu'il se propose à leur égard, ni dans le choix des moyens qu'il employe pour y arriver. Enfin, la *bonté* porte un tel Souverain à vouloir en effet rendre

dre ſes ſujets heureux, & à diriger conſtamment à cette fin les opérations de ſa ſageſſe
& de ſa puiſſance. Ainſi l'aſſemblage de ces
qualités, en réuniſſant au plus haut point
tout ce qui peut mériter l'*approbation* de la
raiſon, réunit auſſi tout ce qui peut déterminer l'homme, & lui impoſer une obligation tant externe qu'interne, d'obéir & de ſe
ſoumettre. C'eſt donc là le vrai fondement
du droit de Souveraineté.

§ I X.

*Il ne faut point ſéparer les unes des autres, ces qualités
qui font le droit du Souverain.*

A proprement parler, il ne faudroit pour
lier & aſſujettir des créatures libres & rai-
ſonnables, qu'un empire dont la ſageſſe &
la douceur ſe fît approuver à la raiſon indépendamment des motifs de crainte qu'excite
la puiſſance. Mais comme il arrive aiſément,
de la manière que ſont faits les hommes,
que ſoit légèreté & défaut d'attention, ſoit
paſſion & malice, on n'eſt pas autant frappé
qu'on le devroit, de la ſageſſe du légiſlateur
& de l'excellence de ſes loix ; il eſt à-propos
qu'il y ait un autre motif efficace, tel que
l'appréhenſion du châtiment, pour mieux
fléchir la volonté. C'eſt pourquoi il faut que
le

le Souverain foit armé de pouvoir & de force, pour foutenir fon autorité. Ne féparons
donc pas ces diverfes qualités, qui par leur
concours font le droit du Souverain. Comme
la feule puiffance, deftituée de la bienveillance, ne fçauroit donner aucun droit; la
bienveillance, denuée de puiffance & de fageffe, ne fuffit pas non plus pour cet effet.
Car de cela feul que l'on veut du bien à
quelqu'un, il ne s'enfuit pas que l'on foit
fon maître: & quelques bienfaits particuliers ne fuffifent pas même pour cela. Un
bienfait ne demande que de la reconnoiffance; & pour fe montrer reconnoiffant, il n'eft
pas néceffaire de fe foumettre abfolument à
fon bienfaiteur. Mais que l'on joigne ces
idées, & que l'on fuppofe tout à la fois une
fouveraine puiffance, de laquelle, par le fait,
chacun dépende réellement; une fouveraine
fageffe qui dirige ce pouvoir, & une fouveraine bonté qui l'anime; que refte-t-il à
defirer pour établir d'un côté, l'autorité
la plus éminente, & de l'autre la plus grande
fubordination? Nous fommes alors comme
forcés par notre propre raifon, qui nous
preffe & ne nous permet pas de nier qu'un
tel fupérieur n'ait un véritable *droit* de commander;

mander, & que nous ne devions nous y soumettre *.

§ X.

Qui sont les Sujets. *Fondemens de la* dépendance.

DIRE ce qui fait le Souverain & la Souveraineté, c'est dire ce qui fait les Sujets &
la dépendance. Ainsi les SUJETS *sont des
personnes qui sont dans l'obligation d'obéir.* Et
comme c'est la *puissance, la sagesse* & la *bénéficence* qui constituent la *souveraineté;* il faut
supposer au contraire dans les Sujets la *foiblesse* & les besoins, d'où résulte la *dépendance.*

C'est donc avec raison que PUFENDORF
remarque ** que ce qui rend l'homme sus-

* On peut bien dire que le fondement de l'obligation *externe*
est la *volonté d'un Supérieur.* (Voyez ci-devant. Ch. VI. § 13.)
pourvu que l'on explique ensuite cette proposition générale
par les détails dans lesquels nous venons d'entrer. Mais quand
on ajoute que *la force* n'entre pour rien dans le *fondement* de
cette obligation, & qu'elle sert seulement à mettre le supérieur
en état de faire valoir son droit ; (Voyez la note 1. de M.
Barbeyrac sur le § 9. du grand Ouvrage de *Puf.* Liv. I. Ch. VI.)
il me semble que cette pensée n'est pas juste ; & que cette manière abstraite de considérer la chose, détruit le fondement
même de l'obligation dont il s'agit. Nulle *obligation externe*
sans *Supérieur*, nul Supérieur sans *force*, ou ce qui est le même, sans *Puissance* : ainsi la force ou la puissance entre nécessairement dans le fondement de l'obligation.
** *Voyez.* Devoirs de l'Homme & du Citoyen. *Liv. I. Ch. II.*
§ 4. & Droit de la Nat. & des Gens. *Liv. I. Ch. VI.* § 6. & 8.

ceptible

ceptible d'une obligation produite par un
principe externe, c'eſt qu'il reléve naturellement d'un ſupérieur ; & que d'ailleurs,
en qualité d'être intelligent & libre, il peut
connoître les régles qu'on lui donne, & s'y
conformer avec choix. Mais ce ſont-là plutôt
des conditions néceſſairement ſuppoſées, &
qui s'entendent d'elles - mêmes, que des
cauſes préciſes & immédiates de la ſujettion.
Il eſt plus important d'obſerver que comme
le pouvoir d'obliger une créature raiſonnable eſt fondé ſur la puiſſance & ſur la volonté de la rendre plus heureuſe, ſi elle obéit,
ou plus malheureuſe, ſi elle n'obéit pas;
cela ſuppoſe toujours que cette créature eſt
capable de *bien* & de *mal*, qu'elle eſt ſenſible au *plaiſir* & à la *douleur*, & que d'ailleurs ſon état de bonheur ou de miſère
peut être accru ou diminué. Sans cela on
pourroit bien par une puiſſance ſupérieure
la *forcer* à agir d'une certaine manière ; mais
on ne ſçauroit proprement l'y *obliger*.

§ XI.

*L'obligation que produit la Loi eſt la plus parfaite
que l'on puiſſe imaginer.*

TELS ſont les vrais fondemens de la Souveraineté & de la dépendance. L'on pourroit
encore

encore s'en affurer mieux, en faifant l'application de ces principes généraux aux efpéces particulières d'empire qui nous font connues; c'eft-à-dire, à l'empire de Dieu fur les hommes, à celui du prince fur fes fujets, & au pouvoir des pères fur leurs enfans. L'on fe convaincroit par-là que toutes ces efpéces d'autorité ont en effet pour premier fondement, les principes que nous avons pofés; & cela même feroit une nouvelle preuve de la vérité de ces principes *. Mais il fuffit d'indiquer ici cette remarque, dont le détail doit être renvoyé ailleurs.

Une autorité établie fur de tels fondemens, & qui raffemble tout ce que l'on peut imaginer de plus efficace pour lier l'homme, & pour le porter à fuivre conftamment certaines régles de conduite, forme fans contredit l'obligation la plus entière & la plus forte. Car il n'y a point d'obligation plus parfaite que celle qui eft produite par les motifs les plus puiffans pour déterminer la volonté, & les plus capables, par leur prépondérance, de l'emporter fur toutes les raifons contraires. ** Or tout concourt ici pour cet effet. La nature des régles que

* *Voyez* le § 1. de ce Chapitre.
** *Voyez* ci-devant *Ch. VI.* § 10.

que prescrit le Souverain, qui par elles-mêmes sont les plus propres à avancer notre perfection & notre félicité; le pouvoir & l'autorité dont il est revêtu, qui le met en état de décider de notre bonheur ou de notre misère; enfin la pleine confiance que nous avons en lui, à cause de sa puissance, de sa sagesse & de sa bonté. Que pourroit-on imaginer de plus pour captiver la volonté, pour gagner le cœur, pour obliger l'homme, & pour produire en lui le plus haut dégré de nécessité morale, qui fait aussi la plus parfaite obligation? Je dis *nécessité morale;* car il ne s'agit pas ici de détruire la nature de l'homme : il demeure toujours ce qu'il est, un être intelligent & libre; & c'est comme tel, que le Souverain entreprend de le diriger par ses loix. Aussi les plus étroites obligations ne forcent-elles jamais la volonté; en forte qu'à la rigueur l'homme peut toujours actuellement s'y souftraire, comme l'on dit, à ses périls & risques. Mais s'il consulte sa raison, & s'il veut agir en conséquence, il se gardera bien de faire usage de ce pouvoir métaphysique pour s'opposer aux vues de son Souverain, & se rendre lui-même malheureux.

§ XII

§ XII.

Cette obligation est interne *&* externe *en même-tems.*

Nous remarquions ci-devant, que l'on pouvoit distinguer deux sortes d'obligations [*] ; l'une *interne*, qui est l'ouvrage de la seule raison, & qui est fondée sur ce que nous appercevons de bon ou de mauvais dans la nature même des choses : l'autre *externe*, qui est produite par la volonté de celui que nous reconnoissons pour notre supérieur & notre maître. Or l'obligation que produit la loi, réunit ensemble ces deux sortes de liens, qui par leur concours se fortifient l'un l'autre, & qui constituent ainsi l'obligation la plus parfaite dont on puisse se former l'idée. C'est apparemment pour cette raison, que la plupart des Jurisconsultes ne reconnoissent d'autre obligation proprement dite, que celle qui est l'effet de la loi, & qui est imposée par un supérieur. Cela est vrai, si l'on ne veut parler que de l'obligation *externe*, de celle qui est la plus étroite & qui lie le plus fortement l'homme. Mais il ne faut pas conclure de-là que l'on ne doive admettre aucune autre sorte d'obligation. Les principes que nous avons posés, en recher-

[*] *Voyez* ci-devant. *Ch. VI.* § 13.

chant

chant quelle étoit la première origine & la nature de l'obligation prise en général ; & les remarques particulières que nous venons de faire sur l'obligation qui naît de la Loi, sont bien voir, si je ne me trompe, qu'il y a une obligation *primitive, originale & interne,* qui est inséparable de la raison, & qui doit nécessairement concourir avec l'obligation *externe,* afin de donner à cette dernière toute la force nécessaire pour déterminer & fléchir la volonté, & pour agir efficacement sur le cœur humain.

En démêlant bien ces idées, on trouvera peut-être que cela concilie des sentimens, qui ne paroissent s'éloigner l'un de l'autre que par un mal-entendu.* Il est sûr au moins que la manière dont nous expliquons les fondemens de la Souveraineté & de la dépendance, revient pour le fonds au système de PUFENDORF, comme on le reconnoîtra aisément, si l'on en fait la comparaison avec ce que dit cet Auteur, soit dans son grand Ouvrage, soit dans son Abrégé. **

---

* *Voyez* ci-après. *Part. II. Ch. VI.*
** *Voyez* Droit de la N. & des G. *Liv. I. Ch. VI.* §§ 5. 6. 8. & 9. Et les Devoirs de l'Homme & du Citoyen. *Liv. I. Ch. II.* §§ 3. 4. 5.

CHA-

CHAPITRE X.

De la FIN *des Loix , de leurs* CARACTERES &
de leurs DIFFERENCES, &c.

§ I.

*De la fin des Loix , soit à l'égard des Sujets , soit par
rapport au Souverain.*

L'ON trouvera peut-être que nous nous
sommes occupés trop long-tems de
la nature & des fondemens de la souveraineté. Mais l'importance du sujet demandoit
qu'on le traitât avec soin, & qu'on en dé-
mêlât bien les principes. D'ailleurs, il nous
a paru que rien ne pouvoit mieux faire connoître la nature de la *Loi* : & l'on va voir
qu'en effet tout ce qui nous reste à dire sur
cette matière se déduit des principes que l'on
vient d'établir.

Et premièrement l'on demande quel est le
but & la *fin* des Loix ?

Cette question se présente sous deux faces
différentes : est-ce à l'égard des Sujets, ou à
l'égard du Souverain ? Voilà ce qu'il faut
d'abord distinguer.

I. Partie. K L2

La relation du Souverain avec ses Sujets forme entr'eux une espéce de *société*, que le Souverain dirige par les loix qu'il y établit. *

Mais comme toute société demande par elle-même, que l'on pourvoie au bien de tous ceux qui en font partie, c'est sur ce principe qu'il faut juger de la *fin* des loix ; & cette fin considérée par rapport au Souverain, ne doit rien avoir d'opposé à la fin de ces mêmes loix, envisagée par rapport aux Sujets.

§ II.

LA fin de la Loi à l'égard des Sujets, c'est qu'ils y conforment leurs actions, & que par-là ils se rendent heureux. Pour ce qui est du Souverain, le but qu'il a pour lui-même, en donnant des loix à ses Sujets, c'est la satisfaction & la gloire qui lui reviennent quand il peut remplir les sages vues qu'il se propose, pour la conservation & le bonheur de ceux qui lui sont soumis. Ainsi ces deux fins de la Loi ne doivent point être séparées. L'une est naturellement liée à l'autre ; ce n'est que le bonheur des Sujets qui fait la satisfaction & la gloire du Souverain.

* *Voyez* ci-devant. *Ch. VIII.* § 5.

§ III.

§ III.

Le but des loix n'est pas de gêner la liberté; mais de la diriger convenablement.

QUE l'on se garde donc bien de penser que les loix soient faites proprement pour imposer un joug aux hommes. Une fin si peu raisonnable seroit indigne d'un Souverain, qui par sa nature ne doit pas être moins bon que puissant & sage, & qui agit toujours selon ces perfections. Disons plutôt que les loix sont faites pour obliger les sujets à agir selon leurs véritables intérêts, & à entrer dans le chemin le plus sûr & le meilleur pour les conduire à leur destination, qui est la félicité. C'est dans cette vue que le Souverain veut les diriger mieux qu'ils ne sçauroient le faire eux-mêmes, & qu'il met un frein à leur liberté, de peur qu'ils n'en abusent contre leur propre bien & contre le bien public. En un mot, le Souverain, commande à des êtres raisonnables; c'est sur ce pié-là qu'il traite avec eux: toutes ses ordonnances ont le *sceau* de la *raison;* il veut régner sur les cœurs; & s'il emploie quelquefois la *force*, c'est pour ramener à la raison même ceux qui s'égarent contre leur propre bien & contre celui de la société.

§ IV.

§ IV.

Examen de ce que Pufendorf *dit à ce sujet.*

CELA étant, il me semble que ce n'est pas être dans l'exacte précision que de dire, comme PUFENDORF, dans la comparaison qu'il fait de la *loi* avec le *conseil :* « QUE le » conseil tend aux fins que se proposent ceux » à qui on le donne, & qu'ils peuvent eux-mêmes juger de ces fins, pour les approuver » ou les désapprouver : ... au-lieu que la loi » ne vise qu'au but de celui qui l'établit ; & » que si quelquefois elle a des vues qui se » rapportent à ceux pour qui on la fait, ce » n'est pas à eux de les examiner ;.... cela » dépend uniquement de la détermination » du législateur. * » L'on parleroit plus juste, ce me semble, en disant : QUE les loix ont une double fin, relative & au Souverain & aux Sujets ; que l'intention du Souverain en les établissant, est de travailler à sa satisfaction & à sa gloire, en rendant ses Sujets heureux ; que ces deux choses sont inséparables, & que ce seroit faire tort au Souverain de croire qu'il ne pense qu'à lui-même, sans égard au bien de ceux qui dé-

* *Vo ez.* Droit de la Nat. & des Gens. *Liv. I. Ch. VI. § 1.*

pendent

pendent de lui. Ici, comme en quelques autres endroits, Pufendorf donne un peu
trop, ce me femble, dans les principes de
Hobbes.

§ V.

De la diſtinction de la Loi, en loi obligatoire, *& de*
ſimple permiſſion.

Nous avons défini la loi : « Une régle
» qui impoſe aux Sujets l'obligation de faire
» ou de ne pas faire certaines choſes ; & qui
» leur laiſſe la liberté d'agir ou de ne pas agir
» en d'autres choſes, comme ils le trouvent
» à propos » &c. C'eſt ce qu'il eſt néceſſaire
d'expliquer ici plus particulièrement.

Le Souverain a inconteſtablement le droit
de diriger les actions de ceux qui lui ſont
ſoumis, ſuivant les fins qu'il ſe propoſe. En
conféquence, il leur impoſe la néceſſité d'a-
gir ou de ne point agir d'une certaine manière en certains cas ; & cette *obligation* eſt
le premier effet de la loi. Il ſuit de-là que
toutes les actions qui ne ſont pas poſitivement ordonnées ou défendues, ſont laiſſées
dans la ſphère de la liberté naturelle ; & que
le Souverain eſt cenſé par cela même accor-
der à chacun la permiſſion de faire à cet
égard ce qu'il trouvera bon ; & cette *permiſ-*

K 3   *ſion*

fion eſt un ſecond effet de la loi. On peut
donc diſtinguer la Loi, priſe dans toute ſon
étendue, en *loi obligatoire*, & en *loi de ſimple
permiſſion.*

§ VI.

Sentimens de Grotius *& de* Pufendorf *là-deſſus.*

IL eſt vrai que GROTIUS, * & après lui
PUFENDORF, ** croient que la *permiſſion*
n'eſt pas proprement & par elle-même un
effet ou une *action* de la loi, mais une pure
inaction du Légiſlateur. « Ce que la loi per-
» met, dit PUFENDORF, elle ne l'ordonne
» ni ne le défend ; & ainſi elle n'agit en au-
» cune manière à cet égard ».

Mais quoique cette différente manière
d'enviſager la choſe ne ſoit peut-être pas de
grande conſéquence, le ſentiment de M.
BARBEYRAC, expliqué dans ſes notes ſur
les paſſages que l'on vient d'indiquer, nous
paroît plus juſte & plus précis. La *permiſſion* qui réſulte du ſilence du Légiſlateur,
ne ſçauroit être enviſagée comme une ſimple
inaction. Le Légiſlateur ne fait rien qu'avec
délibération & avec ſageſſe. S'il ſe contente

---

* *Voyez* Droit de la Guerre & de la Paix. *Liv. I. Ch. I.* § 9.
** *Voyez* Droit de la Nat. & des Gens. *Liv. I. Ch. VI.* § 15.

d'impoſer

d'impoſer en certaines choſes ſeulement, la néceſſité indiſpenſable d'agir d'une certaine manière, & s'il n'étend pas cette néceſſité au-dela, c'eſt qu'il juge convenable aux fins qu'il ſe propoſe, de laiſſer en certains cas à ſes Sujets la liberté d'agir comme ils voudront. Ainſi le ſilence du Légiſlateur emporte une *permiſſion poſitive*, quoique *tacite*, de tout ce qu'il n'a point défendu ou commandé ; quoiqu'il eût pu le faire, & qu'il l'eût certainement fait, s'il l'avoit jugé à propos. De ſorte que, comme les actions *commandées* ou *défendues* ſont réglées poſitivement par la loi, les actions *permiſes* ſe trouvent auſſi poſitivement déterminées par la même loi ; mais à leur manière, & ſuivant la nature de la choſe. En un mot, quiconque détermine certaines limites au-dela desquelles il déclare que l'on ne doit point aller, marque par cela même juſqu'où il permet & conſent que l'on aille. La *permiſſion* eſt donc un effet non moins poſitif de la loi, que l'*obligation*.

§ VII.

Les droits dont les hommes jouiſſent dans la ſociété, ſont fondés ſur cette permiſſion.

C'EST ce que l'on ſentira mieux encore,

K 4 ſi

si l'on considére que dès qu'on a une fois
supposé que l'homme dépend d'un supérieur dont la volonté doit être la régle uni-
verselle de sa conduite ; tous les *droits* que
l'on attribue à l'homme dans cet état, & en
vertu desquels il peut agir sûrement & impunément, sont fondés sur la permission expresse ou tacite que lui en donne le Souverain
ou la Loi. Cela est d'autant plus vrai que,
comme tout le monde en convient, la permission que la Loi accorde à quelqu'un, &
le *droit* qui en résulte, impose aux autres
hommes l'*obligation* de ne lui point résister
quand il use de son droit, & de lui aider en
cela plutôt que de lui nuire. L'obligation &
la permission se trouvent donc ici naturellement liées l'une à l'autre, & tout cela est
l'effet de la Loi ; qui autorise encore ceux
qui sont troublés dans l'exercice de leurs
droits, à employer la force ou à recourir au
Souverain, pour faire cesser ces empêche-
mens. C'est pourquoi, après avoir dit en dé-
finissant la Loi, qu'elle laisse en certains cas
la liberté d'agir ou de ne pas agir, nous avons
ajouté qu'elle assure par-là aux Sujets une
pleine jouissance de leurs *droits*.*

* *Voyez* ci-devant. *Ch. VIII.* §. 3.

§ VIII.

§ VIII.

Quelle est la matière *des* Loix.

LA nature & la fin des loix fait connoître quelle en est la *matière* ou *l'objet*. L'on peut dire en général, que ce sont toutes les actions humaines, les *intérieures* aussi bien que les *extérieures ;* les pensées & les paroles aussi bien que les actions ; celles qui se rapportent à autrui, & celles qui se terminent à la personne même ; autant du moins que la direction de ces actions peut essentiellement contribuer au bien particulier de chacun, à celui de la société en général, & à la gloire du Souverain.

§ IX.

Conditions internes *d'une* loi : qu'elle soit *possible,* utile *&* juste.

CELA suppose naturellement ces trois conditions : 1°. que les choses ordonnées par la Loi soient *possibles* dans leur exécution ; car ce seroit folie, & même cruauté, d'exiger de quelqu'un sous la moindre peine, ce qui est & qui a toujours été au dessus de ses forces. 2°. Il faut que la Loi soit de quelque *utilité ;* car la raison ne permet pas que l'on gêne la liberté des Sujets, uniquement

pour

pour la gêner, & sans qu'il leur en revienne aucun bien. 3º. Enfin, il faut que la loi soit *juste* en elle-même, c'est-à-dire, conforme à l'ordre, à la nature des choses & à la constitution de l'homme : c'est ce que demande l'idée de *régle*, qui, comme nous l'avons vu, est la même que celle de *loi*.

§ X.

Conditions externes : *que la Loi soit* notifiée, & accompagnée d'une fanction.

A ces trois conditions qu'on peut appeller les caractères internes de la Loi, sçavoir qu'elle soit possible, juste & utile, on peut ajouter deux autres conditions en quelque sorte externes ; l'une, que la Loi soit suffisamment *notifiée* ; l'autre, qu'elle soit accompagnée d'une *fanction* convenable.

1º. Il est nécessaire que les loix soient *notifiées* aux Sujets. * Car comment pourroient-elles actuellement régler leurs actions & leurs mouvemens, si elles ne leur étoient pas connues ? Le Souverain doit donc publier ses loix d'une manière solennelle, claire & distincte. Mais après cela, c'est aux Sujets à s'instruire de la volonté du Souve-

* *Voyez* ci-devant. *Ch. VIII.* §. 4.

rain,

rain ; & l'ignorance ou l'erreur où ils peuvent rester à cet égard, ne sçauroit, à parler en général, faire une excuse légitime en
leur faveur. C'est ce que veulent dire les
Jurisconsultes, quand ils posent pour maxime : QUE l'ignorance & l'erreur du droit
est préjudiciable & condamnable. * Autrement, l'effet des loix se réduiroit à rien, &
l'on pourroit toujours les éluder impunément, sous prétexte qu'on les ignoroit.

§ XI.

2°. IL faut ensuite que la Loi soit accompagnée d'une *sanction* convenable.

La SANCTION est *cette partie de la Loi, qui
renferme la peine établie contre ceux qui la vio-
leront.* Pour la PEINE, *c'est un mal dont le
Souverain menace ceux de ses Sujets qui entre-
prendroient de violer ses loix, & qu'il leur in-
flige effectivement lorsqu'ils les violent : & cela
dans la vue de procurer quelque bien ; comme de
corriger le coupable, de donner une leçon aux autres ; & en dernier ressort, afin que les loix étant
respectées & observées, la société soit sûre, tranquille & heureuse.*

Toute loi a donc deux parties essentiel-

* *Regula est, Juris quidem ignorantiam cuique nocere.* Digest.
Lib. XXII. Tit. VI. Leg. IX. pr.

les : la première, c'est la *disposition* de la loi ;
qui exprime le commandement ou la dé-
fense ; la seconde, est la *sanction*, qui prononce le châtiment ; & c'est la sanction qui
fait la force propre & particulière de la loi.
Car si le Souverain se contentoit d'ordonner
simplement ou de défendre certaines choses,
sans y joindre aucune menace, ce ne seroit
plus une loi prescrite avec autorité, ce ne
seroit qu'un sage conseil.

Au reste, il n'est pas absolument nécessaire
que la nature ou la qualité de la peine soit
formellement spécifiée dans la loi : il suffit
que le Souverain déclare qu'il punira, en se
réservant de déterminer l'espéce & le dégré
du châtiment suivant sa prudence. *

Remarquez encore que le mal qui constitue la peine proprement dite, ne doit point
être une production naturelle ou une suite
nécessaire de l'action même que l'on veut
punir : il faut que ce soit un mal, pour ainsi
dire, *accidentel*, & infligé par la volonté du
Souverain. Car tout ce que l'action peut

---

* » Ex quo etiam intelligitur omni legi civili annexam
» esse pœnam, vel explicitè, vel implicitè. Nam ubi pœna
» neque scripto, neque exemplo alicujus qui pœnas Legis
» jam transgressæ dedit, definitur ; ibi subintelligitur pœ-
» nam *arbitrariam* esse, nimirum ex arbitrio pendere Le-
» gislatoris.... *Hobbes* de *Cive*, Cap. XIV. § 8.

avoir

avoir par elle-même de mauvais & de dangereux dans ses effets & dans ses suites inévitables, ne sçauroit être compté comme provenant de la loi, puisque tout cela arriveroit également sans elle. Il faut donc que les menaces du Souverain, pour être de quelque poids, prononcent des peines différentes du mal qui résulte nécessairement de la nature de la chose. *

§ XII.

La promesse d'une récompense peut-elle faire la sanction d'une loi, comme la menace d'une peine ?

L'on demande enfin si la sanction des loix ne peut pas consister aussibien dans la promesse d'une *récompense*, que dans la menace de quelque *peine* ? Je réponds qu'en général cela dépend absolument de la volonté du Souverain, qui peut suivant sa prudence prendre l'une ou l'autre de ces voies, ou même les employer toutes deux. Mais comme il s'agit ici de sçavoir quel est le moyen le plus efficace dont le Souverain puisse se servir pour procurer l'observation de ses loix ; & qu'il est certain que l'homme est naturellement plus sensible au mal qu'au

* Voyez *Locke*. Essai Philos. Liv. II. Chap. XXVIII. § 6.

bien

bien, il paroît auffi plus convenable d'établir la fanction de la loi dans la menace de
quelque peine, que dans la promeffe d'une
récompenfe. L'on ne fe porte guères à violer
les loix, que dans l'efpérance de fe procurer quelque bien apparent, qui nous féduit.
Ainfi le meilleur moyen d'empêcher la fé-
duction, c'eft d'ôter cette amorce, & d'attacher au contraire à la défobéiffance un mal
réel & inévitable. Si l'on fuppofe donc que
deux Légiflateurs, voulant établir une même
loi, propofent, l'un de grandes récompenfes, & l'autre de rigoureufes peines ; il eft
certain que le dernier portera plus efficacement les hommes à l'obéiffance, que ne
feroit le premier. Les plus belles promeffes
ne déterminent pas toujours la volonté : mais
la vue d'un fupplice rigoureux ébranle &
intimide. * Que fi pourtant le Souverain,
par un effet particulier de fa bonté & de fa
fageffe, veut réunir ces deux moyens, &
attacher à la loi un double motif d'obfervation, il ne reftera rien à defirer de tout ce
qui peut y donner de la force : ce fera la
fanction la plus complette.

* Voyez *Pufendorf.* Droit de la Nature & des Gens. Liv. I.
Ch. VI. § 14. avec les notes de M. *Barbeyrac.*

§ XIII.

§ XIII.

Qui font ceux que la loi oblige.
Ce que c'eſt que diſpenſe.

L'OBLIGATION que les loix impoſent a préciſément autant d'étendue que le droit du Souverain ; & par conſéquent l'on peut dire en général , que tous ceux qui ſont ſous la dépendance du Légiſlateur , ſe trouvent ſoumis à cette obligation. Mais chaque loi en particulier n'oblige que ceux des Sujets à qui la matière de la loi convient ; & c'eſt ce qu'il eſt aiſé de connoître par la nature même de chaque loi , qui marque aſſés l'intention du Légiſlateur à cet égard.

Il arrive pourtant quelquefois que certaines perſonnes ſont libérées de l'obligation d'obſerver la loi ; c'eſt ce que l'on appelle DISPENSE : ſur quoi il y a quelques remarques à faire.

1°. Si le Légiſlateur peut abroger entièrement une loi , à plus forte raiſon peut-il en ſuſpendre l'effet par rapport à telle ou telle perſonne.

2°. Mais on doit avouer auſſi qu'il n'y a que le Légiſlateur lui-même qui ait ce pouvoir.

3°. Il ne doit en faire uſage que par de
bonnes

bonnes raiſons , avec une ſage modération ;
& ſuivant les régles de l'équité & de la
prudence. Car s'il accordoit des diſpenſes à
trop de gens , ſans diſcernement & ſans
choix ; il énerveroit l'autorité des loix ; ou
s'il les refuſoit en des cas parfaitement ſemblables , une partialité ſi peu raiſonnable ne
pourroit que produire de la jalouſie & du mé-
contentement.

§ XIV.

De la durée des loix , & comment elles s'aboliſſent.

POUR ce qui eſt de la *durée* des loix , & de
la *manière dont elles s'aboliſſent* ; voici les principes qu'on peut établir.

1°. En général , la durée d'une loi , de
même que ſon établiſſement , dépend du
bon plaiſir du Souverain , qui ne ſçauroit
raiſonnablement ſe lier les mains à cet égard.

2°. Cependant toute loi , par elle-même
& de ſa nature , eſt cenſée perpétuelle &
faite pour toujours , autant qu'elle ne préſente rien dans ſa diſpoſition ni dans les circonſtances qui l'accompagnent , qui marque
évidemment une intention contraire du Légiſlateur , ou qui puiſſe faire préſumer raiſonnablement qu'il ne l'a faite que pour un
tems. La loi eſt une régle : or toute régle ,

par

par elle-même est perpétuelle ; & à parler en général, quand le Souverain établit une loi, ce n'est point dans l'intention de la révoquer.

3°. Mais comme il peut arriver que l'état des choses change tellement, qu'une loi ne puisse plus avoir lieu, & qu'elle devienne inutile ou même préjudiciable ; le Souverain peut & doit alors la révoquer ou l'abroger. Ce seroit une chose également absurde & funeste à la société, que de prétendre que des loix une fois faites doivent subsister toujours, quelque inconvénient qu'il en résulte.

4°. Cette révocation peut se faire en deux manières, ou *expressément*, ou *tacitement*. Car quand le Souverain, bien instruit de l'état des choses, néglige pendant un long espace de tems de faire observer une loi, ou qu'il permet formellement que les affaires qui s'y rapportent se réglent d'une manière contraire à sa disposition ; il résulte de-là une forte présomption de l'abolition de cette loi, qui tombe ainsi d'elle-même, quoique le Législateur ne l'ait pas expressément abrogée.

Nous ne touchons ici comme l'on voit, que les principes généraux. Quant à l'application que l'on doit en faire à chaque

I. Partie.   L   espéce

eſpéce de loix, elle demande quelque modification, ſelon leur différente nature. Mais ce n'eſt pas ici le lieu d'entrer dans ce détail.

§ XV.

Combien il y a de ſortes de Loix.

L'ON diviſe la Loi 1°. en loi *Divine* & en loi *Humaine*, ſelon qu'elle a pour auteur, ou *Dieu*, ou les *Hommes*.

2°. La loi Divine eſt encore de deux ſortes, ou *naturelle*, ou *poſitive & révélée*.

La LOI NATURELLE eſt celle qui convient ſi néceſſairement à la nature & à l'état de l'homme, que ſans l'obſervation de ſes maximes, ni les particuliers, ni la ſociété ne ſçauroient ſe maintenir dans un état honnête & avantageux. Et comme cette loi a une convenance eſſentielle avec la conſtitution de la nature humaine, on peut parvenir à la connoître par les ſeules lumières de la raiſon : c'eſt pour cela qu'on l'appelle *naturelle*.

La LOI DIVINE POSITIVE ou RÉVÉLÉE, eſt celle qui n'eſt pas fondée ſur la conſtitution générale de la nature humaine, mais ſeulement ſur la volonté de Dieu ; quoique d'ailleurs cette loi ſoit établie ſur de bonnes raiſons,

raifons, & qu'elle procure l'avantage de
ceux qui la reçoivent.

On trouve des exemples de ces deux fortes de loix dans celles que Dieu donna autrefois aux Juifs : il eft aifé de diftinguer celles qui étoient *naturelles*, d'avec celles qui
étant purement *cérémonielles* ou *politiques*,
n'avoient d'autre fondement qu'une volonté
particulière de Dieu, accommodée à ce que
demandoit l'état actuel de ce peuple.

Pour ce qui eft des LOIX HUMAINES,
confidérées précifément comme telles, c'eft-
à-dire, comme venant originairement d'un
Souverain qui commande dans la fociété ;
elles font toutes *pofitives*. Car quoiqu'il y ait
des loix naturelles qui font la matière des
loix humaines, ce n'eft point du Légiflateur humain qu'elles tirent leur force obligatoire : elles obligeroient également fans
fon intervention, puifqu'elles émanent de
Dieu.

Avant que de fortir de ces définitions,
nous ne devons pas oublier de dire que *la
fcience ou l'art de faire les loix, de les expliquer,
& de les appliquer aux actions humaines, s'appelle en général la* JURISPRUDENCE.

CHA-

CHAPITRE XI.

De la MORALITÉ des actions humaines. *

§ I.

Ce que c'est que la moralité *des actions.*

LA Loi étant la régle des actions humaines, si l'on compare ces actions avec la Loi, on y remarque ou de la conformité ou de l'opposition; & cette sorte de qualification de nos actions par rapport à la Loi, s'appelle *moralité.*

Le terme de *moralité* vient de celui de *mœurs.* Les *mœurs*, comme on l'a dit ci-devant, sont les actions libres des hommes, entant qu'on les considére comme susceptibles de direction & de régle. Ainsi on nomme MORALITÉ, *le rapport des actions humaines avec la loi qui en est la régle*, & l'on appelle MORALE, l'assemblage des régles que nous devons suivre dans nos actions.

---

* *Voyez* Droit de la Nature & des Gens. Liv. 1. Ch. 7. & Devoirs de l'Homme & du Citoyen. Liv. 1. Ch. 2. § 11. &c.

§ II.

§ II.

Les actions sont 1°. *ou* commandées, *ou* défendues, *ou* permises.

ON peut considérer la moralité des actions sous deux vues différentes : 1°. par rapport à la manière dont la loi en dispose ; & 2°. par rapport à la conformité ou à l'opposition de ces mêmes actions avec la loi.

Au premier égard, les actions humaines sont ou COMMANDÉES, ou DÉFENDUES, ou PERMISES.

Comme l'on est indispensablement obligé de faire ce qui est ordonné, & de s'abstenir de ce qui est défendu par un supérieur légitime ; les Jurisconsultes considérent les actions commandées comme des actions *nécessaires*, & les actions défendues comme *impossibles*. Ce n'est pas que l'homme n'ait le pouvoir physique d'agir contre la loi, & qu'il ne puisse, s'il le veut, faire usage de ce pouvoir. Mais comme il agiroit en cela d'une manière opposée à la droite raison, & contradictoire avec l'état de dépendance dans lequel il se trouve ; on présume qu'un homme raisonnable & vertueux, demeurant tel & agissant comme tel, ne sçauroit faire un si mauvais usage de sa liberté :

L 3 &

& cette présomption est en elle-même trop raisonnable & trop honorable à l'humanité pour n'être pas approuvée. Tout ce qui blesse l'affection naturelle , la réputation , l'honneur, & en général les bonnes mœurs, doit être présumé impossible , disent les Jurisconsultes Romains. *

§ I I I.
Remarques sur les actions permises.

QUANT aux actions *permises* , ce sont celles que la Loi nous laisse la liberté de faire , si nous le jugeons à propos. ** Sur quoi il faut faire ces deux ou trois remarques.

1°. L'on peut distinguer deux sortes de permission : l'une *pleine* & *absolue* , qui non-seulement donne droit de faire certaines choses impunément , mais qui emporte de plus une approbation positive du Législateur : l'autre est une permission *imparfaite* , ou une sorte de tolérance , qui n'emporte que la simple impunité , sans approbation.

2°. La permission des loix naturelles marque toujours une approbation positive du

---

* ,, Nam quæ facta lædunt pietatem , existimationem , ve-
,, recundiam nostram , & (ut generaliter dixerim) contra
,, bonos mores fiunt , nec facere nos posse credendum est.
,, L. 15. D. *de condit. instiut.*
** *Voyez* ci devant. *Ch.* X § 5.

Légis-

Légiſlateur ; & ce que l'on fait en conſéquence eſt toujours fait innocemment, &
ſans préjudice des régles du devoir. Car il
eſt bien manifeſte que Dieu ne ſçauroit per-
mettre poſitivement la moindre choſe qui
ſoit mauvaiſe de ſa nature.

3°. Il n'en eſt pas de même de la permiſſion des loix humaines. A la vérité on peut
bien en conclure avec certitude, que le
Souverain n'a pas jugé à propos de défendre ou de punir certaines choſes ; mais il ne
s'enſuit pas toujours de-là qu'il approuve
véritablement ces choſes-là, & moins encore
qu'on puiſſe toujours les faire innocemment,
en conſcience & ſans manquer à ſes devoirs.

§ IV.

*2°. Les actions ſont bonnes ou juſtes, mauvaiſes ou
injuſtes, & indifférentes.*

L'AUTRE manière dont on peut enviſager la moralité des actions humaines, c'eſt
par rapport à leur *conformité* ou à leur *oppoſition* avec la Loi. A cet égard, l'on diſtingue
les actions en *bonnes* ou *juſtes*, *mauvaiſes* ou
injuſtes, & en actions *indifférentes*.

Une ACTION MORALEMENT BONNE ou
JUSTE eſt celle qui *eſt en elle-même exacte-*

ment conforme à la disposition de quelque Loi obligatoire, & qui d'ailleurs est faite dans les dispositions, & accompagnée des circonstances conformes à l'intention du Législateur.

Je dis 1°. une action *bonne* ou *juste* : car il n'y a proprement aucune différence entre la *bonté* & la *justice* des actions ; & il n'est point nécessaire de s'éloigner ici du langage commun, qui confond ces deux idées. La distinction que fait PUFENDORF de ces deux qualités est tout-à-fait arbitraire, & il les confond ensuite lui-même. *

Je dis 2°. une action *moralement bonne* ; parceque l'on ne considére pas la bonté *intrinséque* & *naturelle* des actions, en vertu de laquelle elles tournent au *bien physique* de l'homme ; mais seulement le rapport de convenance qu'elles ont avec la Loi, qui fait leur *bonté morale*. Et quoique ces deux sortes de bonté se trouvent toujours inséparablement réunies dans les choses que la loi naturelle ordonne, il ne faut pourtant pas confondre ces deux rapports différens.

---

* Comparez ce qu'il dit , Droit de la Nature & des Gens. Liv. I. *Ch. VII*. § 7. au commencement, avec le § 4. du même Chapitre.

§ V.

§ V.

Conditions requises pour rendre une action moralement bonne.

ENFIN, pour faire connoître les conditions
générales dont le concours est nécessaire
pour rendre une action *moralement bonne ,* par
rapport à l'agent ; j'ajoute que cette action
doit être en elle-même exactement conforme
à la Loi , & d'ailleurs accompagnée des dispositions que le Législateur demande. Et
d'abord , il est nécessaire que cette action
remplisse précisément & dans toutes ses parties la téneur de ce que la Loi ordonne. Car
comme la ligne *droite* est celle dont tous les
points répondent à la régle , sans qu'aucun
s'en écarte le moins du monde ; de même , à
parler à la rigueur , une action ne peut être
juste , bonne ou droite , qu'elle ne convienne
exactement & à tous égards avec la Loi.
Mais cela même ne suffit pas : il faut de plus
que l'action soit faite dans les dispositions &
de la manière que le Législateur le veut &
l'entend. Et premièrement , il est nécessaire
qu'elle soit faite *avec connoissance ;* c'est-à-
dire , qu'il faut sçavoir que ce que l'on fait
est conforme à la Loi : autrement , le Législ-
lateur n'en tiendroit aucun compte , & l'on
agiroit ,

agiroit, pour parler ainsi, à pure perte. Ensuite, il faut que l'on agisse dans une *intention droite*, & pour une *bonne fin ;* sçavoir,
pour remplir les vues du Législateur, & pour
rendre à la Loi l'obéissance qui lui est due :
car si l'intention de l'agent est vicieuse, l'action, bien loin d'être réputée *bonne,* pourroit être imputée comme *mauvaise.* Enfin,
l'on doit agir par de bons *motifs,* je veux
dire, comme y étant obligé par un principe
de respect pour le Souverain, de soumission
à la Loi, & d'amour pour son devoir : car
l'on voit bien que le Législateur exige toutes ces dispositions.

§ VI.

De la nature des *actions* mauvaises *ou* injustes.

CE que l'on vient de dire des bonnes
actions fait assés connoître quelle est la nature des ACTIONS MAUVAISES OU INJUS-
TES. En général, ce sont celles qui *ou par
elles-mêmes, ou par les circonstances qui les
accompagnent, sont contraires à la disposition
d'une loi obligatoire, ou à l'intention du Législateur.*

Il y a donc deux sources générales de l'injustice des actions : l'une vient de l'action
considérée en elle-même, & de son opposition

sition manifeste à ce que la Loi commande ou défend : tel est par exemple le meurtre d'un innocent, &c. Et toutes ces sortes d'actions matériellement mauvaises ne sçauroient devenir bonnes, quel que puisse être d'ailleurs l'intention ou le motif de l'agent. L'on ne peut point employer ses propres péchés comme des moyens légitimes pour parvenir à une fin bonne d'elle-même ; & c'est ainsi qu'il faut entendre la maxime commune : Qu'on *ne doit jamais faire du mal, afin qu'il en arrive du bien.* Mais une action bonne en elle-même & quant à sa substance, peut devenir mauvaise, si elle est faite dans des dispositions ou accompagnée de circonstances directement contraires à l'intention du Législateur; comme si elle est faite dans un mauvais but, ou par quelque motif vicieux. Etre libéral & généreux envers ses concitoyens, est une chose bonne & louable en elle-même : mais si l'on n'exerce cette générosité que par des vues d'ambition, pour devenir insensiblement le maître de tout, & pour opprimer la liberté publique, le vice du motif & l'injustice de la fin rendent cette action criminelle.

§ VII.

§ VII.

Toutes les actions justes sont également justes : mais les actions injustes sont plus ou moins injustes.

A proprement parler, toutes les actions *justes* le sont également ; puisqu'elles ont toutes une exacte conformité avec la Loi. Il n'en est pas de même des actions *injustes* ou *mauvaises*, qui suivant qu'elles se trouvent plus ou moins opposées à la Loi, sont aussi plus ou moins vicieuses ; semblables en cela aux lignes *courbes*, qui le sont plus ou moins, à proportion qu'elles s'écartent plus ou moins de la *régle*. On peut donc manquer à ses devoirs en plusieurs manières. Quelquefois on viole la Loi de *propos délibéré* & par *malice* ; ce qui est sans contredit le plus haut dégré de méchançeté, puisqu'une telle conduite indique manifestement un mépris formel & réfléchi du Législateur & de ses ordres : mais quelquefois on ne péche que par *inattention* & par *négligence*, ce qui est plutôt une *faute* qu'un *crime*. D'ailleurs, l'on comprend bien que cette négligence a ses *dégrés*, & qu'elle peut être plus ou moins grande, plus ou moins blâmable. Et comme dans toutes les choses qui ne sont pas susceptibles d'une mesure exacte & mathé-

ma-

matique, l'on peut toujours au moins distin-
güer trois dégrés, sçavoir, deux *extrêmes*
& un *milieu* ; c'est aussi ce qui fait que les
Jurisconsultes distinguent trois dégrés de
fautes ou de négligences : une faute *grossière*,
une faute *légère* & une faute *très-légère*. Il
suffit d'indiquer ici ces principes, dont l'explication & le détail trouvent leur place naturelle quand on en vient aux questions particulières.

§ VIII.

Caractère essentiel des actions injustes.

Au reste, il faut bien remarquer que ce
qui constitue essentiellement la nature des
actions injustes, c'est leur opposition directe
ou leur contrariété avec la disposition de la
Loi, ou avec l'intention du Législateur ;
ce qui produit un vice intrinsèque dans la
matière ou dans la forme de ces actions. Car
quoiqu'il soit nécessaire, comme on l'a dit,
pour rendre une action moralement bonne,
qu'elle soit de tout point conforme à la Loi,
& pour le fonds & pour la manière & les circonstances ; il n'en faut pas conclure que le
défaut de quelqu'une de ces conditions rende toujours l'action positivement mauvaise
ou criminelle. Il faut pour produire cet effet,
qu'il

qu'il y ait opposition directe, ou contrariété
formelle entre l'action & la Loi : un simple
défaut de conformité ne suffit pas pour cela.
Ce défaut suffit à la vérité pour faire que
l'action ne soit pas positivement bonne ou
juste ; mais non pour la rendre mauvaise :
elle devient simplement indifférente. Par
exemple, si l'on fait une action bonne en
elle-même sans connoissance de cause, & en
ignorant que la Loi l'ordonne ; ou bien, si
l'on agit par un motif différent de celui que
prescrit la Loi, mais qui est en lui-même
innocent & non-vicieux, l'action n'est réputée ni *bonne* ni *mauvaise* ; elle est simplement
indifférente.

§ IX.
Des actions indifférentes.

IL y a donc des ACTIONS INDIFFÉRENTES,
qui tiennent, pour ainsi dire, le milieu entre les actions *justes* & *injustes.* Ce sont celles
*qui ne sont ni ordonnées ni défendues ; mais que
la Loi nous laisse en liberté de faire ou de ne pas
faire, selon qu'on le trouve à propos.* C'est-à-
dire, que ces actions se rapportent à une loi
de simple permission, & non à une loi *obligatoire.*

Or qu'il y ait en effet de telles actions,
c'est dequoi l'on ne sçauroit douter raison-
na-

nablement. Car combien n'y a-t-il pas de
choses qui ne sont ni commandées ni défendues par aucune loi , soit divine , soit humaine ; & qui par conséquent n'ayant rien d'o-
bligatoire , sont laissées à la liberté , & peuvent être faites ou omises , ainsi qu'on le
juge à propos ? C'est donc une vaine subtilité que l'opinion des scholastiques, qui prétendent qu'une action ne peut être indifférente ,
sinon lorsqu'on la considére par abstraction,
& comme détachée de toutes les circonstances particulières de la personne , du tems,
du lieu , de l'intention & de la manière. Une
action séparée de toutes ces circonstances
est un pur *être de raison* ; & s'il y a véritablement des actions indifférentes , comme
cela est incontestable , il faut qu'elles le
soient par rapport à certaines circonstances
des personnes , des tems & des lieux , &c.

§ X.

Division des bonnes & des mauvaises actions.

L'o n peut ranger sous différentes classes
les actions bonnes ou mauvaises , selon l'objet auquel elles se rapportent. Les *bonnes* actions qui concernent Dieu , sont comprises
sous le nom de P i é t é. Celles qui nous
regardent nous - mêmes sont désignées par
les

les mots de SAGESSE, TEMPÉRANCE, MODÉRATION. Celles qui se rapportent aux autres hommes sont renfermées sous les termes de JUSTICE & de BIENVEILLANCE. Nous ne faisons qu'indiquer ici d'avance cette distinction, parcequ'il faudra y revenir en traitant de la Loi naturelle. La même distinction s'applique aux actions mauvaises; qui appartiennent ou à l'IMPIÉTÉ ou à l'INTEMPÉRANCE, ou à l'INJUSTICE.

§ XI.

De la Justice & de ses différentes espéces.

ON propose ordinairement plusieurs divisions de la Justice. Pour en dire quelque chose, nous remarquerons :

1°. Que l'on peut en général diviser la Justice en *parfaite* ou *rigoureuse* & *imparfaite* ou *non-rigoureuse*. La première est celle par laquelle *nous nous acquittons envers le prochain de tout ce qui lui est dû en vertu d'un droit parfait & rigoureux* c'est-à-dire, dont il peut raisonnablement exiger l'exécution par la force, si l'on n'y satisfait pas de bon gré; & c'est dans ce sens étroit que l'on prend le plus souvent le terme de Justice. La seconde est celle par laquelle *on rend à autrui les devoirs qui ne lui sont dûs qu'en vertu d'une obli-*

gation

gation imparfaite & non-rigoureuse, qui ne peuvent point être exigés par les voies de la
contrainte ; mais dont l'accomplissement est
laissé à l'honneur & à la conscience de chacun *. Et ces sortes de devoirs sont pour l'ordinaire compris sous les noms d'*humanité*, de
charité ou de *bienveillance*, par opposition à la
Justice rigoureuse & proprement ainsi nommée. Cette division de la Justice revient à
celle de GROTIUS en Justice *explétrice* & *at-
tributive*.

2°. L'on pourroit ensuite subdiviser la
Justice rigoureuse en celle qui s'exerce d'*égal
à égal*, & celle qui a lieu entre un *Supérieur*
& un *Inférieur* **. Celle-là est d'autant de différentes espéces qu'il y a de devoirs qu'un
homme peut exiger à la rigueur de tout autre homme, considéré comme tel, & un
citoyen de tout autre citoyen du même État.
Celle-ci renfermera autant d'espéces qu'il y
a de différentes sociétés, où les uns com-
mandent & les autres obéissent ***.

3°. Il y a d'autres divisions de la Justice,
mais qui nous paroissent peu précises & de peu

---

* *Voyez* ci-devant. *Ch. VII. §. 8.*
** Cela revient à peu-près au *Jus rectorium* & *æquatorium* de
Grotius. Liv. I. Ch. 5. §. num. 3.
*** Voyez *Bu.:dæus* Elementa Philos. pract. Part. II. Cap. II.
§ 46.

I. Partie.   M   d'ud'utilité. Par exemple, celle de Justice *uni-verselle* & *particulière*, prise de la manière que PUFENDORF l'explique, semble vicieuse, en ce que l'un des membres de la division se trouve renfermé dans l'autre. * La subdivision de la Justice particulière en *distributive* & *permutative*, est incomplette ; puisqu'elle ne renferme que ce que l'on doit à autrui en vertu de quelque engagement où l'on est entré, quoiqu'il y ait plusieurs choses que le prochain peut exiger de nous à la rigueur, indépendamment de tout accord & de toute convention. Et en général, on peut remarquer par la lecture de tout ce que GROTIUS & PUFENDORF ont écrit sur cette matière, qu'ils sont embarrassés eux-mêmes à donner des idées nettes & précises de ces différentes espéces de Justice. Ce qui montre bien qu'il vaut mieux laisser là toutes ces divisions scholastiques, inventées à l'imitation de celles d'*Aristote*, & s'en tenir aux premières idées que nous avons indiquées. Aussi n'est-ce que par respect pour l'opinion commune que nous en avons parlé.**

* *Voyez* Droit de la Nat. & des Gens. *Liv. I. Ch. VII.* § 8. & les Dev. de l'Homme & du Citoy. *Liv. I. Ch. II.* §. 14. avec les notes de M. *Barbeyrac.*
** Voyez *Grotius*, Droit de la Guerre & de la Paix. *Liv. I. Ch. I.* §. 8. & *Pufend.* Droit de la Nat. & des Gens. *Liv. I. Ch. VII.* §§ 9. 10. 11. 12. avec les notes de M. *Barbeyrac.*

§ XII.

§ XII.

De l'estimation relative des actions morales.

OUTRE ce qu'on peut nommer la *qualité* des actions morales, on y considére encore une sorte de *quantité*, qui fait qu'en comparant les bonnes actions entr'elles, & les mauvaises aussi entr'elles, on en fait une *estimation* relative ; pour marquer le plus ou le moins de bien ou de mal qui se trouve dans chacune. Indiquons ici les principes qui doivent servir à cette estimation.

1°. On peut d'abord considérer ces actions *par rapport à leur objet*. Plus l'objet est noble, plus une bonne action faite envers cet objet est censée excellente ; comme au contraire une mauvaise action en est plus criminelle.

2°. *Par rapport à la qualité & à l'état de l'agent.* Ainsi un bienfait reçu d'un ennemi, surpasse celui qu'on reçoit d'un ami. Et au contraire, l'injure d'un ami est plus sensible & plus atroce, que celle qui vient d'un ennemi.

3°. *Par rapport à la nature même des actions,* selon qu'il y a plus ou moins de peine à les faire. Plus une bonne action est difficile, toutes choses d'ailleurs égales, plus elle est belle & louable. Mais plus il étoit

M 2   facile

facile de s'abstenir d'une mauvaise action ,
plus elle est énorme & condamnable , en
comparaison d'une autre de même epéce.

4°. *Par rapport aux effets & aux suites de
l'action.* Une action est d'autant meilleure ou
pire, qu'on a pu prévoir que les suites en
devoient être plus ou moins avantageuses ,
ou nuisibles.

5°. On peut ajouter les circonstances du
lieu , &c. qui peuvent encore rendre les bonnes ou les mauvaises actions plus excellentes ou plus mauvaises les unes que les autres. Nous tirons ces remarques d'une note
de M. Barbeyrac sur Pufendorf *.

§. XIII.

La moralité convient aux personnes aussi-bien qu'aux actions.

Remarquons enfin qu'on attribue la moralité aux personnes aussi-bien qu'aux actions ; & comme les actions sont bonnes ou
mauvaises, justes ou injustes, l'on dit aussi
des hommes, qu'ils sont vertueux ou vicieux,
bons ou méchans.

Un homme *vertueux* est *celui qui a l'habitude d'agir conformément aux loix & à son de-*

* *Voyez* Droit de la Nat. & des Gens. *Liv. I. Chap. VIII.*
§ 5. not. 1.

voir

voir. Un homme *vicieux* est *celui qui a l'habitude opposée.*

La *vertu* consiste donc dans *l'habitude d'agir conformément aux loix ;* & le *vice* dans *l'habitude contraire.*

Je dis que la vertu & le vice sont des *habitudes.* Ainsi pour bien juger de ces deux caractères, on ne doit pas s'arrêter à quelques actions particulières & passagères ; il faut considérer toute la suite de la vie, & la conduite ordinaire d'un homme. L'on ne mettra donc pas au rang des hommes vicieux ceux qui par foiblesse ou autrement, se sont quelquefois laissé aller à commettre quelques mauvaises actions ; comme ceux-là aussi ne méritent pas le titre de gens de bien, qui dans certains cas particuliers, ont fait quelques actes de vertu. Une vertu parfaite de tout point & à tous égards, ne se trouve point parmi les hommes ; & la foiblesse inséparable de l'humanité, exige qu'on ne les juge pas à toute rigueur. Comme l'on avoue qu'un homme vertueux peut commettre par foiblesse plusieurs actions injustes ; l'équité veut aussi que l'on reconnoisse, qu'un homme qui aura contracté l'habitude de plusieurs vices, peut cependant en certains cas faire quelques bonnes actions, reconnues pour

M 3   telles

telles, & faites comme telles. Ne supposons
pas les hommes plus méchans qu'ils ne sont,
& distinguons avec autant de soin les dégrès
de méchanceté & de vice, que ceux de probité & de vertu.

Fin de la première Partie.

TABLE

T A B L E

Des Chapitres & des Articles contenus dans
cette première Partie.

CHAPITRE PREMIER.

De la nature de l'homme considéré par rapport au
Droit: de l'Entendement, & de ce qui a rapport à cette faculté.

M 4   *connoissance*

TABLE.

CHAPITRE II.

Suite des principes ſur la nature de l'homme :
de la volonté & de la liberté.

CHAP.

TABLE.

CHAPITRE III.

Que l'homme ainsi constitué, est une créature
capable de direction morale, & comptable
de ses actions.

CHAPITRE IV.

Où l'on continue à rechercher ce qui regarde la
nature humaine, en considérant les divers
états de l'homme.

CHA-

TABLE.

CHAPITRE V.

Que l'homme doit suivre une régle dans sa conduite: quel est le moyen de trouver cette régle; & des fondemens du Droit en général.

CHAPITRE VI.

Régles générales de conduite que la Raison nous donne. De la nature de l'Obligation, & de ses premiers fondemens.

TABLE.

CHAPITRE VII.

Du Droit pris pour faculté, & de l'obligation
qui y répond.

§ VI

TABLE.

CHAPITRE VIII.

De la Loi en général.

CHAPITRE IX.

Des fondemens de la Souveraineté, ou du droit de commander.

TABLE.

CHAPITRE X.

De la fin des Loix , de leurs caractères & de leurs
différences , &c.

§ XII.

TABLE.

CHAPITRE XI.

De la Moralité des actions humaines.

Fin de la Table de la première Partie.

PRINCIPES

DU

DROIT NATUREL.

SECONDE PARTIE.

PRINCIPES

DU

DROIT NATUREL,

PAR

J. J. BURLAMAQUI,

CONSEILLER D'ÉTAT, & ci-devant
PROFESSEUR en Droit Naturel
& Civil à GENEVE.

SECONDE PARTIE.

EX RECTO DECUS

A GENEVE,
Chez BARRILLOT & FILS.

M. DCC. XLVIII.

TABLE

des Chapitres & des Articles contenus dans
cette seconde Partie.

CHAPITRE PREMIER.

Ce que c'est que la Loi naturelle , & qu'il y en a
une. Premières considérations tirées de l'existence de Dieu , & de son autorité sur nous.

TABLE.

CHAPITRE II.

Que Dieu, en conséquence de son autorité sur
nous, a voulu en effet nous prescrire des
loix, ou des régles de conduite.

CHAPITRE III.

Des moyens par où nous discernons le juste & l'injuste, ou ce qui est dicté par la Loi naturelle, sçavoir, 1. l'Instinct moral. 2. La Raison.

§ VII.

TABLE.

CHAPITRE IV.

Des Principes d'où la Raifon peut déduire les Loix naturelles.

TABLE.

CHAPITRE V.

Que les Loix naturelles ont été suffisamment notifiées : des caractères qui leur sont propres : de
l'obligation qu'elles produisent, &c.

§ IV.

TABLE.

CHAPITRE VI.

Du Droit des Gens.

CHA-

TABLE.

CHAPITRE VII.

Essai sur cette question : y a-t-il quelque moralité dans les actions, quelque obligation & quelque devoir, antécédemment aux loix naturelles, & indépendemment de l'idée de Législateur ?

CHAPITRE VIII.

Conséquences du Chapitre précédent : Réflexions sur la distinction du Juste, de l'Honnête & de l'Utile.

TABLE.

CHAPITRE IX.

De l'application des Loix naturelles aux actions
     humaines ; & 1°. de la conscience.

TABLE.

CHAPITRE X.

Du mérite & du démérite des actions humaines, & de leur imputation, relativement aux loix naturelles.

CHAPITRE XI.

Application de ces principes à différentes espéces d'actions, pour juger comment elles doivent être imputées.

TABLE.

CHAPITRE XII.

De l'autorité & de la sanction des Loix naturelles ;
& I°. des biens & des maux qui sont la suite
naturelle & ordinaire de la vertu & du vice.

TABLE.

CHAPITRE XIII.

II. Preuves de l'immortalité de l'ame. Qu'il y a une
sanction proprement dite des Loix naturelles.

TABLE.

CHAPITRE XIV.

Que les preuves qu'on vient d'alléguer sont d'une telle vraisemblance, & d'une telle convenance, qu'elles doivent suffire pour fixer uotre créance, & pour déterminer notre conduite.

TABLE.

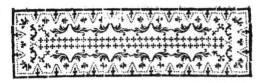

PRINCIPES
DU DROIT NATUREL.
SECONDE PARTIE.

CHAPITRE PREMIER.

Ce que c'est que la Loi Naturelle, & qu'il y en a une. Premières considérations tirées de l'Existence de Dieu, & de son autorité sur nous.

§ I.

Sujet de cette II. Partie.

Pre's avoir posé les principes généraux du Droit, il s'agit d'en faire l'application au Droit Naturel en particulier. L'homme par sa nature & sa constitution, est-il effectivement assujetti à des Loix proprement

ment dites ? Et ces Loix quelles font-elles ?
quel eſt le Supérieur qui les impoſe ? par
quels moyens peut-on parvenir à les connoître ? d'où naît l'obligation de les obſerver ? que peut-il en arriver, ſi l'on y manque ? & au contraire quel avantage nous
revient-il de leur obſervation ? Telles ſont
les importantes queſtions que nous avons
à traiter dans cette ſeconde Partie.

§ I I.

Ce que c'eſt que Droit Naturel, Loi Naturelle *&*
Juriſprudence Naturelle.

DE'FINISSONS d'abord les termes. L'on
entend par Loi NATURELLE, *une Loi que
Dieu impoſe à tous les hommes, & qu'ils
peuvent découvrir & connoître par les ſeules
lumières de leur raiſon, en conſidérant avec
attention leur nature & leur état.*

Le DROIT NATUREL *eſt le ſyſtéme, l'aſſemblage, ou le corps de ces mêmes loix.*

Enfin, la JURISPRUDENCE NATURELLE
ſera *l'art de parvenir à la connoiſſance des
loix de la Nature, de les développer & de
les appliquer aux actions humaines.*

§ I I I.

S'il y a des Loix Naturelles.

MAIS y a-t-il effectivement des *Loix
Na-*

Naturelles ? C'eſt la première queſtion qui
ſe préſente , & qu'il faut examiner avant
toutes choſes. Pour cela , on ne peut ſe
diſpenſer de remonter aux principes de la
THEOLOGIE NATURELLE , comme étant le
premier & le vrai fondement du Droit
Naturel. Car quand on demande *S'il y a*
des loix Naturelles , on ne peut réſoudre
cette queſtion qu'en examinant ces trois
articles. 1°. Y a-t-il un Dieu ? 2°. S'il y a
un Dieu , a-t-il par lui-même le droit
d'impoſer des loix aux hommes ? & 3°. enfin , Dieu fait-il actuellement uſage de ſon
droit à cet égard , en nous donnant réellement des loix , & en exigeant que nous
y conformions nos actions ? Ces trois
points feront la matière de ce Chapitre &
du ſuivant.

§ I V.

De l'exiſtence de Dieu.

L'EXISTENCE de DIEU , c'eſt-à-dire , d'*un*
premier Etre intelligent , *exiſtant par lui-*
même , *de qui toutes choſes dépendent comme*
de leur première cauſe , *& qui ne dépend lui-*
même d'aucune ; l'exiſtence , dis-je , d'un
tel Etre eſt une de ces vérités qui ſe dé-
couvrent du premier coup d'œil. Il ne s'a-

git que de se rendre attentif aux preuves claires & sensibles, qui sortent, pour ainsi dire, de toutes parts.

L'enchaînure & la subordination des causes entr'elles, qui demande nécessairement que l'on s'arrête à une première ; la nécessité de reconnoître un premier Moteur ; la structure & l'ordre admirable de l'Univers ; ce sont-là autant de démonstrations de l'existence de Dieu, qui sont à la portée de tout le monde. Développons-les en peu de mots.

§ V.

Première Preuve. Nécessité d'un Etre existant par lui-même & intelligent.

1. Nous voyons une infinité de choses qui subsistent aujourd'hui, & qui toutes ensemble forment cet assemblage que nous appellons l'*Univers*. Il est donc nécessaire que quelque chose ait subsisté de tout tems. Car supposez un tems où rien n'existât, il est évident que rien n'auroit jamais existé ; parceque tout ce qui commence d'être, doit avoir une cause de son existence, & que le néant ne peut rien produire. Il faut donc reconnoître qu'il y a quelque Etre éternel. Et cet Etre éternel, quel qu'il soit

foit, existe par lui-même & nécessairement ; car il ne doit son origine à aucun
autre, & il implique contradiction qu'un
tel Etre n'existe pas.

De plus, cet Etre éternel, qui subsiste
nécessairement & par lui-même, est aussi
un Etre doué de *raison* & d'*intelligence.*
Car pour suivre la même manière de raisonner, supposons un tems où il n'y eût
que des Etres inanimés, jamais on n'auroit vu se former des Etres intelligens,
tels que nous en voyons aujourd'hui. L'intelligence ne peut non plus sortir d'une
cause brute & aveugle, qu'un Etre, quel
qu'il soit, ne peut venir du néant. Il y a
donc eu de tout tems un Père des Esprits,
une Intelligence éternelle, qui est la source de toutes les autres. Que l'on prenne tel
système que l'on voudra sur l'origine & la
nature de l'ame, notre preuve subsiste en
son entier. Quand même on supposeroit
que ce qui pense en nous n'est que l'effet
d'un certain mouvement ou d'une modification de la matière ; il resteroit toujours
à savoir d'où est venue à la matière cette
activité, qui ne lui est point essentielle, &
cette organisation particulière que nous y
admirons, & qu'elle ne sauroit se donner

A 3   à

à elle-même. On demandera toujours qui a modifié le corps d'une façon propre à produire des opérations aussi merveilleuses que celles de l'intelligence, qui réfléchit, qui agit sur le corps même avec empire, qui parcourt la terre & mesure les cieux, qui rappelle le passé & qui porte sa vue sur l'avenir. Un tel chef-d'œuvre ne peut venir que d'une cause intelligente. Et par conséquent il est de toute nécessité de reconnoître un premier Etre éternel & intelligent.

§ VI.

Il faut chercher cet Etre hors de cet Univers.

UNE Intelligence éternelle, qui a en elle-même le principe de sa propre existence & de toutes ses facultés, ne peut être ni changée, ni détruite; elle ne peut être ni dépendante, ni bornée; elle doit même avoir une perfection infinie, & suffisante pour être la seule & la première cause de tout, sans qu'il soit nécessaire d'en chercher d'autre.

Mais n'est-ce point à la matiére même, à l'Univers, ou à quelqu'une de ses parties, qu'appartient cette qualité d'Etre éternel & intelligent ?

Toutes

Toutes nos idées répugnent à cette supposition. La matière n'eſt point intelligente eſſentiellement & par elle-même ; elle
ne pourroit le devenir tout au plus que par
une modification particulière, qu'une cauſe ſouverainement intelligente lui donne-
roit. Or cette première cauſe ne ſauroit
tenir elle-même une pareille modification
de quelque autre : elle penſe eſſentiellement & par elle-même : ce n'eſt donc point
un Etre matériel. D'ailleurs toutes les parties de l'Univers ſont variables & dépen-
dantes : comment concilier cela avec l'idée
de l'Etre infini & tout-parfait ?

Pour ce qui eſt des hommes, leur dépendance, leur foibleſſe, eſt encore plus
ſenſible que celle des autres créatures.
Comme ils n'ont point la vie par eux-mêmes, ils ne ſauroient non plus être cauſe
efficiente de l'exiſtence des autres : ils
ignorent quelle eſt la ſtructure du corps
humain, quel eſt le principe de la vie,
comment des mouvemens ſont liés à des
idées, & par quel reſſort s'exerce l'empire
de la volonté. Il faut donc chercher la
cauſe efficiente, primitive & originale du
genre humain, hors de la chaîne des hommes, quelque longue qu'on la ſuppoſe : il

A 4   faut

faut chercher la caufe de chaque partie de
l'Univers hors de cet Univers matériel &
vifible.

§. VII.

Deuxiéme Preuve : Néceffité d'un premier Moteur.

2. A P R E' S cette première preuve, tirée
de la néceffité d'un premier Etre éternel &
intelligent, diftinct de la matière, nous
paffons à une feconde, qui nous découvre
la D I V I N I T E' d'une manière encore plus
palpable & plus à la portée de tout le monde : je veux parler de la contemplation
de ce Monde vifible, où nous voyons un
mouvement & un ordre que la matière n'a
point par elle-même, & qu'elle ne s'eft
pas donné.

Le mouvement ou la force active n'eft
point une qualité effentielle au corps : l'é-
tendue eft plutôt par elle-même un être
paffif ; on la conçoit très-bien en repos ;
& fi elle a du mouvement, on conçoit
auffi qu'elle peut le perdre fans ceffer d'ê-
tre ; c'eft une qualité ou un état qui paffe
& fe communique accidentellement d'un
corps à un autre. Il faut donc que la première impreffion vienne d'une caufe étrangère, & que, comme le difoit fort bien
A R I S T O T E

ARISTOTE, (*a*) le premier Moteur des corps ne soit pas lui-même mobile, ne soit pas corps. C'est ce qu'a aussi très-bien reconnu HOBBES. « On ne sçauroit mieux
« parvenir, dit-il, à la connoissance d'un
« Dieu unique, éternel, infini, tout-
« puissant, que par l'étude des causes, des
« qualités & des opérations des corps natu-
« rels. Quiconque remonteroit de chaque
« effet qu'il voit, à la cause prochaine,
« & puis de cause en cause, en suivant
« cette enchainure aussi loin qu'elle peut
« aller ; trouveroit enfin, avec les plus ju-
« dicieux des anciens Philosophes, qu'il
« y a un premier Moteur, c'est-à-dire une
« cause unique & éternelle de toutes cho-
« ses, qui est ce que tous les hommes ap-
« pellent DIEU (*b*)

(*a*) Arist. Metaph.
(*b*) «Agnitio verò unici, æterni, infiniti, omnipo-
« tentis Dei, ab investigatione causarum, virtutum
« operationumque corporum naturalium, quàm à
« cura futuri temporis, faciliùs derivari potuit.
« Nam qui ab effectu quocunque, quem viderit,
« ad causam ejus proximam ratiocinaretur, & inde
« ad illius causæ causam proximam procederet, &
« in causarum deinceps ordinem profundè se im-
« mergeret, inveniret tandem (cum veterum Phi-
« losophorum sanioribus) unicum esse primum.
§ VIII.

§ VIII.

Troisiéme Preuve : La structure, l'ordre & la beauté
de l'Univers.

3. Mais si la matière n'a pu se mouvoir
d'elle-même, beaucoup moins auroit-elle
pu le faire dans le dégré précis, & avec
toutes les déterminations nécessaires pour
former un Monde tel que nous le voyons,
plutôt qu'un assemblage confus.

En effet, que l'on jette les yeux sur l'U-
nivers : on remarquera par-tout, du premier coup d'œil, une beauté, un ordre,
une régularité admirable ; & cette admira-
tion ne fera que croître à mesure qu'étudiant la Nature de plus près, on entrera
dans le détail de la structure, des proportions & des usages de chaque partie. Car
alors on verra clairement, que chaque
chose se rapporte à un certain but, &
que ces *fins particulières*, quoiqu'infiniment
variées entr'elles, sont si habilement ménagées & tellement combinées ensemble,
qu'elles concourent toutes à un *Dessein*

« Motorem, id est, unicam & æternam rerum om-
« nium causam, quam appellant omnes Deum. »
Leviathan. Cap. XII p. 55. 56.

général

général. Malgré cette prodigieuse diversité de créatures, il n'y a point de confusion; l'on en voit mille & mille espéces, qui gardent toutes leur forme & leurs qualités distinctives. Les parties de l'Univers s'assortissent & sont balancées l'une par l'autre, pour entretenir une harmonie générale; & chacune de ces parties a précisément la figure, les proportions, la situation & le mouvement qui lui convient, soit pour produire son effet particulier, soit pour former un beau tout.

Voilà donc un dessein, un choix, une raison bien marquée dans tous les ouvrages de la Nature; & par conséquent voilà une sagesse & une intelligence qu'on ne sauroit méconnoître, & qui se fait, pour ainsi dire, toucher au doigt & à l'œil.

§ IX.

Le Monde n'est point le produit du hazard.

Quoiqu'il se soit trouvé des Philosophes qui ont attribué tout cela au *hazard*, c'est une pensée si ridicule, que je ne sais s'il est jamais entré une plus grande chimère dans l'esprit humain. Qui pourroit de bonne-foi se persuader, que différentes parties

parties de matière s'étant je ne sais comment mises en mouvement & accrochées ensemble, ayent d'elles-mêmes produit les cieux & les astres, la terre & les plantes, les animaux même & les hommes, avec tout ce qu'il y a de plus régulier dans leur organisation ? Celui qui porteroit un pareil jugement sur le moindre édifice qui s'offre à nous, sur un livre ou sur un tableau, seroit regardé comme un extravagant. Combien plus est-ce choquer le sens-commun, que d'attribuer au hazard un ouvrage aussi vaste, & d'une composition aussi merveilleuse que cet Univers ?

§ X.

Il n'est pas éternel.

L'on ne trouveroit pas mieux son compte à nous alléguer l'*éternité* du Monde, pour exclure une première Cause intelligente. Car outre les marques de nouveauté que l'on trouve dans l'histoire du genre humain, comme l'origine des nations & des empires, & l'invention des arts & des sciences; &c. outre que la tradition la plus générale & la plus ancienne nous assure que le Monde a eu un commencement ;

(tradition

(tradition qui eſt d'un grand poids ſur un point de fait comme celui-ci) outre cela, dis-je, la nature même de la choſe ne permet non plus d'admettre cette hypothèſe que celle du hazard. Car il s'agit toujours d'expliquer d'où vient ce bel ordre, cette ſtructure ſi bien proportionnée, ce deſſein; en un mot, d'où viennent ces marques de raiſon & de ſageſſe qui éclatent de toutes parts dans le Monde. Dire que cela a été ainſi de tout tems, ſans l'intervention d'aucune Cauſe intelligente, ce n'eſt pas expliquer la choſe; c'eſt nous laiſſer dans le même embarras, & avancer la même abſurdité, que ceux qui nous parloient tout à l'heure du hazard. Car au fonds c'eſt toujours dire que tout ce que nous voyons dans l'Univers ſe trouve ainſi arrangé aveuglément & ſans deſſein, ſans choix, ſans cauſe, ſans raiſon, ſans intelligence. Ainſi, ce qui faiſoit la principale abſurdité de l'hypothèſe du hazard, ſe retrouve également ici; avec cette différence ſeulement, qu'en poſant l'éternité du Monde, l'on ſuppoſe un hazard qui s'eſt rencontré de tout tems avec l'ordre; au lieu que ceux qui attribuent la formation du Monde à la jonction fortuite de ſes

parties

parties, suppofent que le hazard n'a réuf-
fi que dans un certain tems, & ne s'eſt enfin rencontré avec l'ordre qu'après une infinité d'eſſais & de combinaiſons inutiles.
Les uns & les autres ne reconnoiſſent donc
d'autre principe que le hazard, ou plutôt
ils n'en reconnoiſſent aucun : car le hazard
n'eſt point une cauſe réelle ; c'eſt un mot,
qui ne ſauroit rendre raiſon d'un effet réel
comme l'arrangement de l'Univers.

Il ne ſeroit pas difficile de pouſſer plus
loin ces preuves, & d'en ajouter même
quelques autres. Mais ç'en eſt aſſés pour
un ouvrage tel que celui-ci ; & le peu que
nous en avons dit, nous met bien en droit,
ce me ſemble, de poſer l'exiſtence d'une
PREMIÈRE CAUSE, ou d'un DIEU CRÉA-
TEUR, comme une vérité inconteſtable,
qui peut déſormais ſervir de baſe à tous
nos raiſonnemens.

§ XI.

Dieu a droit de preſcrire des Loix aux hommes.

DE's que nous avons reconnu un Dieu
créateur, il eſt bien viſible que c'eſt un
maître, qui a par lui-même un *Droit* ſouverain de commander aux hommes, de
leur

leur preſcrire des régles de conduite, de leur impoſer des loix; & il n'eſt pas moins évident que les hommes de leur côté, ſe trouvent par leur conſtitution naturelle, dans l'*obligation* d'aſſujettir leurs actions à la volonté de ce premier Etre.

Nous avons montré dans le Chap. IX. part. I. que les vrais fondemens de la *Souveraineté* dans la perſonne du Souverain, ſont la puiſſance réunie à la ſageſſe & à la bonté; & que d'un autre côté, la foibleſſe & les beſoins dans la perſonne des ſujets, produiſent naturellement la *Dépendance.* Il s'agit donc de voir ſi toutes ces qualités du Souverain ſe rencontrent en Dieu; & ſi les hommes de leur côté ſont dans un état d'infirmité & de beſoins, qui les rende néceſſairement dépendans de lui, & cela pour leur propre bonheur.

§ XII.

C'eſt une ſuite de ſa puiſſance, de ſa ſageſſe & de ſa bonté.

On ne peut douter que celui qui exiſte néceſſairement & par lui-même, & qui a créé l'Univers, ne ſoit doué d'une puiſſance infinie. Comme il a donné l'être à toutes choſes par ſa ſeule volonté, il peut auſſi

auſſi les conſerver , les anéantir , ou les changer à ſon gré.

Mais ſa ſageſſe n'eſt pas moindre que ſa puiſſance Ayant tout fait , il doit tout connoître : il connoît , & les cauſes & les effets qui en peuvent réſulter. On voit d'ailleurs dans tous ſes ouvrages les *fins* les plus excellentes , & un choix des *moyens* les plus propres à y parvenir : en un mot , tout y eſt , pour ainſi dire , marqué au coin de la *Sageſſe.*

§ XIII.

La raiſon nous apprend auſſi que Dieu eſt un être eſſentiellement *Bon ;* perfection qui ſemble découler naturellement de ſa ſageſſe & de ſa puiſſance. Car comment un Etre qui par ſa nature eſt infiniment ſage & infiniment puiſſant , pourroit-il être enclin à nuire ? Aucune raiſon ne l'y porte. La malice , la cruauté , l'injuſtice , ſont toujours une ſuite de l'ignorance ou de la foibleſſe. Auſſi pour peu que l'homme conſidére tout ce qui l'environne , & qu'il réfléchiſſe ſur ſa propre conſtitution , il reconnoîtra & en lui-même , & au dehors , la main bienfaiſante de ſon Créateur , qui agit avec lui comme

un

un père. C'eſt de Dieu que nous tenons la
vie & la raiſon : il pourvoit abondamment
à nos beſoins ; il a ajouté l'utile au néceſſaire, & l'agréable à l'utile. Les Philoſophes obſervent que tout ce qui ſert à notre
conſervation a été revêtu de quelque agrément*. La nourriture, le repos, l'action,
le chaud, le froid en un mot, tout ce qui eſt
utile, nous plaît tour à tour, & auſſi long-
tems qu'il nous eſt utile. Ceſſe-t-il de l'être,
parceque les choſes ſont portées à un ex-
cès dangereux ? nous en ſommes avertis
par un ſentiment oppoſé. Un attrait de
plaiſir nous invitoit à en uſer, quand nous
en avions beſoin ; le dégout & la laſſitude
nous portent à nous en abſtenir, quand
elles peuvent nous nuire. Telle eſt l'heureuſe & douce œconomie de la Nature,
qui attache le plaiſir à l'exercice modéré
de nos ſens & de nos facultés, & que tout
ce qui nous environne devient pour nous

* Voyez là deſſus un excellent Traité qui vient
de paroître à Genève chés *Barriliot* & *Fils* 12°. 1747)
intitulé : Tʜᴇᴏʀɪᴇ ᴅᴇꜱ Sᴇɴᴛɪᴍᴇɴꜱ ᴀɢʀᴇ'ᴀʙʟᴇꜱ,
*où après avoir indiqué les regles qui ſuit la Nature
dans la diſtribution du plaiſir, on établit les principes de la Théologie naturelle, & ceux de la Philoſo-
phie morale.*

II. Partie.   B   une

une source d'agrémens, dès que nous sa-
vons en jouir avec discrétion. Quoi de
plus magnifique, par exemple, que ce
théâtre du Monde dans lequel nous vivons, & que cette brillante décoration du
ciel & de la terre, que nous avons devant
les yeux, qui nous offre mille & mille ta-
bleaux, toujours agréables, toujours va-
riés ? Quelle satisfaction ne donnent pas
à l'esprit les Sciences, qui l'exercent, qui
l'étendent & le perfectionnent ! Quelles
commodités ne tirons-nous pas de l'indus-
trie humaine ! Que d'avantages ne nous
fournit point le commerce de nos semblables ! Quel charme dans leur entretien !
Quelle douceur dans l'amitié & dans les
autres liaisons du cœur ! Dès qu'on n'abu-
se de rien, presque tout le cours de la vie
se trouve parsemé de sentimens agréables.
Et si l'on ajoûte à tout cela, comme on le
verra dans la suite, que les loix que Dieu
nous donne, tendent à perfectionner notre nature, à prévenir tout abus, & à
nous retenir dans cet usage modéré des
biens de la vie, d'où dépend la conservation de l'homme, son excellence & son
bonheur, tant public que particulier ; que
faut-il de plus pour reconnoître que la
bonté

bonté de Dieu n'est point inférieure à sa sageſſe ni à sa puiſſance ?

Voilà donc un Supérieur doué ſans contredit de toutes les qualités néceſſaires, pour avoir le droit d'empire le plus légitime & le plus étendu qu'on puiſſe concevoir. Et puiſque de notre côté, l'expérience nous fait aſſés ſentir que nous ſommes foibles & ſujets à divers beſoins ; puiſque nous avons tout reçu de lui, & qu'il peut encore ou augmenter nos biens, ou nous en priver ; il eſt évident que rien ne manque ici pour établir d'un côté la ſouveraineté abſolue de Dieu, & de l'autre notre abſolue dépendance.

CHAPITRE II.

Que Dieu, en conséquence de son autorité sur nous, a voulu en effet nous
prescrire des loix ou des régles de
conduite.

§ I.

*Dieu fait usage de son autorité sur nous, en nous
prescrivant des Loix.*

AVoir prouvé l'éxistence de Dieu,
& notre dépendance à son égard,
c'est avoir établi le droit qu'il a de nous
prescrire des loix. Mais cela ne suffit pas :
on demande encore s'il a voulu en effet
user de son droit. Il peut sans doute nous
donner des loix : mais l'a-t'il fait réellement ? & quoique nous dépendions de lui
pour notre vie & pour nos facultés *physiques*, ne nous a-t-il point laissé dans l'indépendance par rapport à l'usage *moral*
que nous en ferons ? C'est le troisiéme
point qui nous reste à éxaminer : c'est même le point capital.

§ II.

§ I I.

Première Preuve, tirée des relations mêmes dont on vient de parler.

1. IL faut déja compter pour beaucoup, d'avoir trouvé ici toutes les circonstances nécessaires pour donner lieu à une LEGIS-LATION. Voilà d'un côté un Supérieur qui par sa nature possède au plus haut dégré toutes les conditions requises pour établir une autorité légitime ; & de l'autre, voilà les hommes qui sont des créatures de Dieu, douées d'intelligence & de liberté, capables d'agir avec connoissance & avec choix, sensibles au plaisir & à la douleur, susceptibles de bien & de mal, de récompenses & de peines. Une pareille aptitude à donner des loix & à en recevoir, ne sauroit être inutile. Ce concours de rapports & de circonstances indique sans doute un but ; & doit avoir quelqu'effet ; ni plus ni moins qu'une certaine organisation dans l'œil, indique que nous sommes destinés à voir la lumière. Pourquoi Dieu nous auroit-il faits précisément tels qu'il le faut pour recevoir des loix, s'il ne vouloit point nous en donner ? Ce seroient autant de facultés perdues. Il est donc non - seulement possible,

sible, mais très-probable, que telle est en
général notre destination, à moins que
des raisons plus fortes ne prouvaßent le
contraire. Or bien loin qu'il y ait aucune
raison qui détruise cette première présomption, nous allons voir que tout va à la
fortifier.

§ III.

Deuxiéme Preuve, tirée du but que Dieu s'est proposé par rapport à l'homme, & de la nécessité
des loix morales pour remplir ce but.

2. EN considérant le bel ordre que la
sagesse suprême a établi dans le *Monde physique*, on ne sauroit se persuader qu'elle
ait abandonné au hazard & au déréglement le *Monde spirituel* ou *moral*. La Raison
nous dit au contraire qu'un Etre sage se
propose en tout une fin raisonnable, &
qu'il employe les *moyens* nécessaires pour
y arriver. La fin que Dieu s'est proposée par rapport à ses créatures, & en
particulier par rapport à l'homme, ne
peut être d'un côté, que sa gloire ; &
de l'autre, que la perfection & le bonheur de ses créatures, autant que leur nature ou leur constitution les en rend capables. Ces deux vues si dignes du Créateur,

teur , fe combinent & fe réuniffent parfaitement. Car la gloire de Dieu confifte
à manifefter fes perfections , fa puiffance ,
fa bonté , fa fageffe , fa juftice ; & ces
mêmes vertus ne font autre chofe que
l'amour de l'ordre & du bien univerfel.
Ainfi l'Etre fouverainement parfait & fouverainement heureux voulant conduire
l'homme à l'état d'ordre & de bonheur
qui lui convient , ne peut manquer
de vouloir en même-tems ce qui eft néceffaire pour un tel but ; & dès-lors il ne
peut qu'approuver les moyens qui y font
propres , tandis qu'il rejette & défapprouve
ceux qui ne le font pas. Si la conftitution
de l'homme étoit purement phyfique ou
méchanique , Dieu feroit lui-même tout
ce qui convient à fon ouvrage. Mais
l'homme étant une créature intelligente
& libre , capable de difcernement & de
choix ; les moyens que Dieu emploie
pour le conduire à fa deftination doivent
être proportionnés à fa nature , c'eft-à-dire
tels que l'homme y entre & y concoure par
fes propres actions.

Or comme tout moyen n'eft pas également bon pour conduire à un certain but ,
toutes les actions de l'homme ne fauroient

auffi

aussi être *indifférentes*. Il est bien évident
que toute action qui va contre les fins que
Dieu s'est proposées, n'est point ce que
Dieu veut ; & qu'il approuve au contraire
celles qui par elles-mêmes font propres à
avancer ses fins. Dès qu'il y a un choix à
faire, & un chemin à tenir plutôt qu'un
autre, qui peut douter que notre Créateur
ne veuille que nous prenions le vrai chemin ; & qu'au lieu d'agir témérairement &
au hazard, nous agissions en Créatures
raisonnables, c'est-à-dire en faisant usage
de notre liberté & des autres facultés qu'il
nous a données, de la manière qui convient le mieux à notre état & à notre destination, pour répondre à ses vûes, pour
avancer notre bonheur & celui de nos
semblables ?

§ IV.

Confirmation des Preuves précédentes.

CES considérations prendront encore
une nouvelle force, si l'on fait attention
aux suites naturelles du système opposé.
Que seroit l'homme & la société, si chacun étoit tellement le maître de ses actions,
qu'il pût tout faire à son gré, & n'avoir
d'autre principe de conduite que son caprice

price ou ſes paſſions ? Suppoſez que Dieu
abandonnant l'homme à lui-même ne lui
eût effectivement preſcrit aucune régle de
vie , & ne l'eût aſſujetti à aucune Loi ; la
plupart des facultés de l'homme & de ſes
talens lui deviendroient inutiles. A quoi
lui ſerviroit le flambeau de la raiſon , s'il
re ſuivoit qu'un inſtinct groſſier , ſans faire
aucune attention à ſes démarches ? A quoi
bon le pouvoir de ſuſpendre ſon jugement,
ſi l'on ſe livre étourdiment aux premières
apparences ? Et de quel uſage fera la réfléxion, s'il n'y a ni à choiſir ni à délibérer;
& ſi au lieu d'écouter les conſeils de la
prudence , on ſe laiſſe entraîner par d'a-
veugles penchans ? Non-ſeulement ces facultés qui font l'excellence & la dignité de
notre nature , ſe trouveroient tout-à-fait
frivoles , elles tourneroient encore à notre
préjudice par leur excellence même ; car
plus une faculté eſt belle & relevée , plus
l'abus en eſt dangereux.

Non ſeulement ce ſeroit-là un grand
malheur pour l'homme conſidéré ſeul &
en lui-même ; c'en ſeroit un plus grand
encore pour l'homme conſidéré dans l'é-
tat de ſociété. Car l'état de ſociété, plus
que tout autre , demande des loix , afin
que

que chacun mette des bornes à ses pré-
tentions, & n'attente point au bien d'autrui.　Autrement la licence naîtroit de
l'indépendance. Laisser les hommes aban-
donnés à eux-mêmes, c'est laisser le champ
libre aux passions, & ouvrir la porte à
l'injustice, à la violence, aux perfidies,
aux cruautés. Otez les loix naturelles &
ce lien moral qui entretient la justice & la
bonne-foi parmi tout un peuple, & qui
établit aussi certains devoirs, soit dans les
familles, soit dans les autres relations de
la vie ; les hommes ne seront plus que des
bêtes féroces les uns pour les autres. Plus
l'homme est adroit & habile, plus il sera
dangereux pour ses semblables : l'adresse se
tournera en ruse, & l'habileté en malice.
Il ne faudra plus parler alors des avantages ni des douceurs de la société : ce seroit
un état de guerre & un vrai brigandage.

§ V.

Troisième Preuve, tirée de la bonté de Dieu.

1. Si l'on dit que les hommes eux-
mêmes ne manqueroient pas de remédier
à ces désordres, en établissant des loix entr'eux ; (outre que les loix humaines auroient peu de force si elles n'étoient pas
fondées

fondées fur des principes de confcience)
cette remarque va à reconnoître la néceſ-
fité des loix en général , & nous donne
ici gain de cauſe, Car s'il eſt dans l'ordre
de la raiſon , que les hommes établiſſent
entr'eux une régle de vie , pour ſe mettre à couvert des maux qu'ils auroient à
craindre les uns des autres , & pour ſe
procurer les avantages qui peuvent faire
leur bonheur tant public que particulier :
cela même doit faire comprendre que le
Créateur , infiniment plus ſage & meilleur
que nous , aura ſans doute ſuivi la même
méthode. Si un bon père de famille ne néglige pas de diriger ſes enfans par ſon autorité & par ſes conſeils pour mettre l'ordre
dans ſa maiſon ; peut-on s'imaginer que
le père commun des hommes néglige de
leur donner le même ſecours ? Et ſi un
ſage Souverain n'a rien tant à cœur que
de prévenir la licence par de bons réglemens , comment croire que Dieu, qui eſt
bien plus ami des hommes que ceux - ci
ne le ſont de leurs ſemblables , ait laiſſé
tout le genre humain ſans direction & ſans
guide , même ſur les choſes les plus importantes , & d'où dépend tout notre
bonheur ? Un pareil ſyſtème ne ſeroit pas
moins

moins contraire à la bonté de Dieu qu'à
sa sagesse. Il faut donc revenir à d'autres
idées, & dire que le Créateur, par un effet
de sa bonté, ayant fait les hommes pour
les rendre heureux, leur ayant imprimé
une pente invincible pour le bonheur, &
les ayant en même-tems assujettis à vivre
en société ; leur a sans doute aussi donné
des principes qui leur fassent aimer l'ordre,
& des régles qui leur indiquent les moyens
de le procurer & de le maintenir.

§ VI.

Quatriéme preuve, tirée des principes de conduite
que nous trouvons en effet en nous-mêmes.

4. MAIS rentrons en nous-mêmes, &
nous trouverons qu'en effet ce que nous
devions attendre à cet égard de la sagesse
& de la bonté Divine, se trouve dicté
par la droite raison que Dieu nous a donnée, & par des principes gravés dans notre
cœur.

S'il y a des vérités de spéculation qui
soient évidentes, & s'il y a des axiomes
certains qui servent de base aux sciences ;
il n'y a pas moins de certitude dans certains principes faits pour nous diriger dans
la pratique, & pour servir de fondement

à

à la Morale. Par éxemple : Que le Créateur tout sage & tout bon mérite les res-
pects de la créature : Que l'homme doit
chercher son bonheur : Qu'il faut préférer
le plus grand bien au moindre : Qu'un
bienfait mérite de la reconnoissance : Que
l'état d'ordre vaut mieux que l'état de désordre, &c. Ces maximes, & d'autres semblables, ont leur évidence peu différente de
celles-ci : Le tout est plus grand que sa
partie ; ou, La cause est avant l'effet, &c.
Les unes & les autres sont dictées par la raison la plus pure ; c'est pourquoi nous nous
sentons comme forcés d'y donner notre as-
sentiment. On ne conteste guères sur ces
principes généraux, on dispute seulement
sur leur application & leurs conséquences.
Mais dès qu'on a une fois reconnu la vérité
des principes, leurs conséquences, soit immédiates, soit éloignées, ne sont pas moins
certaines, pourvu qu'elles soient bien en-
chaînées entr'elles ; il ne s'agit que de les
déduire par une suite de raisonnemens
bien liés & concluans.

§ VII.

Ces principes sont obligatoires par eux-mêmes.

Pour sentir à présent l'influence que de
tels

tels principes, avec leurs conséquences légitimes, doivent avoir fur notre conduite,
il n'y a qu'à fe rappeller ce qui a été dit
au Chap VI. Part. I. de l'obligation où
nous fommes de fuivre ce que dicte la
raifon. Comme il feroit abfurde dans les
chofes fpéculatives, de parler & de juger
autrement que felon cette lumière qui
nous fait difcerner le *vrai* du *faux* ; il ne
feroit pas moins abfurde de nous écarter
dans notre conduite, de ces maximes certaines qui nous font difcerner le *bien* du
mal. Dès qu'il eft elair qu'une certaine façon d'agir convient à notre nature & au
grand but que nous nous propofons, &
qu'une autre au contraire ne convient point
à notre conftitution ni à notre bonheur ; il
s'enfuit que l'homme, entant que créature
libre & raifonnable, doit faire attention
à cette différence, & fe déterminer con-
féquemment. Il y eft *obligé* par la nature
même de la chofe ; puifque c'eft une néceffité, quand on veut la fin, de vouloir
auffi les moyens ; & il y eft *obligé* de plus,
parcequ'en cela il ne peut méconnoître
l'intention & la volonté de fon Supérieur.

§ VIII.

§ VIII.

Ils sont aussi obligatoires par la volonté de Dieu,
& ils deviennent ainsi de véritables loix.

En effet, Dieu étant l'auteur de la nature des choses & de notre constitution, si
par une suite de cette nature & de cette
constitution nous sommes raisonnablement déterminés à juger d'une certaine
manière, & à agir en conformité; l'intention du Créateur est assés manifeste, &
nous ne pouvons plus ignorer quelle est sa
volonté. Le langage de la raison est donc
le langage de Dieu même. Quand notre
raison nous dit si clairement: *Qu'il ne*
faut pas rendre le mal pour le bien, c'est
Dieu lui-même, qui par cet oracle intérieur nous fait entendre ce qui est *bon*
& *juste*, ce qui lui est agréable & ce qui
nous convient. Nous disions qu'il n'est
nullement probable que le Créateur bon
& sage ait abandonné l'homme à lui-même, sans guide & sans direction pour sa
conduite. Voici en effet une direction
qui vient de lui: & puisqu'il posséde au
plus haut dégré, comme nous l'avons vu,
les perfections qui fondent une supériorité
lé-

légitime ; qui peut douter que la volonté d'un tel Supérieur ne soit une loi pour nous ? Le lecteur n'a pas oublié quelles sont les conditions requises pour constituer une Loi : or elles se rencontrent toutes ici. 1°. Il y a une régle ; 2°. Cette régle est juste & utile ; 3°. Elle émane d'un Supérieur dont nous dépendons entièrement ; 4°. Enfin , elle nous est suffisamment connue par des principes gravés dans notre cœur , & par notre propre raison. C'est donc une Loi proprement dite , que nous sommes *tenus* d'observer.

Mais recherchons un peu mieux par quels moyens cette *Loi naturelle* s'annonce & se découvre , ou ce qui est la même chose , dans quelles sources il faut la puiser. Ce que nous n'avons encore prouvé que d'une manière générale , s'éclaircira & se confirmera par le détail où nous allons entrer. Car rien ne montre mieux qu'on a saisi les vrais principes , que lorsqu'en les développant, & en les considérant dans toutes leurs branches , ils se trouvent toujours conformes à la nature des choses.

CHA-

CHAPITRE III.

Des MOYENS par où nous difcernons le JUSTE & l'INJUSTE , ou ce qui eft dicté par la Loi Naturelle , fçavoir 1°. l'INS-TINCT MORAL , 2°. LA RAISON.

§ I.

Premier moyen de difcerner le bien & le mal moral , fçavoir l'Inftinct ou le fentiment.

CE qui a été dit dans le Chapitre pré-cédent , fait déja connoître que Dieu a mis en nous deux moyens d'appercevoir ou de difcerner le *bien* & le *mal* moral ; le prémier n'eft qu'une forte d'*inftinct*, le fe-cond eft le *raifonnement*.

J'appelle INSTINCT MORAL , *ce penchant ou cette inclination naturelle , qui nous porte à approuver certaines chofes , comme bonnes & louables ; & à en condamner d'autres com-me mauvaifes & blâmables , indépendamment de toute réfléxion.* Ou fi l'on veut donner à cet inftinct le nom de SENS MORAL , comme fait un favant Ecoffois , * je dirai alors que c'eft *une faculté de notre ame , qui*

* M. Hutchinfon.

II Partie.   C   *dif-*

diſcerne tout d'un coup en certains cas le bien & le mal moral, par une ſorte de ſenſation & par goût, indépendamment du raiſonnement & de la réfléxion.

§ I I.

Exemples.

C'EST ainſi qu'à la vue d'un homme qui ſouffre, nous avons d'abord un ſentiment de compaſſion qui nous fait trouver beau & agréable de le ſecourir. Le premier mouvement en recevant un bienfait, eſt d'en ſavoir gré, & de remercier notre bienfaiteur. Le premier & le plus pur mouvement d'un homme envers un autre, en faiſant abſtraction de toute raiſon particulière de haine ou de crainte qu'il pourroit avoir, eſt certainement un ſentiment de bienveillance, comme envers ſon ſemblable, avec qui la conformité de nature & de beſoins le lient. On voit de même, que ſans y penſer beaucoup, & avant aucun raiſonnement au moins développé, un enfant, un homme groſſier, ſent que l'ingratitude eſt un vice, & il ſe récrie ſur une perfidie, comme ſur une action noire & injuſte qui le choque, & pour laquelle il a naturellement de la répugnance. Au contraire, tenir ſa parole, rôle, reconnoître un bienfait, rendre à chacun ce qui lui eſt dû, honorer ſes parens, ſoulager ceux qui ſouffrent; ce ſont-là autant d'actions qu'on ne peut s'empêcher d'approuver & d'eſtimer, comme étant juſtes, bonnes, honnêtes, bienſéantes & utiles au genre humain. De-là vient que l'eſprit ſe plaît à voir ou à entendre de pareils traits d'équité, de bonne-foi, d'humanité, & de bénéficence; le cœur en eſt touché & attendri : en les liſant dans l'Hiſtoire, on les admire, & on loue le bonheur d'un ſiécle, d'une nation, d'une famille où de ſi beaux exemples ſe rencontrent. Mais pour les exemples du crime, on ne peut ni les voir, ni en entendre parler, ſans mépris & ſans indignation.

§ III.

D'où nous viennent ces ſentimens.

Sɪ l'on demande d'où vient ce mouvement du cœur, qui le porte à aimer certaines actions & à en déteſter d'autres, preſque ſans raiſonnement & ſans examen; je ne puis dire autre choſe, ſinon que cela vient de l'auteur de notre être qui nous a faits de cette manière, & qui a voulu que notre nature ou notre conſtitution fût

C 2   telle,

telle, que la différence du bien & du mal *moral* nous affectât en certains cas, ni plus ni moins que celle du bien & du mal *physique*. C'est donc là une sorte d'*instinct*, comme la Nature nous en a donné plusieurs autres, afin de nous déterminer plus vîte & plus fortement là où la réfléxion seroit trop lente. C'est ainsi que nous sommes avertis par une sensation intérieure de nos besoins corporels; & que nos sens extérieurs nous font connoître tout d'un coup la qualité des objets qui peuvent nous être utiles ou nuisibles, pour nous porter à faire promptement & machinalement tout ce que demande notre conservation. Tel est aussi cet instinct qui nous attache à la vie; & ce desir d'être heureux, qui est le grand mobile de nos actions. Telle est encore la tendresse presqu'aveugle, mais très-nécessaire, des pères & des mères pour leurs enfans. Les besoins pressans & indispensables demandoient que l'homme fût conduit par la voie du sentiment, toujours plus vif & plus prompt que n'est le raisonnement.

§ IV.
Quelle est leur utilité.

DIEU a donc jugé à propos d'employer aussi

auſſi cette voie à l'égard de la conduite morale de l'homme ; & cela en imprimant en nous un *ſentiment* ou un *goût* de *vertu* & de *juſtice*, qui prévient en quelque ſorte le raiſonnement, qui décide de nos premiers mouvemens, & qui ſupplée heureuſement chés la plupart des hommes au défaut d'attention ou de réfléxion. Car combien de gens négligeroient de réfléchir ? Combien ſont ſi groſſiers, & ménent une vie ſi animale, qu'à peine ſavent-ils développer trois ou quatre idées, pour former ce qu'on appelle un raiſonnement ? Il étoit donc bien utile que le Créateur nous donnât un diſcernement du bien & du mal, avec l'amour de l'un & l'averſion de l'autre, par une ſorte de faculté prompte & vive, qui n'eût pas beſoin d'attendre les ſpéculations de l'eſprit.

§ V.

Objection : *Ces ſentimens ne ſe trouvent pas dans tous les hommes.*

Réponſe : 1°. *On en trouve des traces chés les peuples les plus ſauvages.*

Si l'on conteſte ſur la réalité de ces *ſentimens*, en diſant qu'ils ne ſe trouvent pas dans tous les hommes, puiſqu'il y a

des

des peuples sauvages qui semblent n'en
avoir aucun ; & que même parmi les nations policées, on trouve des cœurs si per-
vers , qu'ils semblent n'avoir aucune notion ni aucun sentiment de vertu : je réponds, 1°. Que les peuples les plus sauvages
ont pourtant les premières idées dont nous
avons parlé ; & que s'il y en a quelques-uns
qui semblent n'en donner aucune marque ,
cela vient ou de ce que nous ne connoissons pas assés leurs mœurs , ou de ce qu'ils
sont tout-à-fait abrutis,& qu'ils ont étouffé
la plupart des sentimens de l'humanité, ou
enfin de ce qu'à certains égards ils donnent
dans un abus contraire à ces principes , non
en les rejettant positivement , mais par
l'effet de quelque préjugé qui a prévalu sur
leur bon sens & sur leur droiture naturelle , & qui les porte à appliquer mal ces
principes. Par exemple , on voit des Sauvages qui mangent leurs ennemis quand ils
les ont pris , croyant que c'est le droit de
la guerre , & que puisqu'ils peuvent les
tuer , rien n'empêche qu'ils ne profitent
de leur chair comme de leurs autres dé-
pouilles. Mais ces mêmes Sauvages ne trai-
teroient pas ainsi leurs amis ni leurs com-
patriotes ; ils ont entr'eux un *droit* & des
régles

régles ; la bonne-foi est estimée là comme
ailleurs , & un cœur reconnoissant ne reçoit pas moins d'éloges parmi eux que parmi nous.

§ VI.

22. *Il faut distinguer l'état naturel de l'homme , de
son abatardissement.*

A l'egard de ceux qui dans les païs
même les plus éclairés semblent n'avoir aucun sentiment de pudeur , d'humanité ni
de justice , il faut bien distinguer l'*état naturel* de l'homme, d'avec l'*abatardissement* où
il peut tomber par abus & par une suite
de dérèglement. Par exemple , quoi de
plus naturel que la tendresse paternelle ?
Cependant on a vu des hommes qui sem-
bloient l'avoir étouffée , & cela par la violence d'une passion , ou par la force d'une
tentation présente , qui suspendoit pour
un tems cette affection naturelle. Quoi de
plus fort encore que l'amour de nous-
mêmes & de notre conservation ? Il arrive
néanmoins que soit par colère , soit par
d'autres mouvemens qui mettent l'ame
hors de son assiéte , un homme se déchire
les membres , détruit son bien , ou se porte
un très-grand préjudice , comme s'il cher-
choit son malheur.

C 4   § VII.

§ VII.

3°. S'il y a des monstres dans l'ordre moral , ils sont rares, & cela ne tire point à conséquence.

Enfin, si l'on voit des gens, qui froide-
ment & sans aucun trouble dans l'ame ,
semblent avoir dépouillé toute affection
& toute estime pour la vertu ; outre que
de tels monstres sont , je le crois, aussi rares dans le monde moral que les monstres
le sont dans le monde physique , on voit
par-là tout au plus ce que peut une dépravation rafinée & invétérée. Car les
hommes ne naissent pas tels ; mais il se
peut que l'intérêt qu'ils ont à excuser &
à couvrir leurs vices , que l'habitude qu'ils
en ont contractée , & que certains sophis-
mes ausquels ils ont recours , étouffent
enfin ou corrompent en eux le *Sens moral*
dont nous parlions ; comme on voit que
toute autre faculté du corps ou de l'ame ,
peut s'altérer & se corrompre par un long
abus. Heureusement on remarque pourtant , que nos sens spirituels sont encore
moins sujets à se gâter & à se perdre, que
les sens corporels. Le principe s'en con-
serve presque toujours : c'est une lumière
qui lors même qu'elle paroît éteinte , peut
se

fe rallumer & jetter encore des lueurs,
comme on l'a vu chés de très-méchans
hommes, dans certaines conjonctures.

§ VIII.

Second moyen de difcerner le bien & le mal moral :
la Raifon.

Mais quoique Dieu ait mis en nous cet
inftinct ou ce *fentiment*, comme un premier
moyen de difcernement à l'égard du bien
& du mal moral, il ne s'en eft pas tenu là ;
il a voulu encore que la même lumière qui
nous fert de guide pour toute autre chofe, je veux dire, la Raison, vînt auffi
nous prêter fon fecours, pour mieux démêler & mieux comprendre les vraies régles de conduite que nous devons tenir.

J'appelle Raison, la faculté de comparer des idées, de trouver le rapport des
chofes entr'elles, & d'en tirer des conféquences. Cette belle faculté, qui eft le
flambeau de l'ame, nous fert ici à éclaircir, à prouver, à étendre, à appliquer ce
que le fentiment naturel indiquoit déja
touchant le jufte & l'injufte. Comme la
réfléxion, loin d'affoiblir la tendreffe paternelle, va au contraire à la fortifier, en
nous faifant obferver combien elle eft convenable

venable à la relation d'un père & d'un
fils , & au bien non-seulement d'une famille , mais de toute l'espéce; de même, le
sentiment naturel que nous avons de la
beauté & de l'excellence de la vertu , n'est
pas peu fortifié par les réfléxions que la
raison nous fait faire sur les fondemens ,
les motifs , les rapports , & les utilités tant
générales que particulières de cette même
vertu , qui nous sembloit si belle du premier coup d'œil.

§ IX.

Premier avantage de la Raison *sur l'*instinct : *elle sert
à le vérifier.*

On peut dire même que la lumière de
la raison a ici trois avantages sur ce premier instinct , ou sur le sentiment.

1°. Elle sert à en prouver la vérité & la
justesse ; comme on voit en d'autres choses que l'étude & les régles servent à vérifier la justesse du *goût* , en faisant voir
qu'il n'est point aveugle ni arbitraire ,
mais qu'il est fondé en raison, & qu'il a
ses principes : ou comme ceux même qui
ont le coup d'œil bon , jugent bien plus
sûrement de la distance ou de la figure
d'un objet , après l'avoir comparé , examiné

miné & mesuré tout à loisir , que s'ils
s'en étoient tenus à la première vue. On
voit aussi qu'il y a des opinions & des cou-
tumes, qui font une impression si forte &
si générale sur les esprits , qu'à n'en juger que par la force du sentiment qu'elles
excitent , on seroit en danger de prendre
le préjugé pour la vérité. C'est à la raison
qu'il appartient de redresser ce faux jugement , & de contrebalancer cet effet de
l'éducation , en rappellant les vrais principes sur lesquels nous devons juger les choses.

§ X.

Second avantage : la Raison *développe les principes,*
& elle en tire les conséquences.

2°. Un second avantage de la raison sur le
simple instinct , c'est qu'elle développe
mieux les idées , en les considérant dans
tous leurs rapports & dans toutes leurs conséquences. Car on voit souvent que ceux
qui n'ont que le premier sentiment , sont
embarrassés & se méprennent , quand il
s'agit d'en faire l'application à un cas tant
soit peu délicat ou compliqué. Ils sentent
bien les principes généraux ; mais ils ne
savent pas en suivre les diverses branches,
ni

ni faire les diſtinctions ou les exceptions
néceſſaires , ni les modifier ſuivant les
tems & les lieux. C'eſt l'affaire de la raiſon , qui s'en acquittera d'autant mieux
qu'on ſera plus ſoigneux de l'exercer & de
la cultiver.

§ XI.

Troiſiéme avantage : la Raiſon *eſt un moyen univer-*
ſel , & qui s'applique à tous les cas.

3°. Non-ſeulement la raiſon porte ſes
-vues plus loin que l'inſtinct , pour le développement & l'application des principes ; elle a auſſi une ſphère plus étendue ,
pour les principes même qu'elle découvre ,
& pour les objets qu'elle embraſſe. Car
l'inſtinct ne nous a été donné que pour un
petit nombre de cas ſimples , relatifs à
notre état naturel , & qui exigeoient une
prompte détermination. Mais outre ces
cas ſimples , où il eſt bon que l'homme
ſoit entraîné & déterminé par un premier
mouvement ; il y a des cas plus compoſés ,
qui réſultent des différens états de l'homme , de la combinaiſon de certaines circonſtances , & de la ſituation particulière
où chacun ſe trouve : ſurquoi l'on ne peut
ſe faire des régles que par un diſcernement
réfléchi ,

réfléchi , & par l'obfervation attentive des rapports & des convenances de chaque chofe.

Telles font les deux facultés que Dieu nous a données , pour faire le difcernement du bien & du mal. Ces deux facultés heureufement jointes , & fubordonnées l'une à l'autre , concourent au même effet. L'une donne la première indication , l'autre vérifie & prouve : l'une avertit des principes , l'autre applique ces principes & les développe : l'une fert de guide pour les cas les plus preffans & les plus néceffaires , l'autre démêle toutes fortes de convenances , &donne des régles pour les cas les plus particuliers.

C'eft ainfi que l'on peut parvenir à difcerner ce qui eft bon & jufte, ou, ce qui eft la même chofe , à connoître quelle eft la volonté de Dieu , par rapport à la conduite morale que nous devons tenir. Réuniffons à préfent ces deux moyens , pour trouver les principes des *Loix naturelles*.

CHA-

CHAPITRE IV.

Des Principes d'où la Raison peut déduire les Loix naturelles. *

§ I.

D'où il faut tirer les principes des Loix naturelles.

S I l'on demande après cela de quels principes la raison doit se servir, pour juger de ce qui appartient aux loix naturelles, & pour les déduire ou les développer ; je réponds en général, qu'il n'y a qu'à
faire attention à la nature de l'homme &
à ses états ou relations ; & comme ces relations sont différentes, il peut y avoir
aussi divers principes qui nous mènent à
la connoissance de nos devoirs.

Mais avant que d'en venir là, il sera
bon de faire quelques remarques prélimi-
naires sur ce qu'on appelle *Principes des
Loix naturelles*; & cela pour écarter d'avance les équivoques qui ont causé de l'embarras sur cette matière,

---

* *Voy.* sur ce Chap. & sur le suivant, *Pufendorf.*
Droit de la Nat. & des Gens. *Liv. II. Ch. III.*

§ II.

§ II.

1. Quand nous demandons ici quels sont les PREMIERS PRINCIPES DES LOIX NATURELLES , nous demandons quelles *sont ces vérités ou ces propositions primitives , par lesquelles nous pouvons effectivement connoître quelle est la volonté de Dieu à notre égard ;* & parvenir ainsi par de justes conséquences , à la connoissance des loix particulières, & des devoirs que Dieu nous impose par la droite raison.

2°. Il ne faut donc pas confondre les principes dont il est ici question , avec la cause efficiente & productrice des loix naturelles , ni avec le principe obligatoire de ces mêmes loix. Il est hors de doute , (& tout le monde en convient) que c'est la volonté de l'Etre suprême qui est la cause efficiente des loix de la nature , & la source de l'obligation qu'elles produisent. Mais cela posé , il reste encore à savoir comment l'homme peut parvenir à connoître cette volonté , & à trouver des principes qui en nous assurant de l'intention de Dieu , nous mettent en état d'en déduire

tous

tous les devoirs particuliers, autant qu'on peut les connoître par la seule raison. Vous demandez, par exemple, s'il est du droit naturel que l'on répare le dommage, ou que l'on soit fidéle à ses engagemens. Si l'on se contente de vous répondre : QUE la chose est incontestable, parceque Dieu le veut ainsi, il est bien manifeste que l'on ne satisfait pas suffisamment à votre question, & que vous pourriez encore demander raisonnablement, que l'on vous indiquât un principe qui vous fît véritablement connoître que telle est en effet la volonté de Dieu: car c'est-là ce que vous cherchez.

§ III.

Caractères de ces Principes.

3°. REMARQUONS ensuite que les premiers principes des loix naturelles doivent être, non-seulement *vrais*, mais encore *simples*, *clairs*, *suffisans* & *propres* à ces loix.

Ils doivent être vrais, c'est-à-dire, qu'il faut les puiser dans la nature & dans l'état des choses. Des principes faux ou supposés ne pourroient produire que des conséquences de même nature ; on n'élévera jamais un édifice solide sur des fondemens ruineux.

Ils

Ils doivent être fimples & clairs par eux-
mêmes , ou du moins faciles à faifir & à
développer. Car les loix naturelles étant
obligatoires pour tous les hommes , il faut
que leurs premiers principes foient à la
portée de tout le monde , & qu'avec le
fens-commun chacun puiffe s'en inftruire
aifément. Ce ne feroit donc pas fans raifon qu'on fe défieroit de principes recher-
chés , fubtils , ou trop métaphyfiques.

J'ajoute que ces principes doivent être
fuffifans & univerfels. Il faut que l'on en
puiffe déduire par des conféquences immédiates & naturelles ; toutes les loix de
la nature & tous les devoirs qui en réfultent ; en forte que l'expofition des détails
ne foit proprement que l'explication des
principes ; à peu près comme la production
ou l'accroiffement d'une plante n'eft autre
chofe que le développement du germe ou
de la femence.

Et comme la plupart des loix naturelles
font fujettes à diverfes exceptions , il eft
encore néceffaire que les principes foient
tels qu'ils renferment la raifon des exceptions mêmes ; & que non-feulement on en
puiffe tirer toutes les régles ordinaires de
la Morale , mais qu'ils fervent de plus à

II. Partie.   D   ref-

reſtreindre ces régles, quand le lieu, le
tems & l'occaſion le demandent.

Enfin, ces premiers principes doivent être
établis de telle manière, qu'ils ſoient effectivement le fondement propre & direct
de tous les devoirs de la loi naturelle ; en
ſorte que, ſoit que l'on parte du principe
pour en déduire les conſéquences, ſoit
que l'on remonte des conſéquences au principe, la ſuite des raiſonnemens ſoit toujours immédiate, & que le fil, pour ainſi
dire, n'en ſoit jamais interrompu.

§ IV.

Faut-il tout réduire à un ſeul Principe ?

Au reſte, c'eſt, à parler en général, une
choſe indifférente, que l'on réduiſe tout
à un ſeul principe, ou que l'on en poſe pluſieurs. Il faut conſulter & ſuivre en cela
les régles d'une méthode judicieuſe & préciſe. Ce que l'on peut dire là-deſſus, c'eſt
qu'il ne paroît nullement néceſſaire à la
ſolidité ou à la perfection du ſyſtème, que
toutes les loix naturelles ſe déduiſent d'u-
ne ſeule & unique maxime fondamentale :
peut-être même la choſe n'eſt-elle pas poſſible. Quoiqu'il en ſoit, c'eſt un travail
d'eſprit

d'efprit affés inutile , que de vouloir tout
ramener à cette unité.

Telles font les remarques générales que
nous avions à propofer. Si elles fe trouvent juftes , nous en tirerons ce double
avantage ; qu'elles nous feront connoître
la méthode qu'il faut fuivre pour trouver
& pour établir les vrais principes des loix
naturelles , & qu'en même tems elles nous
donneront le moyen de porter un jugement folide des différens fyftêmes que l'on
a fuivis à cet égard. Mais il eft tems d'entrer en matière.

§ V.

L'homme ne peut parvenir à la connoiffance des Loix
naturelles , qu'en examinant fa nature , fa
conftitution & fon état.

LE feul moyen de parvenir à la connoiffance des loix naturelles , c'eft de confidérer avec attention la nature de l'homme ,
fa conftitution , les relations qu'il a avec
les êtres qui l'environnent , & les états qui
en réfultent. En effet , le terme même de
Droit naturel , & la notion que nous en
avons donnée , font voir que les principes
de cette fcience ne peuvent être puifés que
dans la nature même & dans la conftitu-

D 2   tion

tion de l'homme. Voici donc deux pro-
pofitions générales , que nous poferons
comme le fondement de tout le fyftême
des loix de la nature.

I. PROPOSITION. *TOUT ce qui eft dans*
la nature de l'homme & dans fa conftitution
primitive & originaire , & tout ce qui eft une
fuite néceffaire de cette nature & de cette
conftitution , nous indique certainement quelle
eft l'intention ou la volonté de Dieu par rap-
port à l'homme , & par conféquent nous fait
connoître les loix naturelles.

II. PROPOSITION. *MAIS pour avoir un*
fyftême complet des loix naturelles , il faut
non-feulement confidérer la nature de l'hom-
me telle qu'elle eft en elle-même; il eft néceffai-
re encore de faire attention aux relations qu'il
a avec les autres êtres, & aux divers états qui
en font la fuite : autrement , il eft bien ma-
nifefte qu'on n'auroit qu'un fyftême incom-
plet & défectueux.

On peut dire donc que le fondement
général du fyftême des loix naturelles ,
C'EST la nature de l'homme prife avec toutes les circonftances qui l'accompagnent ,
& dans lefquelles Dieu lui-même l'a placé
pour de certaines fins; entant que par ce
moyen on peut connoître quelle eft la
volonté

volonté de Dieu. En un mot, l'homme
tenant de la main de Dieu lui-même tout
ce qu'il est, tant pour son existence que
pour sa manière d'exister; c'est l'homme
seul bien étudié, qui nous instruira pleinement des vues que Dieu s'est proposées
en nous donnant l'être, & par conséquent
des régles que nous devons suivre pour
remplir ces vues du Créateur.

§ VI.

Trois états de l'homme.

Pour cet effet, il faut rappeller ce qui
a été dit ci-dessus, de la manière dont on
peut envisager l'homme sous trois égards
ou dans trois états différens, qui embrassent toutes ses relations particulières. Premièrement, on peut le considérer comme
créature de Dieu, & comme tenant de
lui la vie, la raison & tous les avantages
dont il jouit. Secondement, l'homme peut
être considéré en lui-même, comme un
être composé d'un corps & d'une ame, &
doué de plusieurs facultés différentes;
comme un être qui s'aime naturellement
lui-même, & qui souhaite nécessairement
sa propre félicité. Enfin, l'on peut envisa-

ger

ger l'homme comme faisant une portion
du genre humain , comme placé sur la
terre à côté d'autres êtres semblables à lui,
& avec lesquels il est porté , & même obligé par sa condition naturelle , de vivre en
société. Tel est dans le fait le système de
l'humanité ; d'où résulte la distinction de
nos devoirs la plus commune & la plus
naturelle , prise des trois différens états
dont nous venons de parler : devoirs envers Dieu , devoirs envers nous-mêmes ,
& devoirs envers les autres hommes. *

§ VII.

La Religion : *principe des loix naturelles qui ont*
Dieu pour objet.

PREMIEREMENT , la raison nous faisant
connoître Dieu comme l'Etre existant par
lui-même , & le souverain Seigneur de tou-

---

* On trouve cette division dans *Cicéron.* « La Phi-
» losophie , dit-il , nous enseigne premièrement le
» culte de la Divinité , ensuite les devoirs mutuels
» des hommes , qui sont fondés sur la société du
» genre humain , & enfin la modération & la gran-
» deur d'ame. » *Hæc* (*Philosophia*) *nos primum ad*
illorum Deorum) *cultum , deinde ad jus hominum ,*
quod situm est in generis humani societate , tum ad
modestiam magnitudinemque animi erudivit. Tusc.
Quæst. Lib. I. Cap. XXVI.

tes

tés chofes , & en particulier comme notre
créateur , notre confervateur & notre bienfaiteur , il s'enfuit que nous devons néceffairement reconnoître la fouveraine perfection de cet Etre fuprême , & la dépendance abfolue où nous fommes de lui : ce
qui par une conféquence naturelle , produit en nous des fentimens de refpect ,
d'amour & de crainte , avec un entier dévouement à fa volonté. Car pourquoi Dieu
fe feroit-il ainfi manifefté aux hommes par
la raifon , fi ce n'eft afin que les hommes
le connoiffant , ayent de lui des fentimens
proportionnés à l'excellence de fa nature ,
c'eft-à-dire , qu'ils l'honorent , qu'ils l'aiment , qu'ils l'adorent & lui obéiffent ?

§ VIII.

Confequences de ce principe.

Un refpect infini eft l'effet naturel de
l'impreffion que fait fur nous la vue de
toutes les perfections divines. L'amour &
la reconnoiffance ne peuvent fe refufer à un
Etre fouverainement bienfaifant. La crainte de lui déplaire ou de l'offenfer , eft une
fuite naturelle de l'idée que nous avons de
fa juftice & de fa puiffance ; & l'obéiffance

ne

ne peut que suivre de la connoissance de
sa légitime autorité sur nous , de sa bonté
& de sa haute sagesse , qui nous conduit
toujours par la voie la plus convenable à
notre nature & à notre bonheur. L'assemblage de tous ces sentimens , bien gravés
dans le cœur , se nomme PIETE'.

La Piété , si elle est bien réelle , se ma-
manifestera au dehors en deux manières , par
les *mœurs* & par le *culte*. Je dis 1°. par les
mœurs , parcequ'un homme pieux & véritablement pénétré des sentimens dont nous
parlons , se trouve naturellement porté à
parler & à agir de la manière qu'il sait être
la plus conforme à la volonté & aux perfections de Dieu : c'est-là sa régle & son
modéle ; d'où résulte la pratique des plus
excellentes vertus.

2°. Mais outre cette manière d'honorer
Dieu , qui est sans contredit la plus nécessaire & la plus réelle , un homme religieux
se fera un devoir & un plaisir , de fortifier
en lui ces sentimens de piété , & de les exciter dans les autres. De-là dérive le CULTE
EXTERIEUR , tant particulier que public.
Car soit que l'on envisage ce culte comme
étant le premier , & presque le seul moyen
d'exciter , d'entretenir & de perfectionner
dans

dans le cœur les sentimens de religion & de piété ; soit qu'on le considére comme un hommage que les hommes réunis par des sociétés particulières ou publiques, rendent à Dieu en commun ; soit que l'on joigne ces deux vues ; la raison nous en fait un devoir d'une nécessité indispensable.

Ce culte peut bien varier quant à la forme ; mais il y a pourtant un principe naturel qui en détermine le fonds & l'essence, & qui en écarte les pratiques frivoles ou superstitieuses : c'est QU'IL doit consister à instruire les hommes, & à les rendre pieux & vertueux, en leur donnant de justes idées de la nature de Dieu & de ce qu'il exige de nous.

Les différens devoirs que nous venons d'indiquer constituent la RELIGION. On peut la définir : *Ce lien qui attache l'homme à Dieu & à l'observation de ses loix, par les sentimens de respect, d'amour, de soumission & de crainte, qu'excitent dans notre esprit les perfections de l'Etre suprême, & l'entière dépendance où nous sommes de lui, comme de notre Créateur tout sage & tout bon.*

C'est ainsi qu'en étudiant notre nature & notre état, nous trouvons dans la relation que nous avons avec Dieu, le principe

cipe propre d'où dérivent immédiatement les devoirs de la loi naturelle qui ont Dieu pour objet.

§ IX.

L'amour de soi-même : principe des loix naturelles qui nous concernent nous-mêmes.

Si l'on cherche ensuite le principe des devoirs qui nous regardent nous-mêmes, il ne sera pas difficile de le découvrir, en examinant quelle est la constitution intérieure de l'homme, quelles ont été les vues du Créateur par rapport à lui, & pour quelles fins il lui a donné ces facultés d'esprit & de corps qui constituent sa nature.

Or il est de la dernière évidence, que Dieu en nous créant, s'est proposé notre conservation, notre perfection & notre bonheur. C'est ce qui paroît manifestement, & par les facultés dont l'homme est enrichi, qui tendent toutes à ces fins, & par cette forte inclination qui nous porte à rechercher le bien & à fuir le mal. Dieu veut donc : *QUE chacun travaille à sa conservation & à sa perfection, pour acquérir tout le bonheur dont il est capable, conformément à sa nature & à son état.*

Cela

Cela étant, on peut dire que l'ᴀᴍᴏᴜʀ ᴅᴇ ꜱᴏɪ-ᴍᴇꜱᴍᴇ, (j'entends un amour éclairé & raifonnable) peut tenir lieu de premier principe à l'égard des devoirs qui concernent l'homme lui-même ; entant que ce fentiment étant inféparable de la nature humaine , & ayant Dieu pour auteur, nous fait connoître clairement quelle eft à cet égard la volonté de l'Etre fuprême.

Mais il faut bien remarquer que l'amour de nous-mêmes ne peut nous fervir ici de principe & de régle, qu'autant qu'il eft dirigé par la droite raifon, conformément à ce que demande notre nature & notre état. Car ce n'eft que de cette manière qu'il devient pour nous l'interprête de la volonté du Créateur : c'eft-à-dire , qu'il doit être ménagé de telle manière qu'il ne bleſſe ni les loix de la Religion, ni celles de la fociabilité. Autrement , cet amour-propre deviendroit la fource de mille injuftices ; & loin de nous être utile, il nous tourneroit à piége, par le contre-coup que ces mêmes injuftices ne manque-roient pas de nous porter.

§ X.

Loix naturelles qui dérivent de ce principe.

De ce principe ainfi pofé , il eft aifé de
déduire

déduire les loix naturelles & les devoirs
qui nous concernent directement. Le dé-
fir de notre bonheur emporte premièrement le foin de notre confervation. Il veut
enfuite que, toutes chofes d'ailleurs égales,
le foin de l'ame ait la préférence fur celui
du corps. Il ne faut rien négliger pour perfectionner notre raifon, en apprenant à
difcerner le vrai du faux, l'utile du nuifi-
ble, pour acquérir une jufte connoiffance
des chofes qui nous intéreffent, & pour en
bien juger. C'eft en cela que confifte la
perfection de l'entendement, ou la SAGESSE.
Il faut après cela fe déterminer & agir
conftamment fuivant cette lumière, no-
nobftant toute fuggeftion & toute paffion
contraire. Car c'eft proprement cette force ou cette perfévérance de l'ame à fuivre
les confeils de la SAGESSE, qui conftitue la
VERTU, & qui fait la perfection de la volonté, fans quoi les lumières de l'entendement ne feroient d'aucun ufage.

De-là naiffent toutes les régles particulières. Vous demandez, par exemple, fi
la modération des paffions eft un devoir
que la loi naturelle nous impofe. Pour
vous répondre, je demanderai à mon tour,
fi cela eft néceffaire à notre confervation,

à

a notre perfection & à notre félicité. Si cela est, comme on n'en sauroit douter, la question est décidée. Veut-on savoir encore si l'amour du travail, si le discernement des plaisirs permis ou défendus, si la retenue dans l'usage des plaisirs permis, si la patience, la constance, la fermeté, &c. sont des devoirs naturels ; je répondrai toujours en faisant usage du même principe ; & pourvu que je l'applique bien, ma réponse ne peut être que bonne & juste, parceque le principe me conduit sûrement au but, en me faisant connoître la volonté de Dieu.

§ XI.

L'homme est fait pour la société.

Mais il nous reste encore à savoir quel est le principe d'où l'on peut déduire les loix naturelles qui regardent nos devoirs réciproques, & qui ont pour objet la société. Voyons si nous pourrons le découvrir en suivant la même méthode. Il faut toujours consulter le fait & l'état des choses, pour en prendre le résultat.

Je ne suis pas seul sur la terre : je me trouve au milieu d'une infinité d'autres hommes semblables à moi en toutes choses,

ses, & c'est la naissance même qui m'assujettit à cet état; c'est le fait de la Providence. Cela me porte naturellement à penser, que l'intention de Dieu n'a pas été que chaque homme vécût seul & séparé des autres; & qu'il a voulu au contraire qu'ils vécussent ensemble & unis en société. Le Créateur auroit pu sans doute former tous les hommes à la fois; mais séparés, en donnant à chacun d'eux des qualités propres & suffisantes pour ce genre de vie solitaire. S'il n'a pas suivi cette route, c'est apparemment parcequ'il a voulu que les liens du sang & de la naissance commençassent à former entre les hommes cette union plus étendue qu'il vouloit établir entr'eux.

Plus j'examine la chose, & plus je m'affermis dans cette pensée. La plupart des facultés de l'homme, ses inclinations naturelles, sa foiblesse & ses besoins, sont autant de preuves certaines de cette intention du Créateur.

§ XII.

1°. *La Société est absolument nécessaire à l'homme.*

TELLE est en effet la nature & la constitution de l'homme, que hors de la société,

il

il ne sauroit ni conserver sa vie , ni développer & perfectionner ses facultés & ses
talens, ni se procurer un vrai & solide
bonheur. Que deviendroit, je vous prie,
un enfant , si une main bienfaisante & se-
courable ne pourvoyoit à ses besoins ? Il
faut qu'il périsse , si personne ne prend
soin de lui ; & cet état de foiblesse & d'indigence demande même des secours long-
tems continués. Suivez-le dans sa jeunesse ;
vous n'y trouverez que grossiéreté , qu'i-
gnorance , & qu'idées confuses qu'il pourra à peine communiquer ; vous ne verrez
en lui , s'il est abandonné à lui-même ,
qu'un animal sauvage , & peut-être féroce ;
ignorant toutes les commodités de la vie ,
plongé dans l'oisiveté , en proie à l'ennui ,
& presque hors d'état de pourvoir aux premiers besoins de la nature. Parvient-on à
la vieillesse ? c'est un retour d'infirmités
qui nous rendent presque aussi dépendans
des autres , que nous l'étions dans l'enfance. Cette dépendance se fait encore plus
sentir dans les accidens & dans les maladies. Que deviendroit l'homme alors , s'il
se trouvoit dans la solitude ? Il n'y a que
le secours de nos semblables qui puisse nous
garantir de divers maux , ou y remédier ,

&

& nous rendre la vie douce & heureuſe ;
à quelque âge & dans quelque ſituation
que nous ſoyons. C'eſt ce que dépeignoit
fort bien SENEQUE * : « D'où dépend
« notre ſureté, ſi ce n'eſt des ſervices que
« l'on ſe rend mutuellement ? Il n'y a que
« ce commerce de bienfaits qui rende la
« vie commode , & qui nous mette en état
« de nous défendre contre les inſultes &
« les invaſions imprévues. Quel ſeroit le
« ſort du genre humain , ſi chacun vivoit
« à part ? Autant d'hommes , autant de
« proies & de victimes pour les autres ani-
« maux , un ſang fort aiſé à répandre ,
« en un mot, la foibleſſe même. En effet ,
« les autres animaux ont des forces ſuffi-
« ſantes pour ſe défendre : tous ceux qui
« doivent être vagabonds, & à qui leur
« férocité ne permet pas de vivre en trou-
« pe, naiſſent , pour ainſi dire¹, armés; au
« lieu que l'homme eſt de toutes parts en-
« vironné de foibleſſe , n'ayant pour armes
« ni dents ni griffes. Mais les forces qui
« lui manquent quand il eſt ſeul, il les
« trouve en s'uniſſant avec ſes ſemblables.
« La Nature pour le dédommager , lui a
« donné deux choſes , qui d'inférieur qu'il

* Senec. De benef. *Liv. IV. Ch.* 18.

seroit

« seroit autrement, le rendent supérieur
« & très-fort, je veux dire la raison & la
« sociabilité, par où celui qui seul ne pou-
« voit résister à personne, devient le maî-
« tre de tout. La société lui donne l'empire
« sur les autres animaux. La société fait
« que non content de l'élément où il est
« né, il étend son domaine jusque sur la
« mer. C'est la même union qui lui four-
« nit des remédes dans ses maladies, des
« secours dans sa vieillesse, du soulage-
« ment à ses douleurs & à ses chagrins ;
« c'est elle qui le met, pour ainsi dire, en
« état de braver la fortune. Otez la socia-
« bilité, vous détruirez le genre humain,
« d'où dépend la conservation & tout le
« bonheur de la vie *,

* » Quo ʼalio tuti sumus quàm quòd mutuis
» juvamur officiis ? Hoc uno instructior vita, con-
» traque incursiones subitas, munitior est, benefi-
» ciorum commercio. Facinos singulos, quid sumus ?
» præda animalium & victimæ, ac bellissimus & fa-
» cillimus sanguis. Quoniam cæteris animalibus in
» tutelam suî satis virium est : quæcunque vaga nas-
» cuntur, & actura vitam segregem, armata sunt.
» Hominem imbecillitas cingit ; non unguium vis,
» non dentium, terribilem cæteris fecit. Nudum &
» infirmum societas munit. Duas res dedit quæ illum,
» obnoxium cæteris, validissimum facerent, ratio-

§ XIII.

2°. *L'homme est par sa constitution très-propre à la société.*

L A société étant si nécessaire à l'homme, Dieu lui a aussi donné une constitution, des facultés & des talens qui le rendent très-propre à cet état. Telle est, par exemple, la faculté de la parole, qui nous donne le moyen de nous communiquer nos pensées avec tant de facilité & de promptitude, & qui hors de la société ne seroit d'aucun usage. On peut dire la même chose du penchant à l'imitation, & de ce merveilleux méchanisme qui fait que les passions & toutes les impressions de l'ame se communiquent si aisément d'un cerveau à l'autre. Il suffit qu'un homme paroisse ému, pour nous émouvoir & nous attendrir

» nem & societatem. Itaque, qui par esse nulli pos-
» set si seduceretur, rerum potitur. Societas illi do-
» minium omnium anima ium dedit. Societas terris
» genitum, in alienæ naturæ, transmisit imperium,
» & dominari etiam in mari jussit. Hæc morborum
» impetus arcuit, senectuti adminicula prospexit,
» solatia contra dolores dedit. Hæc fortes nos facit,
» quòd licet contra fortunam advocare. Hanc socie-
» tatem tolle, & unitatem generis humani, quâ
» vita sustinetur, scindes. *Seneca.* De benef. L. IV.
» C. 18.

comme

comme lui. (*a*) Si quelqu'un nous abor-
de avec la joie peinte fur le vifage, il excite en nous un fentiment de joie. Les lar-
mes d'un inconnu nous touchent, avant
même que nous en fachions la caufe ; *b* &
les cris d'un homme qui ne tient à nous
que par l'humanité, nous font courir à
fon fecours, par un mouvement machinal
qui précéde toute délibération.

Ce n'eft pas tout. Nous voyons que la
Nature a voulu partager & diftribuer dif-
féremment les talens entre les hommes,
en donnant aux uns une aptitude à bien
faire certaines chofes, qui font comme
impoffibles à d'autres ; tandis que ceux-ci
à leur tour ont une induftrie qu'elle a refu-
fée aux premiers. Ainfi, fi les befoins naturels des hommes les font dépendre les uns
des autres, la diverfité des talens, qui les
rend propres à s'aider mutuellement, les
lie & les unit. Ce font-là autant d'indices
bien manifeftes de la deftination de l'homme pour la fociété.

(*a*) Homo fum ; humani nihil à me alienum pu-
to *Terent.* Eautont.
(*b*) Ut ridentibus arrident, ita flentibus adfunt
humani vultus. *Horat.* de Art. Poët. **v.** 101.

E 2   § XIV.

§ XIV.

3°. Nos inclinations naturelles nous portent à re-
chercher la société.

MAIS si nous consultons notre penchant,
nous sentirons aussi que notre cœur se porte naturellement à souhaiter la compagnie
de nos semblables , & à craindre une solitude entière comme un état d'abandon &
d'ennui. Quoiqu'on ait vu de tems en tems
quelques personnes se jetter dans une vie
tout-à-fait solitaire , on ne peut regarder
cela que comme l'effet de la superstition ,
ou de la mélancolie , ou d'un esprit de
singularité , fort éloigné de l'état naturel.
Que si l'on recherche d'où nous vient cette
inclination liante & sociable , on trouvera
qu'elle nous a été donnée très-à-propos par
l'Auteur de notre être ; parceque c'est
dans la société que l'homme trouve le re-
méde à la plupart de ses besoins , & l'occasion d'exercer la plupart de ses facultés.
C'est-là sur-tout qu'il peut éprouver & ma-
nifester ces sentimens ausquels la Nature
a attaché tant de douceur , la bienveillance , l'amitié , la compassion , la générosité. Car tel est le charme de ces affections
sociales , que de-là naissent nos plaisirs les
plus

plus purs. Rien en effet de fi fatisfaifant
ni de fi flatteur que de penfer que l'on mérite l'eftime & l'amitié d'autrui. La fçience
acquiert un nouveau prix quand elle peut
fe produire au-dehors ; & jamais la joie
n'eft plus vive que lors qu'on peut la faire
éclater aux yeux des autres , ou la répandre dans le fein d'un ami : elle redouble
en fe communiquant ; parcequ'à notre propre fatisfaction fe joint l'agréable idée que
nous en caufons auffi aux autres , & que
par là nous les attachons davantage à nous.
Le chagrin au contraire , diminue & s'a-
doucit en le partageant avec quelqu'un ,
comme un fardeau s'allége quand une perfonne officieufe nous aide à le porter.

Ainfi tout nous invite à l'état de fociété : le befoin nous en fait une néceffité ,
le penchant nous en fait un plaifir , & les
difpofitions que nous y apportons naturellement nous montrent que c'eft en effet
l'intention de notre Créateur.

§ X V.

La Sociabilité : *principe des loix naturelles qui fe*
rapportent à autrui.

MAIS la fociété humaine ne pouvant ni
fubfifter , ni produire les heureux effets

pour lesquels Dieu l'a établie, à moins que
les hommes n'ayent les uns pour les autres
des sentimens d'affection & de bienveillance; il s'ensuit que Dieu notre créateur
& notre père commun, veut que chacun
soit animé de ces sentimens, & fasse tout
ce qui est en son pouvoir pour maintenir
cette société dans un état avantageux &
agréable, & pour en resserrer de plus en
plus les nœuds par des services & des bienfaits réciproques.

Voilà donc le vrai principe des devoirs
que la loi naturelle nous prescrit à l'égard
des autres hommes. Les Moralistes lui ont
donné le nom de SOCIABILITE'; par où ils
entendent, *Cette disposition qui nous porte à
la bienveillance envers nos semblables, à
leur faire tout le bien qui peut dépendre de
nous, à concilier notre bonheur avec celui
des autres, & à subordonner toujours notre
avantage particulier à l'avantage commun &
général.*

Plus nous nous étudierons nous-mêmes,
plus nous serons convaincus que cette sociabilité est en effet conforme à la volonté de
Dieu. Car outre la nécessité de ce principe,
nous le trouvons gravé dans notre cœur.
Si d'un côté le Créateur y a mis l'amour de
nous-

nous-mêmes, de l'autre la même main y a imprimé un sentiment de bienveillance pour nos semblables. Ces deux penchans, quoique distincts l'un de l'autre, n'ont pourtant rien d'opposé ; & Dieu qui les a mis en nous, les a destinés à agir de concert, pour s'entr'aider, & nullement pour se détruire. Aussi les cœurs bien faits & généreux trouvent-ils la satisfaction la plus pure à faire du bien aux autres hommes, parcequ'ils ne font en cela que suivre une pente que la Nature leur a donnée.

§ XVI.

Loix naturelles qui découlent de la sociabilité.

Du principe de la sociabilité découlent comme de leur source, toutes les loix de la société, & tous nos devoirs envers les autres hommes tant généraux que particuliers.

1. *Le Bien commun doit être la régle suprême.*

Cette union que Dieu a établie entre les hommes exige d'eux que dans tout ce qui a quelque rapport à la société, le Bien commun soit la régle suprême de leur conduite ; & qu'attentifs aux conseils de la prudence, ils ne cherchent jamais leur avantage particulier au préjudice de l'avantage public. Car voilà ce que demande leur état, & par conséquent c'est la volonté de leur commun père.

2. L'esprit de Sociabilité doit être universel.

L'ESPRIT DE SOCIABILITÉ' doit être UNIVERSEL. La société humaine embrasse tous les hommes avec lesquels on peut avoir quelque commerce ; puisqu'elle est fondée sur les relations qu'ils ont tous ensemble, en conséquence de leur nature & de leur état *.

3. Observer l'égalité naturelle.

La raison nous dit ensuite que des créatures du même rang, de la même espéce, nées avec les mêmes facultés, pour vivre ensemble & pour participer aux mêmes avantages, ont en général un droit égal & commun. Nous sommes donc obligés DE NOUS REGARDER COMME NATURELLEMENT EGAUX, ET DE NOUS TRAITER COMME TELS; & ce seroit démentir la nature, que de ne pas reconnoître ce principe d'EQUITE' (que les Jurisconsultes nomment *Æquabilitas juris*) comme un des premiers fondemens de la société. C'est là-dessus qu'est fondée la loi du RECIPROQUE ; de même

---

* *Voy.* Pufend. Droit de la Nat. & des Gens, Liv. II. Ch. III. § 15.

que

que cette régle si simple , mais d'un usage universel : Que nous devons être à l'égard des autres hommes dans les mêmes dispositions où nous desirons qu'ils soient à notre égard , & nous conduire toujours avec eux de la même manière que nous voulons qu'ils se conduisent avec nous , dans des circonstances pareilles.

4. *Conserver la bienveillance , même envers nos enne-* *mis. La défense est permise , mais non la vengeance.*

La sociabilité étant d'une obligation réciproque entre les hommes , ceux qui par leur malice ou leur injustice rompent le lien de la société , ne sauroient se plaindre raisonnablement , si ceux qu'ils offensent ne les traitent plus comme amis , ou même s'ils en viennent contr'eux à des voies de fait.

Mais si l'on est en droit de suspendre à l'égard d'un ennemi les actes de bienveillance , il n'est jamais permis d'en étouffer le principe. Comme il n'y a que la *nécessité* qui nous autorise à recourir à la force contre un injuste aggresseur , c'est aussi cette même nécessité qui doit être la régle & la mesure du mal que nous pouvons lui faire ; & nous devons toujours être disposés à rentrer en amitié avec lui , dès qu'il nous

aura

aura rendu justice , & que nous n'aurons plus rien à craindre de sa part.

Il faut donc bien distinguer la JUSTE DÉFENSE de soi-même, de la VENGEANCE. La première ne fait que suspendre par nécessité & pour un tems, l'exercice de la bienveillance , & n'a rien d'opposé à la sociabilité. Mais l'autre étouffant le principe même de la bienveillance , met à sa place un sentiment de haine & d'animosité, vicieux en lui-même , contraire au bien public , & que la loi naturelle condamne formellement.

§ X V I I.
Conséquences particulières.

CES régles générales sont fertiles en conséquences.

Il ne faut faire aucun tort à autrui, ni en paroles , ni en actions ; & l'on doit réparer tout dommage : car la société ne sauroit subsister, si l'on se permet des injustices.

Il faut être sincère dans ses discours , & tenir ses engagemens : car quelle confiance les hommes pourroient-ils prendre les uns aux autres , & quelle sûreté y auroit-il dans le commerce, s'il étoit permis de tromper & de violer la foi donnée ?

Il

Il faut rendre à chacun non-seulement le bien qui lui appartient, mais encore le bien qui lui appartient, mais encore le dégré d'estime & d'honneur qui lui est dû, selon son état & son rang : parceque la subordination est le lien de la société, & que sans cela il n'y auroit aucun ordre dans les familles, ni dans le gouvernement civil.

Mais si le bien public demande que les inférieurs obéissent, le même bien public veut que les supérieurs conservent les droits de ceux qui leur sont soumis, & qu'ils ne les gouvernent que pour les rendre plus heureux.

Il y a plus. Les hommes se prennent par le cœur & par les bienfaits; & rien n'est plus convenable à l'humanité, ni plus utile à la société, que la compassion, la douceur, la bénéficence, la générosité. * Ce qui fait dire à Ciceron, que « Comme il n'y a rien de plus vrai que ce beau « mot de Platon, Que nous ne sommes « pas nés seulement pour nous-mêmes, « mais aussi pour notre patrie & pour nos « amis; & que comme disent les Stoi- « ciens : Si les productions de la terre sont « pour les hommes, les hommes eux-mê- « mes sont nés les uns pour les autres,

c'est-

« c'eſt-à-dire, pour s'entr'aider, & ſe fai-
« re du bien mutuellement ; nous devons
« tous entrer dans les deſſeins de la Natu-
« re, & ſuivre notre deſtination, en con-
« tribuant chacun du ſien pour l'utilité
« commune, par un commerce réciproque
« & perpétuel de ſervices & de bons offices,
« n'étant pas moins empreſſés à donner
« qu'à recevoir, & employant, non-ſeu-
« lement nos ſoins & notre induſtrie,
« mais nos biens mêmes, à ſerrer de plus
« en plus les nœuds de la ſociété humai-
« ne *.

Puis donc que tous les ſentimens & tous
les actes de juſtice & de bonté, ſont les
ſeuls & vrais liens qui attachent les hommes les uns aux autres, & qui peuvent

----

* » Sed quoniam, (ut præclarè ſcriptum eſt
» à *Platone*,) non nobis ſolùm nati ſumus, ortûſ-
» que noſtri partem patria vindicat, partem amici :
» atque, (ut placet *Stoïcis*) quæ in terris gignuntur,
» ad uſum hominum omnia creari, homines autem
» hominum cauſâ eſſe generatos, ut ipſi inter ſe
» aliis alii prodeſſe poſſent : in hoc Naturam debe-
» mus ducem ſequi, & communes utilitates in me-
» dium afferre, mutatione officiorum, dando, ac-
» cipiendo : tum artibus, tum operâ, tum faculta-
» tibus devincere hominum inter homines ſocieta-
» tem. « De Offic. Lib. I. Cap. V I I.

rendre

rendre la société stable, tranquille & flo-
rissante; il faut regarder ces vertus comme
autant de devoirs que Dieu nous impose;
par la raison que tout ce qui est nécessaire
à son but, est par cela-même conforme à
sa volonté.

§ XVIII.

Ces trois principes ont tous les caractères requis.

Il y a donc trois principes généraux des
loix naturelles, relativement aux trois
états de l'homme que nous avons indiqués;
1°. La Religion, 2°. L'Amour de soi-
mesme, & 3°. La Sociabilité, ou La Bienveillance envers les autres hommes.

Ces principes ont tous les caractères que
nous demandions ci-dessus. Ils sont *vrais*;
puisqu'ils sont pris dans la nature de l'homme, dans sa constitution & dans l'état où
Dieu l'a mis. Ils sont *simples* & à la portée
de tout le monde; ce qui est un point important, parcequ'en matière de devoirs,
il ne faut que des principes que chacun
puisse saisir aisément, & qu'il y a toujours
du danger dans la subtilité d'esprit qui fait
chercher des routes singulières & nouvelles. Enfin, ces mêmes principes sont *suffisans* & *très-féconds*; puisqu'ils embrassent

tous

tous les objets de nos devoirs , & nous
font connoître la volonté de Dieu dans
tous les états & dans toutes les relations de
l'homme.

§ XIX.

Remarques sur le système de Pufendorf.

Il est vrai que Pufendorf réduit la
chose à moins , en posant la seule Sociabilité' pour fondement de toutes les loix
naturelles. Mais on a remarqué avec raison que cette méthode est défectueuse. Car
le principe de la sociabilité ne fournit
point le fondement propre & direct de
tous nos devoirs. Ceux qui ont Dieu pour
objet , & ceux qui se rapportent à l'homme lui-même , ne découlent pas directement & immédiatement de cette source :
ils ont leur principe propre & particulier.
Supposons un homme dans la solitude : il
ne laisseroit pas d'avoir encore plusieurs
devoirs naturels à remplir ; comme d'aimer & d'honorer Dieu , de se conserver
lui-même , de cultiver autant qu'il le pourroit ses facultés , &c. J'avoue que le principe de la sociabilité est le plus étendu , &
que les deux autres ont avec lui une liaison
naturelle ; mais on ne doit pas pour cela
les

les confondre , comme s'ils n'avoient pas
leur force propre & indépendante de la
sociabilité. Ce sont trois différens ressorts
qui donnent au système de l'humanité le
mouvement & l'action ; ressorts distincts
l'un de l'autre , mais qui agissent tous à la
fois pour l'exécution des vues du Créateur.

§ XX.

On a poussé trop loin la critique à son égard.

Disons cependant à la justification de
Pufendorf , & suivant la judicieuse remarque de M. Barbeyrac, que la plupart
des critiques que l'on a faites de son systême , comme étant défectueux par le principe , ont été poussées trop loin. Cet illus-
tre restaurateur du Droit naturel déclare ,
qu'il n'a proprement en vue que d'expliquer les devoirs mutuels des hommes :
* or il n'avoit besoin pour cela que du
principe de la sociabilité. Selon lui , nos
devoirs envers Dieu font partie de la théologie naturelle ; & la Religion ne trouve
sa place dans un traité de Droit naturel ,
qu'entant qu'elle est le plus ferme appui de

* *Voy.* Droit de la Nat. & des Gens. Liv. II.
C. III. § 19. Specim. Controvers. Ch. V. § 25. Spici-
leg. Controvers. Ch. I. § 14.

la

la société. Quant aux devoirs qui concernent l'homme lui-même, il les fait dépendre en partie de la Religion, & en partie de la sociabilité *. Tel est le système de PUFENDORF. Il auroit donné sans doute plus de perfection à son ouvrage, si embraffant tous les états de l'homme, il avoit établi distinctement les principes propres & convenables à chacun de ces états, pour en déduire ensuite tous les devoirs particuliers : car telle est la juste étendue qu'il faut donner au Droit naturel.

§ XXI.

De la liaison qu'il y a entre nos devoirs.

CELA étoit d'autant plus nécessaire, que bien que nos devoirs se rapportent à différens objets, & se déduisent de principes distincts, ils ont pourtant, comme on l'a déja insinué, une liaison naturelle ; ensorte qu'ils rentrent, pour ainsi dire, l'un dans l'autre, & que s'entr'aidant réciproquement, l'observation des uns rend la pratique des autres plus facile & plus sûre. Il est certain, par exemple, que la crainte de Dieu, jointe à un parfait dévouement

* *Voy.* Devoirs de l'homme & du citoy. Liv. I, C. III. § 13.

pour

pour fa volonté, eft un motif très-efficace pour engager les hommes à s'acquitter de ce qui les concerne directement eux-mêmes, & à faire pour le prochain & pour la fociété tout ce qu'ordonne la loi naturelle. Il eft certain encore que les devoirs qui nous réglent par rapport à nous-mêmes, n'aident pas peu à nous régler auffi par rapport aux autres hommes. Car quel bien pourroit attendre la fociété, de la part d'un homme qui ne prendroit aucun foin de cultiver fa raifon, ni de former fon efprit & fon cœur à la fageffe & à la vertu ? Et au contraire, que ne peut-on pas fe promettre de ceux qui ne négligent rien pour perfectionner leurs facultés & leurs talens, & qui font pouffés vers cette noble fin, foit par le defir de fe rendre eux-mêmes heureux, foit par celui de procurer le bonheur des autres ? Ainfi quiconque néglige la piété envers Dieu, ou s'éloigne des régles de la vertu dans ce qui le concerne lui-même, devient par cela même injufte à l'égard d'autrui, puifque c'eft autant de retranché du bonheur commun. Au contraire, quiconque eft bien pénétré des fentimens de piété, de juftice & de bienveillance que la Religion & la fociabilité exigent, tra-

II. Partie.   F   vaille

vaille à se rendre lui-même heureux ; parceque dans le plan de la Providence, le
bonheur personnel de chacun se trouve inséparablement lié, d'un côté avec la Religion, & de l'autre avec le bonheur commun de la société dont il fait partie : ensorte que prendre une route particulière
pour se rendre heureux, c'est se méprendre & se jetter à l'écart. Telle est la merveilleuse harmonie que la Sagesse Divine a mise entre les différentes parties du
système de l'humanité. Que manqueroit-il
au bonheur des hommes, s'ils étoient attentifs à suivre de si salutaires directions ?

§. X X I I.

De l'opposition qu'il y a quelquefois entre ces mêmes
devoirs.

MAIS si les trois grands principes de nos
devoirs sont ainsi liés ensemble, il y a aussi
entr'eux une *subordination* naturelle, qui
servira à décider auquel de ces devoirs on
doit donner la préférence, dans les cas où
par des circonstances particulières, ils se
trouvent dans une sorte de conflict ou
d'opposition qui ne permet pas de les remplir tous également.

Le principe général pour bien juger de
cette

cette subordination, c'eſt: *QUE l'obligation la plus forte doit l'emporter ſur la plus foible.* Mais pour ſavoir enſuite quelle eſt l'obligation la plus forte, il ne faut que faire attention à la nature même de nos devoirs, & à leur différent dégré de néceſſité & d'utilité : car c'eſt le vrai moyen de connoître quelle eſt alors la volonté de Dieu. Suivant ces idées, voici quelques régles générales ſur les cas dont il s'agit.

1. *LES devoirs de l'homme envers Dieu l'emportent toujours ſur tous les autres.* Car de toutes les obligations, celle qui nous attache à notre Créateur tout ſage & tout bon, eſt ſans contredit la plus étroite & la plus forte.

2. *SI ce que nous nous devons à nous-mêmes ſe trouve en oppoſition avec ce que nous devons à la ſociété en général, la ſociété doit avoir la préférence.* Autrement, ce ſeroit renverſer l'ordre des choſes ; ce ſeroit détruire la ſociété par ſes fondemens, & aller directement contre la volonté de Dieu, qui ayant ſubordonné la partie au tout, nous impoſe l'obligation indiſpenſable de ne nous jamais écarter de la loi ſuprême du bien commun.

3. *MAIS, ſi toutes choſes d'ailleurs égales,*

F 2   *il*

*il y a du conflict entre un devoir de l'amour
de soi-même & un devoir de la sociabilité ,
l'amour de soi-même doit prévaloir.* Car
chacun étant directement & premièrement chargé du soin de sa conservation &
de son bonheur, il s'ensuit que dans le cas
d'une entière égalité , le soin de nous-
mêmes doit l'emporter sur le soin d'un
autre.

4. *Que si enfin l'opposition se trouve
entre deux devoirs qui nous concernent nous-
mêmes , ou entre deux devoirs de la sociabilité , on doit préférer celui qui est accompagné
de la plus grande utilité ,* comme étant le
plus important. *

§ XXIII.

Droit *naturel* obligatoire : Droit *naturel* de simple
permission.
Principe général du Droit de permission.

Ce que nous avons exposé jusqu'ici regarde proprement la loi naturelle *obligatoire,* c'est-à-dire, celle qui ayant pour objet
les actions dans lesquelles on remarque une
convenance ou une disconvenance nécessaire avec la nature & l'état de l'homme, nous

* *Voyez* la note 5. de M. *Barbeyrac* sur le § 15.
du Ch. 3. Liv. 2. du Droit dela Nat. & des Gens.
met

met en conséquence dans une obligation indispensable d'agir ou de ne point agir d'une certaine manière. Mais par une suite de ce que l'on a dit ci-devant, * il faut reconnoître qu'il y a aussi une loi naturelle *de simple permission*, qui nous laisse en certains cas la liberté d'agir ou de n'agir pas ; & qui en mettant les autres hommes dans la nécessité de ne point nous troubler , assure l'exercice & l'effet de notre liberté à cet égard.

Le principe général de cette loi de permission , c'est : *QUE nous pouvons raisonnablement & selon que nous le jugeons à propos , faire ou ne point faire tout ce qui n'a pas une convenance ou une disconvenance absolue & essentielle avec la nature & l'état de l'homme ; à moins que ces choses ne fussent expressément ordonnées ou défendues par quelque loi positive , à laquelle nous nous trouvassions d'ailleurs assujettis.*

La vérité de ce principe se fait sentir d'elle-même. Le Créateur ayant donné aux hommes plusieurs facultés , & entr'autres celle de modifier leurs actions comme ils le jugent convenable ; il est certain que dans toutes les choses où il n'a pas res-

* *Voyez* ci-devant, Partie I. Ch. X. §. 5 & 6.

treint

treint l'ufage de ces facultés, par un commandement exprès ou par une défenfe pofitive, il laiffe les hommes maîtres d'en
ufer felon leur prudence. C'eft fur cette
loi de permiffion que font fondés tous
les droits, qui font de telle nature que
l'on peut en faire ufage ou ne le pas faire,
les retenir ou y renoncer en tout ou en
partie; & c'eft en conféquence de cette
renonciation, qu'il arrive quelquefois que
des actions permifes en elles-mêmes, peuvent être ou commandées ou défendues par
l'autorité du Souverain, & devenir par-là
obligatoires.

§ XXIV.

*Deux efpéces de Droit naturel : l'un primitif,
l'autre second.*

Voila ce que la droite raifon découvre
dans la nature de l'homme, dans fa conftitution & dans fon état primitif & originaire. Mais comme l'homme peut apporter lui-même différentes modifications à
fon état primitif, & entrer dans plufieurs
états adventifs & acceffoires; la confidération de ces nouveaux états entre auffi dans
l'objet de la loi naturelle, prife dans toute
fon étendue; & les principes que nous
avons

avons poſés doivent ſervir de régle pour les états dans leſquels l'homme ſe trouve par ſon propre fait.

C'eſt ce qui donne lieu de diſtinguer deux eſpéces de Droit naturel, l'un *premier*, & l'autre *ſecond*.

Le Droit naturel primitif, ou pré-mier, ſera *celui qui découle immédiatement de la conſtitution primitive de l'homme, telle que Dieu lui-même l'a établie, & indépen-damment d'aucun fait humain.*

Le Droit naturel ſecond eſt *celui qui ſuppoſe quelque fait ou quelque établiſſe-ment humain;* comme l'état civil, la pro-priété des biens, &c.

L'on comprend bien que ce Droit natu-rel ſecond n'eſt qu'une ſuite du premier; ou plutôt que c'eſt une juſte application des maximes générales du Droit naturel à l'état particulier des hommes, & aux différentes circonſtances dans leſquelles ils ſe rencon-trent par leur propre fait; comme cela ſe voit en effet quand on vient à l'examen des devoirs particuliers *.

On ſera peut-être ſurpris qu'en établiſ-

---

* *Voyez* Grotius. Droit de la Guerre & de la Paix. Liv. I. Ch. I. § 10. & Puſendorf. Droit de la Nat. & des Gens. Liv. II. Ch. III. § 22.

ſant

sant les principes des loix naturelles, nous
n'ayons rien dit des différentes opinions
des Docteurs sur ce sujet. Mais nous avons
mieux aimé indiquer d'abord les vraies
sources où il falloit puiser les principes, &
poser ensuite ces principes mêmes, plutôt
que d'entrer dans une discussion qui nous
auroit mené trop loin, pour un Ouvrage
tel que celui-ci. Si nous avons saisi le vrai,
cela suffira pour juger de tout le reste ; &
si l'on souhaite une instruction plus ample
& plus détaillée, on pourra se la procurer aisément, en consultant PUFENDORF,
qui rapporte les divers sentimens des Jurisconsultes, & qui les accompagne de réfléxions judicieuses. *

* *Voyez* Pufendorf. Droit de la Nat. & des Gens.
Liv. II. Ch. III. § 1.... 14.

CHA-

CHAPITRE V.

Que les Loix NATURELLES ont été suffisamment NOTIFIE'ES : des CARACTERES
qui leur sont propres : de l'OBLIGATION
qu'elles produisent , &c.

§ I.

Dieu a suffisamment notifié aux hommes les Loix
naturelles.

APRE'S ce que l'on vient d'exposer
sur les principes des loix naturelles,
& sur la manière dont nous parvenons à
les connoître, il ne faut pas demander si
Dieu a suffisamment notifié aux hommes
ces mêmes loix. Nous voyons clairement
que l'on peut en découvrir tous les principes , & déduire de-là tous nos devoirs,
par cette lumière naturelle qui n'a été re-
fusée à personne. C'est en ce sens qu'il
faut entendre ce que l'on dit communément, que cette loi est naturellement connue à tous les hommes. Car de penser avec
quelques-uns que la loi naturelle soit, pour
ainsi dire, née avec nous, & qu'elle se
trouve actuellement imprimée dans notre
esprit

esprit dès le premier moment de notre
éxistence ; c'est une pure supposition , qui
n'est nullement nécessaire , & qui se trouve
démentie par l'expérience. Tout ce qu'on
peut dire là-dessus , c'est que les maximes
les plus générales & les plus importantes du
Droit naturel , sont si claires & si manifes-
tes,& qu'elles ont une telle proportion avec
nos idées , & une telle convenance avec notre nature,que dès qu'on nous les propose,
nous les approuvons aussi-tôt ; & comme
nous sommes disposés & accoutumés dès
l'enfance à sentir ces vérités , nous les re-
gardons comme étant nées avec nous.

§ I I.

Les hommes peuvent s'aider les uns les autres à
cet égard.

A u reste , il faut bien remarquer que
quand nous disons que l'homme peut , en
faisant usage de sa raison , acquérir la connoissance des loix naturelles , cela n'exclut
point les secours qu'il peut tirer d'ailleurs,
Il y a des personnes qui ayant pris un soin
particulier de cultiver leur esprit , sont en
état d'éclairer les autres , & de suppléer par
leurs instructions à la grossièreté & à l'ignorance du commun des hommes. Cela est dans
le plan de la Providence. Dieu ayant destiné
l'hom-

l'homme à la société , & lui ayant donné une constitution relative à cette fin , les divers secours que les hommes tirent les uns des autres , ne doivent pas moins être comptés au rang des moyens naturels , que ceux que chacun trouve en soi-même & qu'il tire de son propre fonds.

En effet , tous les hommes ne sont pas capables par eux-mêmes de développer méthodiquement les principes des loix naturelles , & les conséquences qui en résultent. Il suffit que les génies médiocres puissent du moins comprendre ces principes quand ils leur sont expliqués , & sentir la vérité & la nécessité des devoirs qui en découlent , en les comparant avec la constitution de leur propre nature. Que s'il y a des esprits d'un ordre encore inférieur , ils ne peuvent guères se conduire que par les impressions de l'exemple , de la coutume , de l'autorité , ou de quelque utilité présente & sensible. Quoiqu'il en soit , & tout bien compté , la loi naturelle est suffisamment notifiée pour que l'on puisse dire qu'aucun homme en âge de discrétion & dans son bon sens , ne sauroit alléguer pour excuse valable une ignorance invincible à cet égard.

§ III.

§ III.

La manière dont on a établi les principes des loix naturelles est une nouvelle preuve de la réalité de ces loix.

FAISONS ici une réfléxion qui se présente d'elle-même. C'est que si l'on fait bien attention à la manière dont nous avons établi les principes des loix naturelles, on reconnoîtra que la méthode que nous avons suivie est une nouvelle preuve de la certitude & de la réalité de ces loix. Nous avons mis à part toute spéculation abstraite & métaphysique, pour ne consulter que le fait, que la nature & l'état des choses. C'est dans la constitution essentielle de l'homme, & dans les rapports qu'il a avec les autres êtres, que nous avons puisé nos principes ; & le système qui en résulte, a une liaison si intime & si nécessaire avec cette nature & cet état de l'homme, que l'on ne sauroit les séparer. Que si l'on joint à tout cela ce qui a été déja observé dans les chapitres précédens, il nous semble que l'on ne sauroit méconnoître les loix naturelles, ni douter de leur réalité, sans renoncer aux plus pures lumières de la raison, ce qui conduiroit jusqu'au Pyrrhonisme.

§ IV.

§ IV.

Les Loix naturelles font l'ouvrage de la bonté de Dieu.

Mais fi par un effet de la fageſſe du Créateur, les principes des loix naturelles font faciles à découvrir, & fi la connoiſſance des devoirs qu'elles nous impoſent eſt à la portée même des eſprits les plus médiocres ; il eſt certain auſſi que ces loix ne font point impraticables. Au contraire, elles ont une proportion fi manifeſte avec les lumières de la droite raiſon & avec les inclinations les plus naturelles ; elles ont un tel rapport avec notre perfection & notre bonheur, qu'on ne peut les regarder que comme un effet de la bonté de Dieu envers les hommes. Puiſque nul autre motif que celui de faire du bien, ne pouvoit porter l'Etre éxiſtant par lui-même & ſouverainement heureux, à former des êtres doués d'intelligence & de ſentiment ; ce ne peut être que par une ſuite de la même bonté qu'il leur a donné des loix. Il n'a point eu ſeulement en vue de gêner leur liberté : mais il a voulu leur faire connoître ce qui leur convenoit le mieux, ce qui étoit le plus propre à leur perfection & à leur félicité ;

&

& pour donner plus de poids aux motifs
raisonnables qui devoient le déterminer,
il y a joint l'autorité de son commandement. *

Cela nous fait comprendre pourquoi
les loix naturelles sont telles qu'elles sont.
Il falloit suivant les vues de Dieu, que
les loix qu'il donnoit aux hommes, con-
vinssent à leur nature & à leur état ; qu'elles tendissent par elles-mêmes à procurer
la perfection & le bien de l'individu & de
l'espéce, celui des particuliers & de la
société. En un mot, le choix de la fin déterminoit la nature des moyens.

§ V.

*Les Loix naturelles ne dépendent point d'une institu-
tion arbitraire.*

EN effet, il y a des différences naturelles & nécessaires dans les actions humaines, & dans les effets qu'elles produisent.
Les unes conviennent par elles-mêmes à la
nature de l'homme & à son état, les autres
n'y conviennent pas & y sont même oppo-

* *Voyez* ci-devant. Part. I. Ch. X. § 3.

sées

fées ; les unes contribuent à produire l'ordre
& à le maintenir, les autres tendent à le
renverfer ; les unes procurent la perfection
& le bonheur des hommes, les autres produifent leur dégradation & leur misère. Ce
feroit fermer les yeux à la lumière, & vouloir la confondre avec les ténébres, que
de ne pas reconnoître ces différences.
Elles font palpables ; & quoi que l'on
puiffe dire au contraire, le fentiment &
l'expérience détruiront toujours ces fauf-
fes fubtilités.

Ne cherchons donc pas ailleurs que dans
la nature même des actions humaines,
dans leurs différences effentielles & dans
leurs fuites, le vrai fondement des loix
naturelles, & pourquoi Dieu défend certaines chofes, tandis qu'il en commande d'autres. Ce ne font point des loix
arbitraires, ou telles que Dieu pût ne les
point donner, ou en donner d'autres toutes différentes. La fouveraine Sageffe, de-
même que la fouveraine Puiffance, ne va
pas à faire le contradictoire & l'abfurde ;
c'eft toujours la nature des chofes qui lui
fert de régle dans fes déterminations. Dieu
étoit le maître fans doute de créer ou de ne
pas créer l'homme ; de le créer tel qu'il eft,
ou

ou de lui donner une nature différente.
Mais s'étant déterminé à créer un être
raisonnable & sociable , il ne pouvoit lui
prescrire que ce qui convient à une telle
créature. On peut dire même que la supposition que les principes & les régles du
droit naturel dépendent d'une volonté arbitraire de Dieu , va à détruire & à renverser l'idée même de loi naturelle. Car si
ces loix n'étoient pas une suite nécessaire
de la nature , de la constitution & de l'é-
tat de l'homme , nous ne saurions en avoir
une connoissance certaine que par une révélation bien claire , ou par quelqu'autre
promulgation formelle de la part de Dieu.
Mais on convient que le droit naturel est
& doit être connu par les seules lumières de la raison. Ce seroit donc l'anéantir
que de le concevoir comme dépendant
d'une volonté arbitraire ; ou du moins ce
seroit réduire la chose à une espéce de
Pyrrhonisme , puisqu'on n'auroit aucun
moyen naturel de s'assurer que Dieu commande ou défend une chose plutôt qu'une
autre. Si donc les loix naturelles dépendent originairement de l'institution divine , comme on n'en sauroit douter ; il
faut convenir aussi que ce n'est pas d'une
                                    insti-

inftitution purement arbitraire, mais d'une inftitution fondée d'un côté fur la nature même & la conftitution de l'homme, & de l'autre fur la fageffe de Dieu, qui ne fauroit vouloir une fin, fans vouloir en même-tems les moyens qui feuls peuvent y conduire.

§ VI.

Notre fentiment ne s'éloigne pas de celui de Grotius.

Il eft à propos de remarquer ici que la manière dont nous établiffons les fondemens du droit naturel, ne diffère point pour le fonds des principes de Grotius. Peut-être ce grand homme auroit-il pu développer un peu mieux fes idées. Mais il faut avouer que fes Commentateurs, fans en excepter Pufendorf, n'ont pas bien pris fa penfée, & l'ont repris mal-à-propos, en prétendant que la manière dont il pofoit le fondement du droit naturel fe réduifoit à un cercle vicieux. « Si l'on de- » mande, dit Pufendorf, * quelles font » les chofes qui font la matière des loix » naturelles, on répond que ce font celles

* *Voyez Pufendorf.* Droit de la Nat. & des Gens. Liv. II. Ch. III. § 4. Apol. § 19.

II. Partie.   G   » qui

» qui font honnêtes ou deshonnêtes de leur
» nature. Si l'on demande ensuite quelles
» font ces choses honnêtes ou deshonnêtes
» en foi , on ne peut répondre autre chose
» finon que ce font celles qui font la ma-
» tière des loix naturelles. » Voilà ce que le
Critique fait dire à GROTIUS.

Mais GROTIUS le dit-il en effet ? Ecou-
tons-le. « Le Droit naturel, dit-il , * con-
» fifte dans certains principes de la droite
» raifon , qui nous font connoître qu'une
» action eft moralement honnête ou des-
» honnête , felon la convenance ou la dif-
» convenance néceffaire qu'elle a avec une
» nature raifonnable & fociable ; & par
» conféquent que Dieu , qui eft l'auteur de
» la nature , ordonne ou défend de telles
» actions. » Je ne vois point là de cercle.
Car fur cette demande : D'où vient l'honnêteté ou la turpitude naturelle des actions
prefcrites ou défendues ? GROTIUS ne répond point comme on le fait répondre ; il
dira au contraire que cette honnêteté ou
cette turpitude vient de la convenance ou
de la difconvenance néceffaire de nos ac-

* *Voyez Grotius.* Droit de la Guerre & de la Paix.
Liv. I. Ch. I. § 10.

tions

tions avec une nature raisonnable & sociable. *

§ VII.

*L'effet des Loix naturelles, c'est l'obligation d'y con-
former sa conduite.*

APRE's avoir vu que les loix naturelles
sont par elles-mêmes praticables, manifestement utiles, très-conformes aux idées
que la droite raison nous donne de Dieu,
convenables à la nature de l'homme & à
son état, en un mot, parfaitement conformes à l'ordre, & enfin suffisamment
notifiées; il n'y a plus de doute que des
loix revêtues de tous ces caractères ne
soient obligatoires, & ne mettent les hommes dans l'indispensable nécessité d'y conformer leur conduite. Il est même certain
que l'obligation que Dieu nous impose
par ce moyen est de toutes la plus forte,
parcequ'elle est produite par le concours
& la réunion de tous les motifs les plus
puissans & les plus propres à déterminer la
volonté. En effet, les conseils & les maximes de la raison nous obligent, non-seulement parcequ'ils sont en eux-mêmes très-

* *Voyez* la note 5. de M. *Barbeyrac* sur le Droit
de la Nat. & des Gens. Liv. II. Ch. III. § 4.

con-

convenables, & qu'ils ont leur fondement
dans la nature, & dans les relations immuables des choses ; mais encore par l'autorité de l'Etre suprême, qui intervient
ici, en nous faisant connoître clairement
qu'il *veut* que nous les observions, par
cela même qu'il est l'auteur de cette nature des choses,& des relations qu'elles ont
entr'elles. En un mot, la loi naturelle
nous lie tout à la fois par une obligation
interne & *externe ;* ce qui produit le plus
haut dégré de nécessité morale, & qui assujettit le plus fortement la liberté sans la
détruire. *

Cela étant, l'obéissance dûe aux loix
naturelles est une obéissance sincère, &
qui doit partir d'un principe de conscience.
Le premier effet de ces loix est de régler
les sentimens de notre esprit, & les mouvemens de notre cœur. Ce ne seroit pas
satisfaire à ce qu'elles exigent de nous,
que de nous abstenir extérieurement de
ce qu'elles condamnent, si c'étoit à regret
& contre notre volonté. Et comme il n'est
pas permis de désirer ce qu'il n'est pas permis de faire ; il est aussi de notre devoir,
non-seulement de pratiquer ce qui nous

* *Voyez* ci-devant. Part. I. Ch. VI. § 13.

eſt ordonné, mais encore de l'approuver, & d'en reconnoître l'utilité & la juſtice.

§ VIII.

Les Loix naturelles ſont obligatoires pour tous les hommes.

U N autre caractère eſſentiel des loix naturelles, c'eſt qu'elles ſont *univerſelles ;* c'eſt-à-dire, qu'elles obligent tous les hommes ſans exception. Car non-ſeulement tous les hommes ſont également ſoumis à l'empire de Dieu : mais encore les loix naturelles ayant leur fondement dans la conſtitution & l'état des hommes, & leur étant notifiées par la raiſon, il eſt bien manifeſte qu'elles conviennent eſſentiellement à tous, & les obligent tous ſans diſtinction, quelque différence qu'il y ait entr'eux par le fait, & dans quelque état qu'on les ſuppoſe. C'eſt ce qui diſtingue les loix naturelles des loix poſitives ; car une loi poſitive ne regarde que certaines perſonnes ou certaines ſociétés en particulier.

§ IX.

Sentiment de Grotius *sur le Droit Divin,* Positif
& Universel.

IL est vrai que GROTIUS , * & après lui
plusieurs Théologiens & Jurisconsultes ,
ont prétendu qu'il y avoit un Droit Divin
Positif & *Volontaire* , qui obligeoit tous
les hommes , du moment qu'il est suffisamment venu à leur connoissance. Mais 1°.
s'il y avoit de telles loix , comme elles ne
sauroient être découvertes par les seules
lumières de la raison , il faudroit qu'elles
eussent été bien clairement notifiées à tous
les peuples ; & c'est ce que l'on ne sauroit
prouver. Que si l'on se réduit à dire qu'elles n'obligent que ceux à la connoissance
desquels elles sont parvenues , on détruit
par-là l'idée d'*universalité* qu'on leur at-
tribuoit , en supposant que ces loix étoient
faites pour tous les hommes. 2°. D'ailleurs
des loix divines positives & en même-tems
universelles , devroient être en elles-
mêmes avantageuses à tous les hommes ,
dans tous les tems & dans tous les lieux :

* *Voyez* Droit de la Guerre & de la Paix Liv. I.
Ch. I. §. 15. avec les notes de M. *Barbeyrac.*

c'est

c'eſt ce que demande la ſageſſe & la bonté de Dieu. Mais pour cela il faudroit que ces loix ſe trouvaſſent fondées ſur la conſtitution de la nature humaine en général, & alors ce ſeroient de vraies loix naturelles. *

§ X.

Les Loix naturelles ſont immuables: elles ne ſouffrent aucune diſpenſe.

Nous avons remarqué ci-deſſus que les loix naturelles, quoique établies par la volonté de Dieu, ne ſont pas l'effet d'une volonté arbitraire ; mais qu'elles ont leur fondement dans la nature des choſes & dans les rapports qui ſont entr'elles. Il ſuit de-là que les loix naturelles ſont *immuables*, & qu'elles n'admettent aucune *diſpenſe*. C'eſt encore là un caractère propre de ces loix, qui les diſtingue de toute loi poſitive, ſoit divine ſoit humaine.

Cette immutabilité des loix naturelles n'a rien qui répugne à l'indépendance, ni au ſouverain pouvoir, ou à la liberté de l'Etre tout-parfait. Etant lui-même l'au-

* *Voyez* la note 6. de M. *Barbeyrac* ſur *Pufendorf.* Droit de la Nature & des Gens. Liv. I. Ch. XI. §. 18.

teur

teur de notre conſtitution , il ne peut que
preſcrire ou défendre les choſes qui ont
une convenance ou une diſconvenance néceſſaire avec cette même conſtitution ; &
par conſéquent il ne ſauroit rien changer
aux loix naturelles , ni en diſpenſer jamais.
* C'eſt en lui une glorieuſe néceſſité ,
que de ne pouvoir ſe démentir lui-même :
c'eſt une ſorte d'impuiſſance fauſſement
ainſi nommée , qui bien loin de mettre
des bornes à ſes perfections , ou de les diminuer , les rehauſſe & en marque toute
l'excellence.

§ XI.

De l'éternité des Loix naturelles.

En prenant la choſe comme nous venons de l'expliquer , on pourra dire , ſi l'on
veut , que les loix naturelles ſont *éternel-
les* ; quoiqu'à dire vrai , cette expreſſion
ſoit par elle-même peu préciſe , & plus
propre à répandre de l'obſcurité dans nos
idées plutôt que de la clarté. Ceux qui ont
parlé les premiers de l'éternité des loix naturelles , l'ont fait vraiſemblablement par

* *Voyez Pufendorf.* Droit de la Nature & des Gens.
Liv. II. Ch. III. §. 6. & *Grotius* Droit de la Guerre
& de la Paix. Liv. I. Ch. I. §. 10.

poſition

opposition à la nouveauté & aux fréquentes mutations des loix civiles. Ils ont voulu dire simplement, que le droit naturel est antérieur aux loix de Minos, par exemple, de Solon, ou de tout autre Législateur ; qu'il est aussi ancien que le genre humain : & jusque-là ils avoient raison. Mais dire, comme font plusieurs Théologiens & Moralistes, que la loi naturelle est *coéternelle* à Dieu, c'est avancer une proposition qui réduite à sa juste valeur ne sera pas exactement vraie ; puisque la loi naturelle étant faite pour l'homme, son existence actuelle suppose celle du genre humain. Que si l'on entend seulement par-là, que Dieu en avoit l'idée de toute éternité, alors on n'attribue rien aux loix naturelles qui ne leur soit commun avec tout ce qui existe. *

Nous ne saurions mieux terminer cet article que par le beau passage de Ciceron que Lactance nous a conservé : « La » droite raison, disoit ce Philosophe, est » certainement une véritable loi, confor-

---

* *L'immutabilité* des loix naturelles a été reconnue de tous ceux qui ont raisonné avec quelque justesse. Voyez *Instit. Lib.* I. *Tit.* II. §. 11. *Noodt.* Probabil. Jurisf. Lib. II. Cap. XI.

» me

» me à la nature, commune à tous les hom-
» mes, conſtante, immuable, éternelle.
» Elle porte les hommes à leur devoir par
» ſes commandemens, & les détourne du
» mal par ſes défenſes ...... Il n'eſt pas
» permis de retrancher quelque choſe de
» cette loi, ni d'y rien changer, & bien
» moins de l'abolir entièrement. Le Sénat
» ni le Peuple ne ſauroient en diſpenſer.
» Elle s'explique d'elle-même, & ne de-
» mande point d'autre interprète. Elle n'eſt
» point autre à Rome, & autre à Athé-
» nes; elle n'eſt point autre aujourd'hui,
» & autre, demain. C'eſt la même loi
» éternelle & invariable, qui eſt donnée à
» toutes les nations, en tout tems & en
» tous lieux; parceque Dieu qui en eſt
» l'auteur, & qui l'a lui-même publiée,
» ſera toujours le ſeul maître & le ſeul ſou-
» verain de tous les hommes. Quiconque
» violera cette loi, renoncera à ſa propre
» nature, ſe dépouillera de l'humanité, &
» ſera par cela-même rigoureuſement puni
» de ſa déſobéïſſance; quand même il évi-
» teroit tout ce que l'on appelle ordinaire-
» ment ſupplice. *

* « Eſt quidem vera lex, recta ratio, naturæ
» congruens, diffuſa in omnes, conſtans, ſempi-

Mais

Mais en voilà affés fur la loi naturelle considérée comme devant fervir de régle aux particuliers. Pour embraffer le fyftème entier de l'homme, & pour développer nos principes dans toute leur étendue, il eft néceffaire de dire auffi quelque chofe des régles que les nations doivent obferver entr'elles, & que l'on nomme le *Droit des Gens*.

» terna, quæ vocet ad officium jubendo, vetando à
» fraude deterreat : quæ tamen neque probos fruf-
» tra jubet, aut vetat ; nec improbos jubendo aut
» vetando movet. Huic legi nec obrogari fas eft,
» neque derogari ex hac aliquid licet ; neque tota
» abrogari poteft. Nec verò aut per Senatum, aut
» per Populum folvi hac lege poffumus : neque eft
» quærendus explanator, aut interpres ejus alius.
» Nec erit alia lex Romæ, alia Athenis, alia poft-
» hac ; fed omnes gentes, & omni tempore, una
» lex, & fempiterna & immutabilis continebit ;
» unufque erit communis quafi magifter & impera-
» tor omnium DEUS. Ille legis hujus inventor, dif-
» ceptator, lator:cui qui non parebit, ipfe fe fugiet,
» ac naturam hominis afpernabitur ; atque hoc ipfo
» luet maximas pœnas, etiamfi cætera fupplicia,
» quæ putantur, effugerit. » *Cicer.* De Republ. Lib.
III. apud *Lactant.* Inftit. Divin. Lib. VI. Cap. VIII.

CHA-

CHAPITRE VI.

Du Droit des Gens.

§ I.

Comment se forment les sociétés civiles.

ENTRE les divers établissemens humains, le plus considérable est sans contredit celui de la SOCIETE' CIVILE ou du CORPS POLITIQUE, qui passe avec raison pour la plus parfaite des sociétés, & auquel on a donné le nom d'ETAT par excellence.

La simple société humaine est par elle-même, & à l'égard de ceux qui la composent, une société d'égalité & d'indépendance. Elle ne relève que de Dieu: personne n'a un droit naturel & primitif d'y commander; mais chacun peut disposer de sa personne & de ce qu'il possède, comme il le juge à propos, sous la seule restriction qu'il se tienne dans les bornes de la loi naturelle, & qu'il ne fasse aucun tort à autrui.

L'état civil apporte un grand changement

ment à cet état primitif. L'établissement
d'une souveraineté anéantit cette indépendance où les hommes étoient originairement les uns à l'égard des autres : la subordination en prend la place. Le *Souverain*
devenant comme le dépositaire de la volonté & des forces de chaque particulier
réunies en sa personne, tous les autres
membres de la société deviennent *Sujets*,
& se trouvent ainsi dans l'obligation d'o-
béir, & de se conduire suivant les loix que
le Souverain leur impose.

§ II.

L'état civil ne détruit pas l'état naturel, mais il le
perfectionne.

MAIS quelque grand que soit le changement que le gouvernement & la souveraineté apportent à l'état naturel, il ne
faut pas croire pour cela, que l'état civil
détruise proprement la société naturelle,
ni qu'il anéantisse les relations essentielles
que les hommes ont entr'eux, non plus que
celles de Dieu avec les hommes. Cela ne
seroit ni physiquement ni moralement possible : au contraire, l'état civil suppose la
nature même de l'homme, telle que le
Créateur l'a formée ; il suppose l'état primitif

mitif d'union & de société , avec toutes
les relations que cet état renferme ; il suppose enfin la dépendance naturelle des
hommes par rapport à Dieu & à ses loix.
Bien loin que le gouvernement renverse
ce premier ordre , c'est plutôt pour lui
donner un nouveau dégré de force & de
consistance qu'il est établi. On a voulu
mettre les hommes plus en état de s'acquitter des devoirs que les loix naturelles leur
prescrivent , & de parvenir plus surement
a leur destination.

§ III.

Véritable idée de la société civile.

Pour se faire donc une juste idée de la
SOCIETE' CIVILE , il faut dire , que : *C'est la*
société naturelle elle-même , modifiée de telle
sorte , qu'il y a un Souverain qui y com-
mande , & de la volonté duquel tout ce qui
peut intéresser le bonheur de la société dépend
en dernier ressort ; afin que sous sa protection
& par ses soins, les hommes puissent se procu-
rer d'une manière plus sûre le bonheur auquel
ils aspirent naturellement.

§ IV.

§ I V.

On considére les Etats sous l'idée de Personnes Morales.

TOUTE société se forme par le concours ou la réunion des volontés de plusieurs personnes, & cela dans la vue de se procurer quelque avantage. De-là vient que l'on considére les sociétés comme des *corps*, & qu'on leur donne le nom de *Personnes Morales* ; parceque ces corps ne sont en effet animés que par une seule volonté, qui en régle tous les mouvemens. Cela convient en particulier au *corps politique* ou à l'*Etat*. Le Souverain en est le chef ou la tête, & les sujets en sont les membres ; toutes leurs actions qui ont quelque rapport à la société, sont dirigées par la volonté du chef. Ainsi, dès que les Etats sont formés, ils acquiérent en quelque manière des propriétés personnelles ; & l'on peut en conséquence leur attribuer, proportion gardée, tout ce qui convient aux hommes en particulier ; comme certaines actions qui leur sont propres, certains droits qui leur appartiennent, certains devoirs qu'ils sont tenus de remplir, &c.

§ V.

§ V.

Ce que c'est que le Droit des Gens.

Cela posé , l'établissement des Etats
introduit entr'eux une espéce de société ,
semblable à celle qu'il y a naturellement
entre les hommes ; & les mêmes raisons
qui portent les hommes à entretenir l'u-
nion entr'eux , doivent aussi engager les
Peuples ou leurs Souverains à vivre en bonne intelligence les uns avec les autres.

Il est donc nécessaire qu'il y ait entre
les Nations quelque loi qui serve de régle
au commerce qu'elles ont ensemble. Or
cette loi ne peut être que la loi naturelle
elle-même , que l'on appelle alors : *Droit
des Gens* , ou *Loi des Nations.* La loi naturelle , dit fort bien * Hobbes , se divise en
loi naturelle de l'homme , & *loi naturelle des
Etats ;* & cette dernière est ce que l'on
nomme : *Droit des Gens.* Ainsi le droit naturel & le Droit des Gens ne sont au fonds
qu'une seule & même chose , & ils ne
différent que par une dénomination extérieure. Il faut donc dire que le Droit des
Gens , proprement ainsi nommé , & consi-

* De Cive, Cap. XIV. §. 4.

déré

déré comme une loi qui émane d'un Supérieur, n'eſt autre choſe que : *Ce Droit naturel lui-même, appliqué, non aux hommes enviſagés ſimplement comme tels ; mais aux Peuples, aux Nations, aux Etats ou à leurs Chefs, dans les relations qu'ils ont enſemble, & dans les intérêts qu'ils ont à ménager entr'eux.*

§ VI.

Certitude de ce Droit.

On ne ſauroit révoquer en doute la réalité & la certitude d'un tel Droit des Gens obligatoire par lui-même, & auquel les Peuples ou les Souverains qui les gouvernent doivent être ſoumis. Car ſi Dieu par le moyen de la droite raiſon impoſe aux particuliers certains devoirs les uns envers les autres, il eſt bien évident qu'il veut auſſi que les nations, qui ne ſont que des ſociétés d'hommes, obſervent entr'elles les mêmes devoirs. *

§ VII.

Principe général du Droit des Gens. Ce que c'eſt que la Politique.

Mais pour dire là-deſſus quelque choſe

* *Voyez* ci-devant. Ch. V. §. 8.

II. *Partie.*   H   de

de plus particulier, remarquons que l'état
naturel des nations les unes à l'égard des
autres, est un état de société & de paix.
Cette société est aussi une société d'égalité
& d'indépendance, qui établit entr'elles une
égalité de Droit, & qui les engage à avoir
les unes pour les autres les mêmes égards,
les mêmes ménagemens. Le principe général du Droit des Gens n'est donc autre
chose que la loi générale de la SOCIABILI-
TE', qui oblige les nations qui ont ensemble quelque commerce, à la pratique des
mêmes devoirs ausquels les particuliers
sont naturellement assujettis.

Ces remarques peuvent servir à nous
donner une juste idée de cet art, si nécessaire aux conducteurs des Etats, qu'on appelle *Politique*. La POLITIQUE, considérée
à l'égard des Etats étrangers, *est cette ha-*
bileté par laquelle un Souverain pourvoit à la
conservation, à la sureté, à la prospérité &
à la gloire de la nation qu'il gouverne, en
respectant les loix de la justice & de l'huma-
nité; c'est-à-dire, sans faire aucun tort aux
autres Etats, & même en procurant leur
avantage, autant qu'il le peut raisonnable-
ment. Ainsi la *Politique* des Souverains est
en grand, ce qu'est en petit la *prudence* des
parti-

particuliers ; & comme l'on condamne
dans ceux-ci la ruse qui fait chercher son
propre avantage au préjudice des autres ;
la même finesse ne seroit pas moins condamnable dans les Princes , s'ils cher-
choient à procurer l'avantage de leur peuple en faisant tort aux autres peuples. *La
raison d'Etat* , que l'on allègue si souvent
pour justifier les procédés ou les entreprises des Princes , ne peut véritablement
avoir cet effet, qu'autant qu'elle se concilie avec l'intérêt commun des nations ,
ou ce qui revient au même , avec les régles invariables de la bonne-foi , de la justice & de l'humanité.

§ VIII.

Examen du sentiment de Grotius *sur le Droit des
Gens.*

GROTIUS reconnoît bien que le Droit
naturel est commun à toutes les nations ;
mais il établit un Droit des Gens positif &
distinct du Droit naturel ; & il rapporte
ce Droit des Gens à une espéce de droit
humain, qui a acquis la force d'obliger par
un effet de la volonté de tous les peuples ,
ou du moins de plusieurs. * Il ajoute que

* *Voyez* Grotius. Droit de la guerre & de la paix.

les

les maximes de ce Droit des Gens se prouvent par la pratique perpétuelle des peuples , & par le témoignage des historiens.

Mais on a remarqué avec raison , que ce prétendu Droit des Gens , distinct du Droit naturel , & qui ait néanmoins par lui-même la force d'obliger , soit que l'on veuille , ou qu'on ne veuille pas s'y soumettre , est une supposition destituée de fondement. *

Car 1°. toutes les nations sont les unes à l'égard des autres dans une indépendance & une égalité naturelle. Si donc il y a entr'elles quelque loi commune , elle ne peut venir que de Dieu , leur commun souverain.

2°. Pour ce qui est des usages établis entre les nations par un consentement ou exprès ou tacite , ces usages ne sont point obligatoires par eux-mêmes , ni universellement & pour toujours. Car de cela seul que plusieurs peuples ont agi entr'eux pendant long-tems d'une certaine manière en certains cas , il ne s'ensuit pas de-là qu'ils se soient imposé la nécessité d'agir

Discours prélimin. §. 18. & Liv. I. Ch. I. §. 14.

* *Voyez* Pufend. Droit de la Nature & des Gens. L. II. Ch. III. §. 23. avec les notes de M. *Barbeyrac*.

tou-

toujours de même à l'avenir ; encore moins
que les autres peuples soient obligés de se
conformer à ces usages.

3°. D'ailleurs, ces usages peuvent d'autant moins faire par eux-mêmes une régle obligatoire, qu'il pourroit arriver qu'ils
fussent mauvais ou injustes. Le métier de
corsaire ou de pirate a passé long-tems
pour légitime, par une espéce de consentement tacite, entre des nations qui n'é-
toient unies par aucun traité. Il semble
aussi que quelques peuples se permettoient
dans la guerre, l'usage des armes empoi-
sonnées. * Dira-t-on que ce fussent-là des
loix du Droit des Gens, qui obligeassent
véritablement les nations ? il faut plutôt
les regarder comme des pratiques barba-
res, dont toute nation juste & bien poli-
cée doit s'abstenir. On ne peut donc se
dispenser d'en revenir toujours au Droit
naturel & seul vraiment universel, pour
juger si les usages établis entre les nations
peuvent avoir quelque effet obligatoire.

4°. Tout ce que l'on peut dire là dessus,
c'est que dès qu'un usage innocent en lui-
même, s'est introduit entre des nations ;

* *Voyez* Virgil. Enéide. Liv. X v. 139. avec la note 15. de M. l'Abbé Des Fontaines.

cha-

chacune d'elles eſt raiſonnablement cenſée
ſe ſoumettre à cet uſage, auſſi long-tems
qu'elle n'a pas déclaré qu'elle ne vouloit
plus s'y conformer. C'eſt-là tout l'effet que
l'on peut donner aux uſages reçus ; mais
qui eſt bien différent de celui d'une Loi
proprement dite.

§ IX.

*Deux ſortes de Droit des Gens : l'un de néceſſité, &
obligatoire par lui-même ; l'autre arbitraire &
conventionel.*

Ces remarques nous donnent lieu de
conclure que l'on pourroit peut-être tout
concilier, en diſtinguant deux eſpéces de
Droit des Gens. Il y a certainement un
Droit des Gens *univerſel, de néceſſité, obligatoire par lui-même*, qui ne différe en rien
du Droit naturel ; qui eſt par conſéquent
immuable, & dont les peuples ou leurs
ſouverains ne ſauroient ſe diſpenſer, même d'un commun accord, ſans manquer à
leur devoir. Il y aura enſuite un autre
Droit des Gens, que l'on pourra nommer
arbitraire, & de liberté, comme n'étant
fondé que ſur quelque convention, ou expreſſe ou tacite ; dont l'effet n'eſt pas par
lui-même univerſel, & qui n'oblige que
ceux

ceux qui s'y font volontairement foumis,
& feulement pour auffi long-tems qu'ils le
veulent, puifqu'il dépend toujours d'eux
de le changer ou de le révoquer. A quoi il
faut ajouter encore, que toute la force de
cette efpéce de Droit des Gens dépend en
dernier reffort de la loi naturelle, qui ordonne que l'on foit fidéle à fes engagemens.
Tout ce qui appartient véritablement au
Droit des Gens peut fe rapporter à l'une ou
à l'autre de ces deux efpéces ; & l'on reconnoîtra aifément l'ufage de cette diftinction, en l'appliquant aux queftions particulières qui concernent ou la guerre, par
exemple, ou les ambaffadeurs, ou les traités publics ; & à la décifion des différends
qui s'élévent quelquefois fur ces matières
entre les Souverains. *

* Remarquons ici en paffant, que les idées des
anciens Jurifconfultes Romains fur le Droit des
Gens, ne font pas toujours uniformes, & cela jette quelque confufion dans les Loix. Les uns enten-
doient par le *Droit des Gens,* les régles de Droit communes à tous les hommes, & établies entr'eux conformément aux lumières de la raifon, par oppofition
aux loix parriculières de chaque peuple (Voy. la
Loi 9e. au Digeft. *De Juftit. & Jure.* Liv I. Tit. I.)
Et alors le *Droit des Gens* défignoit auffi le *Droit
naturel.* D'autres diftinguoient ces deux efpéces,
comme fait ULPIEN dans la Loi I. du Titre que

§ X.

Ufage des remarques précédentes.

IL eſt important de faire attention à l'o-
rigine & à la nature du Droit des Gens,
telles que nous venons de les repréſenter.
Car outre qu'il eſt toujours avantageux de
ſe faire de juſtes idées des choſes, cela eſt
encore plus néceſſaire en matière de prati-

nous venons d'indiquer. Ils appelloient Droit des Gens,
celui qui convient à l'homme entant qu'homme ;
par oppoſition à celui qui lui convient entant qu'a-
nimal. (Voy. *Pufend.* Droit de la Nat. & des Gens.
Liv. II. Ch. II I. § 3. note 10.) Quelques-uns
enfin renfermoient l'un & l'autre Droit ſous l'idée
de *Droit naturel* (Voy. la Loi XI. Digeſt. *de Juſ-
tit. & Jure*) Et de-là vient que les bons Auteurs
Latins appellent indifféremment Droit naturel ou
Droit des Gens ce qui ſe rapporte à l'un ou à l'autre. C'eſt ce que l'on voit dans ce paſſage de CICE-
RON, où il dit, que par le Droit naturel, c'eſt-
à-dire, par le Droit des Gens, un homme ne peut
pas chercher ſon avantage aux dépens d'un autre.
,, Neque verò hoc ſolum *Naturâ*, id eſt, *Jure*
,, *Gentium* . . . conſtitutum eſt, ut non liceat ſui
,, commodi cauſâ, alteri nocere. *De Offic.* Lib. III.
,, Cap. V. ‹‹ Voyez le Commentaire de M. NOODT
ſur le Digeſte, Liv. I. Titre I. où cet habile Juriſconſulte démêle très-bien l'ambiguité de la diſtinction
du Droit naturel & du Droit des Gens, ſelon le différent langage des anciens Juriſconſultes.

que

que & de Morale. C'est peut-être pour avoir
voulu distinguer le Droit des Gens du Droit
naturel, que l'on s'est insensiblement accoutumé à juger tout autrement des actions des
Souverains que de celles des particuliers.
Rien n'est plus ordinaire que de voir condamner dans les hommes du commun, des
choses qu'on loue ou que l'on excuse du
moins dans la personne des Princes. Cependant il est certain, comme nous l'avons
montré, que les maximes du Droit des
Gens n'ont pas moins d'autorité que celles
des loix naturelles elles-mêmes, & qu'elles
ne sont ni moins respectables ni moins sacrées, puisqu'elles ont également Dieu
pour auteur. En un mot, il n'y a qu'une
seule & même régle de justice pour tous les
hommes. Les Princes qui violent le Droit
des Gens ne commettent pas un moindre
crime, que les particuliers qui violent la
loi naturelle : & s'il y a quelque différence
d'un cas à l'autre, elle est toute à la charge des Princes * dont les mauvaises actions
ont toujours des suites bien plus funestes
que celles des particuliers **.

* *Voy.* ci devant. Part. I. Ch. XI. § 12.

** C'est M. BERNARD qui nous fournit ces réflexions : « Si un particulier, dit-il, offense sans

CHA-

CHAPITRE VII.

ESSAI *sur cette* QUESTION : *Y a-t-il quelque*
MORALITÉ *dans les actions, quelque
obligation & quelque devoir* ANTECEDEM-
MENT AUX LOIX NATURELLES, *& indépendemment de l'idée de Législateur ?*

§ I.

*Partage des Moralistes sur le premier principe de la
Moralité.*

LA MORALITÉ des actions humaines
étant fondée en général, sur les rapports
de convenance ou de disconvenance de ces

» sujet un autre particulier , on nomme son action
» une injustice : mais si un Prince attaque un autre
» Prince sans raison , s'il envahit ses Etats , s'il ra-
» vage ses villes & ses provinces , cela s'appelle faire
» la guerre , & ce seroit témérité que d'oser penser
» qu'elle est injuste. Rompre ou violer des traités
» qu'on a faits , c'est un crime , de particulier à par-
» ticulier : chés les Princes , enfraindre les alliances
» les plus solennelles , c'est prudence ; c'est savoir
» l'art de régner. Il est vrai qu'on cherche toujours
» quelque prétexte : mais ceux qui les proposent ,
» se mettent peu en peine qu'on croye ces prétextes
» justes ou injustes , &c. » Nouvelles de la Républ.
des Lettres. Mars 1704. p. 340. 341.

mêmes

mêmes actions avec la loi, comme nous l'avons établi dans le chapitre XI. de notre Part. I. il n'y a point de difficulté, dès que l'on reconnoît des loix naturelles, à dire que la *moralité* de nos actions dépend de leur conformité ou de leur opposition avec ces mêmes loix. C'est aussi dequoi tous les Jurisconsultes & les Moralistes conviennent. Mais ils ne s'accordent pas également sur le premier principe ou la cause primitive de l'obligation & de la moralité.

Plusieurs croyent qu'il n'y a aucun autre principe de moralité, que la volonté de Dieu manifestée par les loix naturelles. L'idée de *morale*, disent-ils, renferme nécessairement celle d'*obligation* ; l'idée d'*obligation* celle de *loi* ; & l'idée de *loi* celle de *législateur*. Si donc vous faites abstraction de toute loi, & par conséquent de législateur, il n'y aura plus ni droit, ni obligation, ni devoir, ni moralité proprement dite. *

D'autres reconnoissent à la vérité que la volonté de Dieu est effectivement un principe d'obligation, & par conséquent un principe de la moralité des actions humai-

---

* *Voy.* Pusend. Droit de la Nat. & des Gens. Liv I. Ch. II. § 6.

mais

nes; mais ils ne s'arrêtent pas là. Ils prétendent qu'antécédemment à la loi , & indépendamment de tout législateur , il y a des
choses qui , par elles-mêmes & de leur nature , sont *honnêtes* ou *deshonnêtes* ; que la
raison ayant une fois reconnu cette différence essentielle & spécifique des actions
humaines , elle impose à l'homme la nécessité de faire les unes & de s'abstenir des
autres ; & que c'est-là le premier fondement de l'obligation , ou la source primitive de la moralité & du devoir.

§ II.
Principes sur cette question.

CE que nous avons dit ci-devant sur la
régle primitive des actions humaines , &
sur la nature & l'origine de l'obligation * ,
peut déja répandre du jour sur cette question. Mais pour l'éclaircir encore davantage , retournons sur nos pas , & reprenons
la chose dès les principes , en tâchant de
rassembler ici dans un ordre naturel , les
principales idées qui peuvent nous conduire à une juste conclusion.

1. Je remarque d'abord , que toute action , considérée purement & simplement
en elle-même , comme un mouvement na-

* *Voy.* ci-devant. Part. I. Ch. V. & VI.

turel

turel de l'efprit ou du corps , eft abfolument *indifférente*, & que l'on ne fauroit
jufque-là lui attribuer aucune *moralité*.

C'eft ce qui paroît manifeftement en ce
qu'une même action naturelle paffe tantôt
pour *licite* & même pour *bonne*, tantôt pour
illicite ou *mauvaife*. *Tuer un homme*, par
exemple, eft une mauvaife action de la
part d'un voleur ; mais elle eft bonne ou
permife de la part d'un bourreau , ou chés
un citoyen & un foldat qui défendent leur
vie ou leur patrie injuftement attaquée :
preuve évidente que cette action , confidérée en elle-même , & comme une fimple
opération des facultés naturelles , eft abfolument indifférente & deftituée de toute
moralité.

2. Il faut donc bien diftinguer ici le *phyfique* du *moral*. Sans doute il y a une forte
de *bonté* ou de *malignité* naturelle dans les
actions qui par leur vertu propre & interne font *avantageufes* ou *nuifibles*, & produifent le bien ou le mal phyfique de
l'homme. Mais ce rapport de l'action avec
l'effet qu'elle produit , n'eft qu'une relation
phyfique; & fi l'on s'arrête là , il n'y aura
encore aucune moralité. C'eft un malheur
que l'on n'ait fouvent que les mêmes ex-
preffions

preſſions pour déſigner le phyſique & le moral : cela peut jetter de la confuſion dans nos idées. Il ſeroit à deſirer que les langues euſſent plus de préciſion, pour diſtinguer la nature & les différens rapports des choſes par autant de noms différens. Les Philoſophes y ſuppléent par des définitions & des remarques qui empêchent cette confuſion.

3. Si allant plus loin, l'on ſuppoſe qu'il y a quelque *régle* des actions humaines, & ſi l'on compare enſuite ces actions avec cette régle, le rapport qui réſulte de cette comparaiſon eſt ce qui fait proprement & eſſentiellement la *moralité* *.

4. Il ſuit de-là que pour connoître quel eſt le principe ou la cauſe efficiente de la moralité des actions de l'homme, il faut préalablement ſavoir quelle en eſt la régle.

5. Ajoutons enfin, que cette régle des actions humaines peut en général être de deux ſortes, ou *intérieure* ou *extérieure* ; c'eſt-à-dire, ou qu'elle ſe trouve dans l'homme lui-même, ou qu'il faut la chercher hors de lui. Faiſons maintenant l'application de ces principes.

* *Voy.* ci-devant. Part. I. Ch. XI. § 1.

§ I I I.

§ III.

Trois régles des actions humaines 1. *Le* sentiment moral, 2. *La* raison, 3. *La* volonté de Dieu.

Nous avons vu (Part. I. Ch. V. & Part. II. Ch. III.) que l'homme trouve en lui-même plusieurs principes pour discerner le bien du mal , & que ces principes sont autant de régles de ses actions & de ses démarches.

Le premier principe de direction que nous trouvons en nous-mêmes , est une sorte d'*instinct* , que nous avons appellé sentiment moral ; qui nous indiquant promptement , mais confusément & sans réfléxion , ce qu'il y a de plus frappant dans la différence du bien & du mal , nous fait aimer l'un , & nous donne de l'aversion pour l'autre , comme par sensation & par goût.

Le second principe est la raison , ou la réfléxion que nous faisons sur la nature des choses , sur leurs rapports & sur leurs suites ; ce qui nous fait connoître encore plus distinctement , par principes & par régles , la distinction du bien & du mal , dans tous les cas possibles.

Mais

Mais à ces deux principes intérieurs de direction, il faut en joindre un troisiéme, qui est la VOLONTE DE DIEU. Car l'homme étant une créature de Dieu, & tenant de lui l'existence, la raison & toutes ses facultés ; il se trouve par là dans une dépendance absolue de son Créateur, & ne peut se dispenser de le reconnoître pour son Seigneur. Ainsi, dès que l'homme connoît les intentions de Dieu par rapport à lui, cette volonté de son maître devient sa régle suprême, & doit décider absolument de sa conduite.

§ IV.
Ces trois principes doivent être réunis.

NE séparons point ces trois principes. Ils sont à la vérité distincts l'un de l'autre, & ils ont chacun leur force particulière : mais dans l'état actuel de l'homme, ils se trouvent liés & nécessairement unis. C'est le *sentiment* qui nous donne les premiers avertissemens ; notre *raison* y ajoute plus de lumière ; & la *volonté de Dieu*, qui est la *rectitude* même, y donne un nouveau dégré de certitude, & y joint le poids de son autorité. C'est sur tous ces fondemens réunis que l'on doit élever l'édifice du Droit naturel, ou le système de la morale.

De-là

De-là il s'enfuit : Que l'homme étant une créature de Dieu , formée avec deſſein & avec ſageſſe , & douée de ſentiment & de raiſon , la régle des actions de l'homme, ou le vrai fondement de la Morale , eſt proprement la volonte de l'Etre supreme , manifeſtée & interprétée, ſoit par le sentiment moral , ſoit par la raison. Ces deux moyens naturels , en nous apprenant à diſtinguer les rapports des actions humaines avec notre conſtitution , ou ce qui eſt la même choſe , avec les fins du Créateur ; nous font connoître par cela même ce que c'eſt que le *bien* ou le *mal* moral , *l'honnéte* ou le *deſhonnéte* , ce qui eſt commandé ou ce qui eſt défendu.

§ V.

De la cauſe primitive de l'obligation.

C'est déja beaucoup que de ſentir & de connoître le bien & le mal ; mais ce n'eſt point aſſés : il faut encore joindre à ce ſentiment & à cette connoiſſance , une *obligation* de faire l'un , & de s'abſtenir de l'autre. C'eſt cette obligation qui forme le *devoir* , ſans quoi il n'y auroit point de Morale *pratique ;* tout ſe termineroit à la *ſpéculation.* Mais quelle eſt la cauſe & le prin-

cipe de l'obligation & du devoir ? Eſt-ce la
nature même des choſes, connue par la
raiſon ? Ou bien eſt-ce la volonté de Dieu ?
C'eſt ce qu'il faut tâcher d'éclaircir.

§ V I.

Toute régle eſt par elle-même obligatoire.

La première réflexion qui ſe préſente
ici, & à laquelle il me ſemble que l'on ne
fait pas aſſés d'attention ; c'eſt que toute
régle des actions humaines, quelle qu'elle
ſoit, emporte avec elle une néceſſité morale de s'y conformer, & produit par conſéquent une ſorte d'obligation. Juſtifions
cette remarque.

La notion générale de *régle* nous préſente l'idée d'un moyen ſûr & abrégé pour
arriver à un certain but. Toute régle ſuppoſe dónc un *deſſein,* ou la volonté de parvenir à une certaine fin que l'on ſe propoſe,
comme l'effet que l'on veut produire, ou
l'objet quel'on a en vue de ſe procurer. Et
il eſt bien manifeſte qu'une perſonne qui
agiroit ſimplement pour agir, ſans aucun
deſſein particulier, ſans aucune fin déterminée ; ne devroit pas ſe mettre en peine
de diriger ſes actions d'une manière plutôt
que d'une autre ; il ſe paſſeroit de *conſeil*
&

& de *régle.* Cela posé , je dis que tout homme qui se propose une certaine fin , & qui
connoît le moyen ou la régle qui seule peut
le conduire à cette fin & lui faire obtenir
ce qu'il cherche , un tel homme se trouve
par cela même , dans la nécessité de suivre
cette régle & d'y conformer ses actions.
Autrement il seroit en contradiction avec
lui-même ; il voudroit une chose , & il ne
la voudroit pas ; il desireroit une fin , &
il négligeroit les moyens, qui de son propre
aveu peuvent seuls l'y conduire. D'où je conclus : QUE toute régle, reconnue pour telle,
c'est-à-dire , pour moyen sûr & unique de
parvenir au but qu'on se propose , emporte
avec soi une sorte d'obligation de s'y conformer. Car dès qu'il y a une *nécessité de
raison* à préférer une certaine manière d'a-
gir à toute autre, tout homme raisonnable,
& qui veut agir comme tel , se trouve par
cela même *engagé* & comme *lié* à cette manière d'agir ; la raison ne lui permettant
pas d'agir d'une manière contraire. C'est-
à-dire , en autres termes , qu'il est véritablement *obligé ;* puisque l'obligation , dans
son idée primitive , n'est qu'une restriction
de la liberté , produite par la raison , entant que les conseils que la raison nous

I 2   donne

donne, font des motifs qui nous déterminent à une certaine façon d'agir préférablement à toute autre. Il est donc vrai que
toute régle est obligatoire.

§ VII.

L'obligation peut être plus ou moins forte.

CETTE obligation il est vrai, peut être
plus ou moins forte, plus ou moins étroite ou resserrée, selon que les raisons qui
l'établissent sont en nombre plus ou moins
grand, & ont par elles-mêmes plus ou
moins de poids & d'efficace pour déterminer la volonté.

Si une certaine manière d'agir me paroît manifestement plus propre que toute
autre à ma conservation & à ma perfection,
à me procurer la santé du corps & le bon
état de mon ame ; cela seul m'oblige d'agir
en conformité : voilà un premier dégré
d'obligation. Si je trouve ensuite, qu'outre l'avantage dont je viens de parler, une
telle conduite m'assurera l'approbation &
l'estime de ceux avec qui je converse ; c'est
un nouveau motif qui fortifie l'obligation
précédente, & qui m'engage encore davantage. Que si poussant plus loin mes réfléxions, je découvre enfin que cette manière

nière d'agir est parfaitement conforme aux
intentions de mon Créateur , qui *veut* &
qui entend que je suive les *conseils* que la
raison me donne , comme autant de véritables *loix* qu'il m'impose ; il est visible
que cette nouvelle considération fortifie
mon engagement , en resserre de plus fort
le *lien* , & achéve de me mettre dans l'indispensable nécessité d'agir en effet de telle
ou telle manière. Car quoi de plus capable
de déterminer finalement un être raisonnable , que l'assurance qu'il a de se procurer
l'approbation & la bienveillance de son supérieur , en agissant conformément à sa
volonté & à ses ordres ; & d'éviter son indignation , qui ne manqueroit pas de se
faire sentir à une créature rebelle ?

§ VIII.

*La raison seule suffit pour imposer à l'homme quel-
que obligation.*

Suivons à présent le fil des conséquences qui découlent de ces principes.

S'il est vrai que toute régle soit par elle-
même obligatoire , & que la raison soit la
régle primitive des actions humaines ; il
s'ensuit que la RAISON seule , indépendamment de la LOI , suffit pour imposer

I 3   quelque

quelque obligation à l'homme, & par conséquent pour donner lieu à la moralité & au devoir, à la louange & au blâme.

Il ne restera aucun doute là-dessus, si en faisant abstraction pour un moment de tout supérieur & de toute loi, on considére d'abord l'état d'un homme seul, envisagé simplement comme un être raisonnable. Cet homme se propose son propre bien, c'est-à-dire, le bon état de son ame & de son corps. Il recherche ensuite les moyens de se procurer ces avantages; & les ayant une fois reconnus, il approuve certaines actions, il en condamne d'autres; & en conséquence il se condamne ou s'approuve soi-même, suivant qu'il agit d'une manière conforme ou opposée au *dictamen* de sa *raison*. Tout cela ne montre-t-il pas évidemment, que la raison seule met un *frein* à la liberté, & qu'ainsi elle nous met véritablement dans l'*obligation* de faire de certaines choses, ou de nous en abstenir?

Allons plus loin. Supposons que cet homme est un père de famille, & qu'il veut agir raisonnablement. Sera-ce une chose *indifférente* pour lui, de prendre soin de ses enfans, ou de les négliger; de pourvoir à leur subsistance & à leur éducation,

ou

ou de ne faire ni l'un ni l'autre ? N'eſt-il pas au contraire évident, que comme cette différente conduite procure néceſſairement ou le *bien* ou le *mal* de cette famille ; l'approbation ou le déſaveu que la raiſon lui donne, la rend moralement bonne ou moralement mauvaiſe, digne de louange ou de blâme.

Il ſeroit aiſé de ſuivre le même raiſonnement, & de l'appliquer à tous les états de l'homme. Mais ce que nous avons dit, fait aſſés voir qu'il ſuffit de conſidérer l'homme comme un être raiſonnable, pour ſentir que la raiſon lui montrant la route qui ſeule peut le conduire à la fin qu'il a en vue, le met par cela même dans la néceſſité de ſuivre cette route & d'y aſſujettir ſa conduite : Que par conſéquent la raiſon ſeule ſuffit pour établir un ſyſtême de *moralité*, d'*obligation*, & de *devoirs* ; puiſque, dès que l'on ſuppoſe qu'il eſt *raiſonnable* de faire certaines choſes ou de s'en abſtenir, c'eſt véritablement reconnoître qu'on y eſt *obligé*.

§ IX.

Objection. *Perſonne ne peut s'obliger ſoi-même.*

Mais, dites-vous, » idée d'*obligation*

I 4   ſuppoſe

» suppose nécessairement un être qui obli-
» ge , & qui doit être distinct de celui qui
» est obligé. Supposer que celui qui oblige
» & celui qui est obligé sont une seule &
» même personne , c'est supposer qu'un
» homme peut faire un contract avec lui-
» même , ce qui est une absurdité. La droi-
» te raison n'est au fonds qu'un attribut de
» la personne obligée : elle ne sauroit donc
» être le principe de l'obligation ; person-
» ne ne pouvant s'imposer à soi-même la
» nécessité indispensable d'agir ou de ne
» point agir de telle ou telle manière. Car
» afin que la nécessité ait lieu , il faut qu'el-
» le ne puisse pas cesser au gré de celui qui
» y est soumis ; autrement elle seroit sans
» effet. Si donc celui à qui l'obligation est
» imposée est le même que celui qui l'im-
» pose , il pourra s'en dégager toutes les
» fois qu'il le jugera à propos , ou plutôt il
» n'y aura point de véritable obligation :
» comme lors qu'un débiteur succéde aux
» biens & aux droits de son créancier , il
» n'y a plus de dette. Or le *devoir* est une
» *dette* , & l'un & l'autre ne sauroient avoir
» lieu qu'entre deux personnes différen-
» tes ». *

* « Nemo sibi debet (dit *Sénéque* de Benef. Lib. 5.

§ X

§ X.
Réponse.

CETTE objection a plus d'apparence que de solidité. En effet , ceux qui prétendent qu'il n'y a proprement ni *obligation* ni *moralité* sans *supérieur* & sans *loi*, doivent nécessairement supposer l'une de ces deux choses : 1°. ou qu'il n'y a point d'autre régle des actions humaines que la loi; 2°. ou bien que s'il y en a quelque autre , il n'y a pourtant que la loi qui soit une régle obligatoire.

La première de ces suppositions est manifestement insoutenable : & après tout ce que nous avons dit là-dessus , il seroit inutile de s'arrêter à la réfuter. Ou la raison a été donnée à l'homme inutilement & sans dessein , ou il faut convenir qu'elle est la régle originaire & primitive de ses actions & de sa conduite. Et qu'y a-t-il de plus naturel que de penser qu'un être raisonnable doit se conduire par la raison ? Si l'on se retranche à dire que bien que la raison soit la régle des actions de l'homme , il n'y a cependant que la loi qui soit régle *obligatoire ;* cette pro-

» Cap. 8.) hoc verbum *debere* non habet nisi inter
» duos locum.

position

position ne sauroit se soutenir, à moins qu'on ne refuse le nom d'*obligation* à toute autre restriction de la liberté qu'à celle qui est produite par la volonté & par l'ordre d'un supérieur ; & alors la question seroit réduite à une dispute de mots. Ou bien, il faut supposer qu'il n'y a effectivement, & que l'on ne sauroit même concevoir aucune obligation, sans faire intervenir la volonté d'un supérieur, ce qui n'est pas exactement vrai.

La source de l'erreur, ou la cause de l'équivoque, est qu'on ne remonte pas jusqu'aux premiers principes, pour déterminer quelle est l'idée primitive de l'*obligation*. On l'a dit, & on le répéte : Toute restriction de la liberté, qui est produite ou approuvée par la droite raison, forme une obligation véritable. Ce qui oblige proprement & formellement c'est le *dictamen* de la conscience, ou le jugement intérieur que nous portons sur telle ou telle régle, dont l'observation nous paroît juste, c'est-à-dire, conforme aux lumières de la droite raison.

§ XI.

Instance, & réponse.

MAIS, dit-on encore, « RAISONNER ainsi

» ainsi, n'est-ce pas contredire les notions
» les plus claires, & renverser les idées
» communément reçues, qui font dépen-
» dre l'*obligation* & le *devoir* de l'interven-
» tion d'un *supérieur*, dont la volonté se
» manifeste par la *loi* ? Que sera-ce qu'une
» obligation imposée par la raison, ou
» que l'homme s'impose à lui-même ? Ne
» pourra-t-il pas toujours s'en libérer à son
» gré ; & si, comme on l'a déja dit, le
» créancier & le débiteur sont une seule
» & même personne, peut-on dire qu'il y
» ait véritablement une dette ? »

Réponse. Cette instance roule sur une
équivoque, ou suppose ce qui est en question. L'on suppose toujours qu'il n'y a,
& qu'il ne peut y avoir, d'autre obligation que celle qui vient d'un supérieur ou
de la loi. Je conviens que tel est le langage
ordinaire des Jurisconsultes : mais cela ne
change point la nature de la chose. Ce
que l'on ajoute ensuite ne prouve rien.
Il est vrai que l'homme peut, s'il le veut,
se soustraire aux obligations que la raison
lui impose : mais, s'il le fait, c'est à ses périls & risques, & il est forcé de reconnoître lui-même qu'une telle conduite est
raisonnable. Mais conclure de-là que la
raison

raifon feule ne fauroit nous obliger , c'eft
aller trop loin ; puifque cette conféquence
porteroit également contre l'obligation
que le fupérieur impofé. Car enfin , l'obligation que produit la loi ne détruit point la
liberté ; nous avons toujours le pouvoir de
nous y foumettre ou de nous en affran-
chir , au rifque de ce qui pourra nous en
arriver. En un mot , il n'eft point queftion
ici de *force* ou de *contrainte* : il ne s'agit
que d'un lien *moral* , qui de quelque manière qu'on le confidére , eft toujours l'ouvrage de la raifon.

§ XII.

Le devoir peut fe prendre dans un fens étendu ou
refferré.

Il eft vrai que le *devoir* , fuivant fa fi-
gnification propre & étroite , eft une *dette ;* & quand on l'envifage ainfi , il préfente l'idée d'une action que quelqu'un *a
droit* d'exiger de nous. Je conviens encore
que cette manière de confidérer le devoir
eft jufte en elle-même. L'homme fait partie d'un *fyftéme* ou d'un *tout* ; en conféquence de quoi il a des relations néceffaires avec d'autres êtres : & les actions de
l'homme envifagé fous ce point de vue ,
ayant toujours quelque rapport à autrui ,
                                        l'idée

l'idée du devoir, pour l'ordinaire, renferme
ce rapport. Cependant, comme il arrive souvent en Morale, que l'on donne au même
terme un sens tantôt plus *étendu*, & tantôt
plus *resserré*, rien n'empêche que l'on ne puisse donner au mot de devoir la signification
la plus ample, en le prenant en général
pour *une action conforme à la droite raison.*
Et alors, on pourra fort bien dire que
l'homme, considéré comme *seul* & comme
un être *à part*, a certains devoirs à remplir. Il suffit pour cela, qu'il y ait certaines actions que la raison approuve, &
d'autres qu'elle condamne. Ces différentes idées n'ont rien d'opposé : au contraire, elles se concilient parfaitement, &
se fortifient même l'une l'autre.

§ XIII.

Résultat de ce que l'on a dit jusqu'ici.

Ce que nous venons de dire se réduit
donc à ceci :

1. La *raison* étant la première *régle* de
l'homme, elle est aussi le premier principe
de la *moralité*, & la cause immédiate de
toute *obligation* primitive.

2. Mais l'homme étant, par sa nature
&

& par son état, dans une dépendance nécessaire du Créateur, qui l'a formé avec
dessein & avec sagesse, & qui en le créant,
s'est proposé de certaines fins; la *volonté* de
Dieu est une autre régle des actions de
l'homme, un autre principe de moralité,
d'obligation & de devoir.

3. Ainsi l'on peut dire qu'il y a en général deux sortes de moralité ou d'obligation ; l'une *antécédente* à la loi, & qui est
l'ouvrage de la seule raison; & l'autre *subséquente* à la loi, & qui en est l'effet. C'est
là-dessus qu'est fondée la distinction dont
nous avons parlé ci-devant d'obligation
interne & *externe*. *

4. Il est vrai que ces différentes espéces
d'obligations n'ont pas toutes la même force. Celle qui vient de la loi est sans contredit la plus parfaite : elle met le frein le
plus fort à la liberté, & elle mérite ainsi
le nom d'obligation par excellence. Mais
il ne faut pas conclure de-là qu'elle soit
l'unique, & qu'il n'y en puisse avoir d'un
autre genre. Une obligation peut être réelle, quoiqu'elle soit différente d'une autre,
& même plus foible.

5. Il est d'autant plus nécessaire d'ad-

* *Voyez* ci-devant. Part. I. Ch. VI. §. 13.

mettre

mettre ces deux sortes d'obligation & de
moralité, que ce qui fait que l'obligation
de la loi est la plus parfaite, c'est qu'elle
réunit ensemble les deux espéces, étant
tout à la fois interne & externe. * Car si
l'on ne faisoit nulle attention à la nature
des loix, & si les choses qu'elles command-
dent ou qu'elles défendent ne méritoient
point par elles-mêmes l'approbation ou la
condamnation de la raison ; l'autorité du
législateur n'auroit alors d'autre fondement que sa *puissance* ; & les loix n'étant
plus que l'effet d'une volonté *arbitraire*,
produiroient plutôt une *contrainte* proprement dite, qu'une *obligation* véritable.

6. Ces remarques s'appliquent sur-tout
aux loix naturelles, de la manière la plus
précise. L'obligation qu'elles produisent
est de toutes les obligations la plus efficace & la plus étendue ; parceque d'un côté,
la disposition de ces loix est en elle-même
très-raisonnable, étant fondée sur la nature des actions, sur les différences qui
les spécifient, & sur le rapport ou l'opposition qu'elles ont avec de certaines fins.
D'un autre côté, l'autorité de Dieu, qui
nous enjoint d'observer ces régles comme

* *Voyez* ci-devant. Part I. Ch. IX. §. 12.

des

des loix qu'il nous prescrit , ajoute une
nouvelle force à l'obligation qu'elles produisent par elles-mêmes , & nous met ainsi
dans l'indispensable nécessité d'y conformer nos actions.

7. Il suit de ces remarques , que ces
deux manières d'établir la moralité, dont
l'une pose pour principe la *raison* , & l'autre la *volonté de Dieu* , ne doivent point
être mises en opposition , comme deux
systêmes incompatibles dont l'un ne
pourroit subsister sans détruire ou exclure l'autre. On doit au contraire allier les
deux méthodes & réunir les deux principes , afin d'avoir un systême complet de
Morale , véritablement fondé sur la nature
de l'homme & sur son état. Car en qualité d'être raisonnable , l'homme est soumis à la raison ; & en qualité de créature
de Dieu , il est assujetti à la volonté de
l'Etre suprême. Et comme ces deux qualités n'ont rien d'opposé ou d'incompatible , ces deux régles , la *raison* & la *volonté
de Dieu* , se concilient aussi parfaitement :
elles sont même naturellement liées l'une à
l'autre, & se fortifient par leur jonction. Et
la chose ne sauroit aller autrement : car
enfin , c'est Dieu lui-même qui est l'auteur
de

de la nature des chofes , & des rapports
qu'elles ont entr'elles ; & en particulier
de la nature de l'homme, de fa conftitution & de fon état ; de la raifon & de fes
facultés : tout eft l'ouvrage de Dieu ,
tout dépend en dernier reffort de fa volonté & de fon inftitution.

§ XIV.

Cette manière d'établir la Moralité n'affoiblit point
le fyftéme du Droit naturel.

BIEN loin donc que cette manière de
pofer les fondemens de l'obligation & du
devoir , affoibliffe le fyftème du Droit naturel ou de la Morale , on peut dire qu'elle
lui donne beaucoup plus de folidité & de
force. C'eft remonter jufqu'aux fources ;
c'eft pofer la première bafe de l'édifice. Je
conviens que pour bien raifonner fur la
Morale , il faut prendre les chofes telles
qu'elles font , fans faire des abftractions ;
c'eft-à-dire , qu'on doit faire attention à
la nature de l'homme , & à fon état actuel , en réuniffant & en combinant toutes les circonftances qui entrent effentiellement dans le fyftème de l'humanité. Mais
cela n'empêche pas que l'on ne puiffe confidérer auffi le fyftème de l'homme en dé-

II. Partie.   K   **tail**

tail, & comme par parties; afin qu'une connoiſſance exacte de chacune de ces parties
nous ſerve à mieux connoître le *tout*. C'eſt
même la ſeule méthode que l'on puiſſe
prendre pour parvenir à ce but.

§ X V.

Examen d'une penſée de Grotius.

CE que l'on a expoſé juſqu'ici peut ſervir à expliquer, & à juſtifier en même-tems,
ce que dit GROTIUS dans ſon diſcours pré-
liminaire §. 11. Cet Auteur, après avoir
établi à ſa manière les principes & les fondemens du Droit naturel ſur la conſtitution de la nature humaine : ajoute « QUE
» tout ce qu'il vient de dire auroit lieu
» EN QUELQUE MANIERE, quand même on
» accorderoit qu'il n'y a point de Dieu ;
» ou que, s'il y en a un, il ne s'intéreſſe
» point aux choſes humaines. » L'on voit
bien par la façon même dont il s'exprime,
que ſa penſée n'eſt pas d'exclure du ſyſtême du Droit naturel la *volonté de Dieu.*
Ce ſeroit mal prendre ſa penſée; puiſqu'il
poſe lui-même cette volonté du Créateur
comme une autre ſource du Droit. Il veut
dire ſeulement, qu'indépendamment de
l'in-

l'intervention de Dieu confidéré comme
légiflateur, les maximes du Droit naturel
ayant leurs fondemens dans la nature des
chofes & dans la conftitution humaine,
la raifon feule impofe déja à l'homme la
néceffité de fuivre ces maximes, & le met
dans l'obligation d'y conformer fa conduite. Et en effet, on ne fauroit difcon-
venir que les idées d'ordre, de convenance, d'honnêteté & de conformité avec la
droite raifon, n'ayent fait de tout tems
impreffion fur les hommes, au moins jufqu'à un certain point, & chés les nations un peu civilifées. L'efprit humain eft
fait de telle manière, que ceux mêmes qui
ne développent pas ces idées dans toute
leur précifion & dans toute leur étendue,
en ont pourtant un fentiment confus, qui
les porte à y acquiefcer dès qu'on les leur
propofe.

§ XVI.

Pour avoir un fyftême de Morale parfait, il faut y
joindre la Religion.

MAIS en même-tems que l'on doit reconnoître la réalité & la certitude de ces
principes, il faut avouer que fi l'on en de-
meuroit-là, ce feroit s'arrêter à moitié

chemin

chemin : ce seroit vouloir mal à propos
établir un systême de Morale indépendamment de toute Religion. Car quoiqu'un
tel systême ne fût pas destitué de tout fondement , il est pourtant vrai qu'il ne sauroit produire par lui-même une obligation
aussi efficace que si on y joint la volonté
de Dieu. L'autorité de l'Etre suprême donnant force de loix proprement dites aux
maximes de la raison , ces maximes acquiérent par-là le plus haut dégré de force
qu'elles puissent avoir pour *lier* & *assujet-*
tir notre volonté , & pour nous mettre
dans l'obligation la plus étroite. Mais ,
pour le dire encore une fois , prétendre
pour cela , que les maximes & les conseils
de la raison considérés en eux-mêmes , &
comme détachés du commandement de
Dieu , ne soient *nullement* obligatoires ;
c'est aller trop loin , c'est conclure au-delà des prémisses , c'est ne vouloir admettre
qu'une seule espéce d'obligation. Or non-
seulement cela n'est pas conforme à la nature des choses ; mais , comme on l'a déja
remarqué , cela iroit encore à affoiblir l'o-
bligation même que produit la volonté du
législateur. Car les ordres de Dieu font
d'autant plus d'impression sur l'esprit , &
sou-

foumettent d'autant mieux la volonté, qu'ils
font approuvés par la raifon , comme étant
en eux-mêmes parfaitement convenables à
notre nature , & très-conformes à notre
conftitution & à notre état.

CHAPITRE VIII.

Conse'quences du chapitre précédent :
Réfléxions fur la diftinction du Juste ,
de l'Honnete & de l'Utile.

§ I.

Il y a beaucoup d'équivoque & de mal - entendu
fur cette matière.

LES réfléxions contenuês dans le chapitre précédent , nous font comprendre qu'il y a de l'équivoque & du mal-entendu dans les divers fentimens des Docteurs fur la *moralité* , ou fur le fondement
des loix naturelles. L'on ne remonte pas
toujours aux premiers principes ; on ne
définit pas & l'on ne diftingue pas avec
affés de précifion ; l'on met en oppofition
des idées qui fe concilient , & qui doivent
même être jointes enfemble. Quelques-uns

K 3   rai-

raiſonnent ſur le ſyſtème de l'homme d'u-
ne manière trop abſtraite ; & ſuivant uniquement leurs ſpéculations métaphyſi-
ques, ils ne font pas aſſés d'attention à l'é-
tat actuel des choſes , & à la dépendance
naturelle dans laquelle l'homme ſe trouve.
D'autres, principalement attentifs à cette
dépendance, rapportent tout à la volonté
& aux ordres du ſouverain Maître , &
ſemblent perdre ainſi de vue la nature
même de l'homme & ſa conſtitution intérieure, de laquelle pourtant on ne ſauroit
le détacher. Ces différentes idées ſont
juſtes en elles-mêmes : mais il ne faut pas
établir l'une à l'excluſion de l'autre , ni la
faire valoir à ſon préjudice. La raiſon veut
au contraire qu'on les réuniſſe , pour avoir
les vrais principes du ſyſtème de l'humanité , dont il faut chercher les fondemens
dans la nature de l'homme & dans ſon
état.

§ II.

Du juſte , *de l'*honnête , *de l'*utile , *de l'ordre & de
la* convenance.

On parle beaucoup de l'*utile* , du *juſte* ,
de l'*honnête* , de l'ordre & de la *convenance* :
mais le plus ſouvent on ne définit point
ces

ces différentes notions d'une manière précise , & l'on confond ensemble quelques-
unes de ces idées. Ce défaut de précision
ne peut que laisser dans le discours de la
confusion & de l'embarras : si l'on veut
faire naître la lumière , il faut bien distinguer & bien définir.

On pourroit dire , ce me semble : Qu'u-
ne action utile est *celle qui , par elle-*
même , tend à la conservation & à la perfec-
tion de l'homme :

Qu'une action juste est *celle que l'on*
considére comme conforme à la volonté d'un
supérieur qui la commande :

Qu'une action est appellée honnete ,
quand on l'envisage comme *conforme aux*
maximes de la droite raison , convenable à la
dignité de notre nature, méritant par-là l'ap-
probation des hommes , & procurant en con-
séquence à celui qui la fait , de la considéra-
tion , de l'estime & de l'honneur.

On ne peut entendre par l'ordre que
la *disposition de plusieurs choses , rélative à*
un certain but , & proportionnée à l'effet que
l'on veut produire.

Enfin , pour la convenance , elle approche beaucoup de l'ordre même. C'est
un rapport de conformité entre plusieurs cho-
K 4   *ses ,*

ses , dont l'une est propre par elle-même à la
perfection de l'autre , & contribue à la main-
tenir dans un état bon & avantageux.

§ III.

Le juste , l'honnête & l'utile , sont distincts l'un de
l'autre ; & il ne faut pas les confondre.

IL ne faut donc pas confondre le juste ,
l'utile & l'honnête : ce seroit brouiller les
idées , puisque ce sont là trois notions
différentes. Mais ces idées quoique distinctes l'une de l'autre , n'ont cependant
rien d'opposé entr'elles : ce sont trois relations, qui peuvent toutes convenir & s'appliquer à une seule & même action , considérée sous différens égards. Et même si
l'on remonte jusqu'à la première origine ,
on trouvera qu'elles dérivent toutes d'une
source commune , ou d'un seul & même
principe , comme trois branches sortent
du même tronc. Ce principe général , c'est
l'approbation de la raison. La raison approuve nécessairement tout ce qui nous
méne au vrai bonheur : & comme ce qui
convient à la conservation & à la perfection de l'homme , ce qui est conforme à la
volonté du souverain Maître duquel il dépend , & ce qui lui procure l'estime & la
con-

considération de ses semblables ; comme
tout cela , dis-je , contribue à sa félicité ,
la raison ne peut qu'approuver chacune de
ces choses , prise séparément , & à plus
forte raison approuve-t-elle sous différens
égards , une action où toutes ces propriétés se trouvent réunies.

§ I V.

Mais quoique distincts , ils sont pourtant naturelle-
ment liés ensemble.

Car tel est l'état des choses , que le juste , l'honnête & l'utile , sont naturellement
liés , & comme inséparables ; du moins , si
l'on fait attention , comme on le doit , à
l'utilité réelle , générale & durable. On
peut dire qu'une telle utilité devient un
caractère pour distinguer ce qui est véritablement juste ou honnête , d'avec ce qui
ne l'est que dans l'opinion erronée des
hommes. C'est une belle & judicieuse remarque de Ciceron. * « Le langage & les
» opinions des hommes se sont (dit-il)
» beaucoup écartés de la vérité & de la

* De Officiis. Lib. II. Cap. 3. & Lib. III. Cap. 3.
Voyez aussi *Grotius.* Droit de la Guerre & de la Paix ,
Disc. prélim. § 17. & suiv. & *Pufendorf* Droit de la
Nat. & des Gens. Liv. II. Ch. III. § 10. 11.

droite

» droite raiſon , en ſéparant l'honnête de
» l'utile , & en ſe perſuadant qu'il y a des
» choſes honnêtes qui ne ſont pas utiles ,
» & qu'il y en a d'autres qui ſont utiles ,
» ſans être honnêtes. C'eſt-là une vraie
» peſte pour la vie humaine. Auſſi voyons-
» nous que SOCRATE déteſtoit ces Sophiſ-
» tes , qui les premiers ont ſéparé dans
» leur opinion deux choſes qui ſe trou-
» vent réellement jointes dans la nature. *

En effet , plus l'on pénétre le plan de la
Providence divine , plus on remarque
qu'elle a voulu lier le bien & le mal moral au bien & au mal phyſique , ou ce
qui eſt la même choſe , le juſte à l'utile.
Et quoique dans certains cas particuliers ,
la choſe ſemble aller autrement , ce n'eſt-
là qu'un déſordre accidentel , qui eſt bien
moins une ſuite naturelle du ſyſtême ,
qu'un effet de l'ignorance ou de la malice

* « In quo lapſa conſuetudo deflexit de via, ſen-
» ſimque eò deducta eſt ut honeſtatem ab utilitate
» ſecerneret , & conſtituerit honeſtum eſſe aliquod
» quod utile non eſſet , & utile quod non honeſtum :
» quà nulla pernicies major hominum viæ potuit
» adferri. *De Offic. Lib. II. Cap. III.* Itaque accepi-
» mus, SOCRATEM exſecrari ſolitum eos qui pri-
» mum hæc naturâ cohærentia, opinione diſtraxiſ-
» ſent. *Idem. Lib. III. Cap. III.*

des

des hommes. A quoi il faut ajoûter, que
si l'on ne s'arrête pas aux premières apparences, mais que l'on envisage le systême
de l'homme dans toute son étendue, il se
trouvera que tout bien compté, & toute
compensation faite, ces irrégularités seront un jour pleinement redressées, comme nous le montrerons en parlant de la
sanction des loix naturelles.

§ V.

Une action est-elle juste parceque Dieu la commande?

L'on propose quelquefois cette question : Une chose est-elle juste parceque
Dieu la commande ? ou bien, Dieu la com-
mande-t-il parcequ'elle est juste ?

Si l'on veut suivre nos principes, la réponse ne sera pas difficile. Une chose est
juste, parceque Dieu la commande : c'est
ce qu'emporte la définition que nous avons
donnée de la justice. Mais Dieu commande telles ou telles choses, parceque ces
choses sont par elles-mêmes raisonnables,
conformes à l'ordre & aux fins qu'il s'est
proposées en créant le genre humain, très-
convenables à la nature & à l'état de l'homme. Ces idées, quoique distinctes, se lient
donc

donc nécessairement , & ce n'est presque
que par une abstraction métaphysique
qu'on peut les séparer.

§ VI.

En quoi consiste la beauté de la vertu , & la perfection
de l'homme.

Remarquons enfin , que cette harmonie, ou cet accord merveilleux, qui se trouve naturellement entre le juste , l'honnête
& l'utile , fait toute la *beauté* de la vertu ,
& nous apprend en même-tems en quoi
consiste la *perfection* de l'homme.

Par une suite des différens systèmes dont
nous avons parlé , les Moralistes se sont
aussi partagés sur ce dernier point. Les uns
ont établi la perfection de l'homme dans
un usage de ses facultés conforme à la nature de son être. D'autres dans le rapport
qu'il y a entre l'usage que nous faisons de
nos facultés , & les intentions de notre
Créateur. Il y en a enfin qui ont prétendu
que l'homme n'étoit parfait , qu'autant
que sa façon de penser & d'agir étoit propre à le conduire à la fin qu'il se propose ,
c'est-à-dire , à sa *félicité*.

Mais ce qui a été dit ci-dessus , montre
assés que ces trois manières d'envisager la
per-

perfection de l'homme, font peu différentes, & ne doivent point être mifes en oppofition. Comme elles rentrent l'une dans
l'autre, il faut plutôt les combiner & les
réunir. La perfection de l'homme confifte véritablement dans la poffeffion des
facultés foit naturelles, foit acquifes, qui
nous mettent à portée d'acquérir, & qui
nous font acquérir en effet un folide bonheur; & cela en conformité des intentions
de notre Auteur, gravées dans le fonds de
notre nature, & clairement manifeftées
par l'état dans lequel il nous a mis. *

Quelqu'un a fort bien dit : « Qu'obéir
» uniquement par la crainte de l'autorité,
» ou par l'efpérance d'une récompenfe,
» fans eftimer ni aimer la vertu à caufe
» de fon excellence propre; cela eft bas &
» mercénaire. Pratiquer au contraire la
» vertu, uniquement par une vue abftrai-
» te de fa convenance & de fa beauté na-
» turelle, fans penfer en aucune manière
» au Créateur & Conducteur de l'Uni-
» vers; c'eft manquer à ce que l'on doit au
» premier & au plus grand des Etres. Ce-
» lui-là feul qui agit conjointement par les
» principes de la raifon, par les motifs de

* Théorie des fentimens agréables. Ch. VIII.

» la

» la piété , par la vue de son grand intérêt ,
» est en même-tems honnête homme , sage
» & pieux : ce qui forme sans comparaison
» le caractère le plus digne & le plus par-
» fait. »

CHAPITRE IX.

De l'APPLICATION des LOIX NATURELLES
aux actions humaines : & premièrement de la CONSCIENCE. *

§ I.

Ce que c'est qu'appliquer les loix aux actions humaines.

DE's que nous avons trouvé le fondement & la régle de nos devoirs , il
n'y a qu'à rappeller ce que nous disions ci-
devant (Partie I. Ch. XI.) de la *moralité*
des actions , pour voir comment les Loix
naturelles s'appliquent aux actions humaines , & quel effet en doit résulter.

L'APPLICATION DES LOIX aux actions

---

* *Voyez* Droit de la Nat. & des Gens. Liv. I. Ch.
III. § 4. & sui. Et devoirs de l'homme & du Citoyen. Liv. I. Ch. I. § 5. 6.

hu-

humaines n'eſt autre choſe que:*Le jugement
que l'on porte ſur la moralité de ces actions ,
en les comparant avec la loi ; jugement par
lequel on prononce que ces actions étant ou
bonnes , ou mauvaiſes , ou indifférentes , on
eſt dans l'obligation de les faire ou de s'en
abſtenir , ou bien que l'on peut uſer de ſa liberté à cet égard : & que , ſuivant le parti
que l'on aura pris , on eſt digne de louange
ou de blâme , d'approbation ou de condamnation.*

Cela s'exécute en deux manières. Car
ou nous jugeons nous-mêmes ſur ce pied-
là de nos propres actions , ou nous jugeons
des actions d'autrui. Au premier cas , ce
jugement s'appelle LA CONSCIENCE : mais
le jugement que l'on porte ſur les actions
d'autrui ſe nomme IMPUTATION. Ce ſont
là , comme l'on voit , deux matières importantes , & d'un uſage univerſel en morale , qui méritent d'être traitées avec
quelque ſoin.

§ II.

Ce que c'eſt que la conſcience.

LA CONSCIENCE n'eſt proprement que
*La raiſon elle-même , conſidérée comme inſ-
truite de la régle que nous devons ſuivre , ou*
                                              de

de la loi naturelle ; & jugeant de la moralité
de nos propres actions & de l'obligation où
nous sommes à cet égard , en les comparant
avec cette régle , conformément aux idées que
nous en avons.

Souvent aussi l'on prend la conscience
pour le jugement même que nous portons
sur la moralité de nos actions : jugement
qui est le résultat d'un raisonnement complet , ou la conséquence que nous tirons
de deux prémisses , ou disertement expri-
mées , ou tacitement conçues. On compare ensemble deux propositions, dont l'une
renferme la loi , & l'autre l'action dont il
s'agit ; & l'on en déduit une troisiéme ,
qui est le jugement que nous faisons de la
qualité de notre action. Tel étoit le raisonnement de *Judas* : Quiconque livre à
la mort un innocent , commet un crime ;
voilà la loi : or c'est ce que j'ai fait ; voilà
l'action : j'ai donc commis un crime ; voilà la conséquence , ou le jugement que sa
conscience portoit sur l'action qu'il avoit
commise.

§ III.

La conscience suppose la connoissance de la loi.

LA CONSCIENCE suppose donc la connoissance

noissance de la loi , & en particulier celle
de la loi naturelle , qui étant la source
primitive de la justice , est aussi la régle
suprême de notre conduite. Et comme les
loix ne peuvent nous servir de régles qu'autant qu'elles nous sont connues , il s'ensuit que la conscience devient ainsi la régle *immédiate* de nos actions : car il est
bien manifeste qu'on ne peut se conformer à la loi , qu'autant qu'elle nous est
connue.

§ IV.

Première régle.

Cela posé , c'est une première regle
sur cette matière , Qu'il *faut éclairer sa*
conscience , la consulter & en suivre les con-
seils.

Il faut éclairer sa conscience , c'est-à-
dire , qu'il ne faut rien négliger pour s'instruire exactement de la volonté du législateur & de la disposition des loix , afin
d'avoir de justes idées de tout ce qui est
ordonné , ou défendu , ou permis. Car
l'on comprend bien que si nous étions
dans l'ignorance ou dans l'erreur à cet
égard , le jugement que nous ferions de
nos actions seroit nécessairement vicieux ,

II. Partie.   L   &

& nous jetteroit ainſi dans l'égarement. Mais cela ne ſuffit pas. Il faut à cette première connoiſſance joindre celle de l'action dont il s'agit. Et pour cela , non-ſeulement il eſt néceſſaire d'examiner cette action en elle-même ; mais on doit auſſi faire attention aux circonſtances particulières qui l'accompagnent , & aux conſéquences qu'elle peut avoir. Autrement , l'on courroit riſque de ſe méprendre dans l'application des loix , dont les diſpoſitions générales ſouffrent pluſieurs modifications , ſuivant les différentes circonſtances qui accompagnent nos actions ; ce qui influe néceſſairement ſur leur moralité , & par conſéquent ſur nos devoirs. C'eſt ainſi , qu'il ne ſuffit pas qu'un Juge , avant que de prononcer ſur une affaire , ſoit bien inſtruit de ce que portent les loix ; il faut de plus qu'il ait une exacte connoiſſance du fait dont il s'agit , & de toutes ſes circonſtances.

Mais ce n'eſt pas ſeulement dans la vue d'éclairer notre raiſon , que nous devons acquérir toutes ces connoiſſances : c'eſt principalement afin d'en faire uſage dans l'occaſion , pour diriger notre conduite. Il faut donc , quand il eſt queſtion d'agir ,
con-

consulter sa conscience , & en suivre les
conseils. C'est là une obligation indispensable. Car enfin , la conscience étant , pour
ainsi dire , le ministre & l'interprête des
volontés du législateur , les conseils qu'elle
nous donne ont toute la force & l'autorité d'une loi , & doivent produire le même effet sur nous.

§ V.

Seconde & troisième régles.

Ce n'est donc qu'en éclairant sa conscience , qu'elle devient une régle sûre de
conduite , dont on peut suivre le *dicta-*
men avec l'assurance de remplir exactement
ses devoirs. Car on s'abuseroit grossiére-
ment , si sous prétexte que la conscience
est la régle immédiate de nos actions , l'on
croyoit que chacun peut toujours faire
légitimement tout ce qu'il s'imagine que la
loi permet ou ordonne. Il faut premiérement savoir si cette persuasion a de justes
fondemens. Car , comme le remarque Pufendorf , * la conscience n'a quelque part
à la direction des actions humaines , qu'en-

* *Voy.* Droit de la Nat. & des Gens. Liv. I.
Ch. III. § 4.

L 2   tant

tant qu'elle est instruite de la loi, à qui
seule il appartient proprement de diriger nos actions. Si l'on veut donc se déterminer & agir avec sureté, il faut dans
chaque occasion particulière, observer les
deux régles suivantes ; simples en elles-
mêmes, & d'une pratique facile, qui viennent naturellement à la suite de notre première régle, & qui n'en sont que le développement. *

Seconde REGLE. *AVANT que de se déterminer à suivre les mouvemens de sa conscience, il faut bien examiner si l'on a les lumières & les secours nécessaires pour juger de la
chose dont il s'agit.* Si l'on manque de ces
lumières & de ces secours, on ne sauroit
rien décider, & moins encore rien entre-
prendre, sans une témérité inexcusable &
très-dangereuse. Cependant rien n'est plus
commun que de pécher contre cette régle.
Combien de gens, par exemple, prennent
parti sur les disputes de Religion, ou sur
des questions difficiles de Morale ou de
Politique, quoiqu'ils ne soient nullement
en état d'en juger ni d'en raisonner ?

Troisiéme REGLE. *SUPPOSÉ qu'en géné-*

* * *Voyez* la Note 1. de M. Barbeyrac sur les Dev.
de l'homme & du Citoyen. Liv. I. Ch. I. § 5.

ral on ait les lumières & les secours néces-
saires pour juger du sujet en question, il faut
voir ensuite, si l'on en a fait actuellement
usage ; en sorte qu'on puisse sans un nouvel
examen, se porter à ce que la conscience sug-
gére. Il arrive tous les jours que pour ne
pas faire attention à cette régle, on se
laisse aller tranquillement à faire bien des
choses dont on reconnoîtroit aisément
l'injustice, si l'on faisoit attention à certains principes clairs dont on reconnoît
d'ailleurs la justice & la nécessité.

Quand on a fait usage des régles que
nous venons d'indiquer, l'on a fait tout
ce que l'on pouvoit & que l'on devoit
faire ; & il est moralement certain que l'on
ne peut ni se tromper dans ses jugemens,
ni s'égarer dans ses déterminations. Que
si malgré toutes ces précautions, il nous
arrivoit pourtant de nous méprendre,
comme cela n'est pas absolument impossible ; ce seroit alors une faute de foiblesse,
inséparable de l'humanité, & qui porteroit
son excuse avec elle aux yeux du souverain
Législateur.

§ VI.

Conscience antécédente & subséquente. *Quatriéme
régle.*

Nous jugeons de nos actions ou avant
que de les faire, ou après les avoir faites :
il y a donc une CONSCIENCE ANTECEDENTE,
& une CONSCIENCE SUBSEQUENTE.

Cette distinction donne lieu de poser
une quatriéme REGLE : C'est *QU'IL est
d'un homme sage de consulter sa conscience
& avant que d'agir , & après avoir agi.*

Se déterminer à agir sans avoir auparavant examiné si ce que l'on va faire est
bien ou mal , c'est manifestement témoi-
gner une indifférence pour son devoir ,
qui est la disposition la plus dangereuse
pour l'homme , & capable de le jetter dans
les égaremens les plus funestes. Mais comme il peut arriver que dans ce premier jugement , on se soit déterminé par passion ,
avec précipitation , ou sur un examen très-
léger ; il est nécessaire de réfléchir de nouveau sur ce que l'on a fait , soit pour se
confirmer dans le bon parti , si on l'a pris ;
soit pour redresser son tort , s'il est possible , & pour se précautionner contre de
pareilles fautes à l'avenir. Cela est d'autant

tant plus important , que l'expérience nous
montre , que nous jugeons souvent tout
autrement d'une chofe faite que d'une
chofe à faire ; & que les préjugés ou les
paffions qui peuvent nous jetter dans l'erreur quand il eft queftion de prendre
parti , difparoiffent pour l'ordinaire , en
tout ou en partie , quand l'action eft faite ,
& nous laiffent alors plus de liberté pour
bien juger de la nature de notre action &
de fes conféquences.

L'habitude de faire ce double examen
de nos actions , eft le caractère effentiel de
l'honnête-homme : rien ne prouve mieux
que l'on a véritablement à cœur de s'acquitter de fes devoirs.

§ VII.

La confcience fubféquente eft ou tranquille *ou* in-
quiéte.

L'effet qui réfulte de cette révifion de
notre conduite eft fort différent , fuivant
que le jugement que nous en portons nous
abfout , ou nous condamne. Au premier
cas , nous nous trouvons dans un état de
fatisfaction & de tranquillité , qui eft la
récompenfe la plus fûre & la plus douce
de la vertu. Un plaifir pur accompagne

L 4   tou-

toujours les actions que la raison approuve ; & la réfléxion ne fait qu'en renouvel-
ler la douceur avec le souvenir. Quoi de
plus heureux en effet que d'être content
de soi-même, & de pouvoir avec une jufte confiance se promettre l'approbation &
la bienveillance du souverain Seigneur de
qui nous dépendons ? Si au contraire la
conscience nous condamne, cette condamnation ne peut qu'être accompagnée d'inquiétude, de trouble, de reproches, de
crainte & de remords ; état si triste, que
les Anciens l'ont comparé à celui d'un homme tourmenté par les furies. « Tout cri-
» me, disoit aussi un Poëte satyrique,
» est désapprouvé par celui même qui le
» commet ; & la première punition que
» ressent un coupable, c'est qu'il ne peut
» s'empêcher de se condamner, lors mê-
» me qu'il auroit trouvé le moyen de se
» faire absoudre par faveur au tribunal du
» Préteur. *

C'estpourquoi l'on dit de la conscience

* » Exemplo quodcumque malo committitur, ipsi
» Displicet auctori : prima hæc est ultio, quòd, se
» Judice, nemo nocens absolvitur, improba quamvis
» Gratia fallaci Prætoris vicerit urnam. *Juv.*13.v.1.

subféquente qu'elle eft *tranquille* ou *inquié-te*, *bonne* ou *mauvaise*.

§ VIII.

Conscience décifive *&* douteufe. *Cinquiéme*, *sixiéme & septiéme régles.*

Le jugement que nous faisons de la mo-ralité de nos actions eft encore fufceptible de plufieurs modifications différentes, & qui produifent de nouvelles diftinctions de la confcience, que nous allons indi-quer. Ces diftinctions peuvent, à parler en général, convenir également aux deux pre-mières efpéces de confcience dont nous avons parlé; mais il femble qu'elles s'ap-pliquent plus fouvent & plus particulière-ment à la confcience antécédente.

La confcience eft donc ou *décifive* ou *douteufe*, fuivant le dégré de perfuafion où l'on eft au fujet de la qualité de l'ac-tion.

Lorfqu'on prononce décifivement & fans aucune difficulté, qu'une action eft con-forme ou oppofée à la loi, ou qu'elle eft permife, & que l'on doit en conféquence, ou la faire, ou s'en abftenir, ou bien que l'on eft en liberté à cet égard; c'eft une conscience decisive. Si au contraire l'efprit

prit demeure comme en fufpens , par le conflict des raifons qu'il voit de part & d'autre , & qui lui paroiffent d'un poids égal , enforte qu'il ne fait de quel côté il doit pencher , on dit que la conscience eft douteuse. Tel étoit le doute des Co- rinthiens , qui ne favoient s'ils pouvoient manger des chofes facrifiées aux idoles , ou s'ils devoient s'en abftenir. D'un côté , la liberté Evangélique fembloit le leur per- mettre ; de l'autre , ils étoient retenus par la crainte de paroître donner par-là quel- que efpéce de confentement à des actes d'i- dolatrie. Ne fachant quel parti prendre , ils écrivirent à S. Paul pour lever leur doute.

Cette diftinction donne auffi lieu à quelques régles. Cinquiéme regle. *Ce n'eft pas fatisfaire pleinement à fon devoir , que de ne faire qu'avec une forte de répu- gnance ce qu'une confcience décifive ordonne : mais l'on doit s'y porter promptement , vo- lontiers & avec plaifir.* * Au contraire , fe déterminer fans balancer & fans répu- gnance , contre les mouvemens d'une telle confcience ; c'eft montrer le plus haut dé- gré de dépravation & de malice , & fe ren- dre incomparablement plus criminel que

* *Voyez* ci-devant. Part. II. Ch. V. § 7.

fi

fi l'on étoit entraîné par une paſſion ou une tentation violente *.

Sixiéme REGLE. A l'égard de la conſcience douteuſe : *IL ne faut rien négliger pour ſe tirer de l'incertitude , & l'on doit s'abſtenir d'agir, tant que l'on ne ſait paſ ſi l'on fera bien ou mal* : autrement on témoigneroit un mépris indirect de la loi, en s'expoſant volontairement au hazard de la violer, ce qui eſt une conduite très-blâmable. La régle dont nous parlons doit ſur-tout s'obſerver dans les choſes de grande importance.

Septiéme REGLE. *MAIS ſi l'on ſe trouve dans des circonſtances où l'on ſoit néceſſairement obligé de ſe déterminer & d'agir, il faut , par une nouvelle attention , tâcher de démêler quel eſt le parti le plus probable, le plus ſûr , & dont les conſéquences ſoient les moins dangereuſes.* Tel eſt pour l'ordinaire le parti oppoſé à la paſſion : l'on va au plus ſûr en n'écoutant pas trop ſon penchant. De même on ne riſquera guères de ſe tromper dans un cas douteux , en écoutant plutôt ce que dicte la charité que les ſuggeſtions de l'amour-propre.

* *Voyez* Grot. Droit de la Guerre & de la Paix. Liv. II. Ch. XX. § 19.

§ IX.

Conscience scrupuleuse. *Huitiéme régle.*

OUTRE la conscience douteuse proprement dite, & que l'on peut aussi nommer *irrésolue*, il y a une CONSCIENCE SCRUPULEUSE, qui est produite par des difficultés legères & frivoles, qui s'élévent dans l'esprit, quoique l'on ne voie d'ailleurs aucune bonne raison de douter.

· Huitiéme REGLE. *DE tels scrupules ne doivent donc pas nous empêcher d'agir s'il le faut : & comme ils ne viennent d'ordinaire, ou que d'une fausse délicatesse de conscience, ou que d'une superstition grossière ; on en sera bien-tôt délivré, si l'on examine la chose attentivement.*

§ X.

Conscience droite *ou* erronée. *Neuviéme régle.*

REMARQUONS ensuite que la conscience décisive, suivant qu'elle décide bien ou mal, est ou DROITE, OU ERRONE'E.

Ceux, par exemple, qui croient devoir s'abstenir de la vengeance proprement dite, quoique la loi naturelle permette une légitime défense, ont une conscience droite.

D'un

D'un autre côté, ceux qui penſent que la loi qui veut que l'on ſoit fidéle à ſes engagemens n'oblige pas envers des hérétiques , & que l'on peut légitimement s'en diſpenſer à leur égard , ont une conſcience erronée.

Mais que doit-on faire dans le cas d'une conſcience erronée ?

Neuviéme Regle. Je réponds: *Qu'il faut toujours ſuivre les mouvemens de ſa conſcience , lors même qu'elle eſt erronée , & ſoit que l'erreur ſoit vincible ou invincible.*

Cette régle peut d'abord paroître étrange , puiſqu'elle ſemble preſcrire le mal : car on ne ſauroit douter qu'un homme qui agit ſuivant une conſcience erronée ne prenne un mauvais parti. Mais ce parti eſt encore moins mauvais , que ſi l'on ſe déterminoit à faire une choſe que l'on eſt fermement perſuadé être contraire à la diſpoſition des loix : car cela marqueroit un mépris direct du Légiſlateur & de ſes ordres ; ce qui eſt la diſpoſition la plus vicieuſe. Au lieu que le premier parti , bien que mauvais en ſoi , eſt cependant l'effet de la diſpoſition louable d'obéir au Légiſlateur , & de ſe conformer à ſa volonté.

Mais il ne s'enſuit pas de-là que l'on ſoit

foit toujours *excufable* en fuivant les mouvemens d'une confcience erronée : cela n'a
lieu que lorfque l'erreur eft *invincible*. Si
au contraire elle eft *furmontable*, & que
l'on fe trompe fur ce qui eft *ordonné* ou *défendu*, l'on péche également, foit qu'on
agiffe fuivant fa confcience, ou contre
fes décifions. Ce qui fait bien voir, pour
le dire encore une fois, combien l'on
eft intéreffé à éclairer fa confcience ; puifque dans le cas dont nous parlons, celui
dont la confcience eft erronée fe trouve
dans la trifte néceffité de faire mal, quelque parti qu'il prenne. Que s'il arrive
qu'on fe méprenne au fujet d'une chofe
indifférente, & que l'on foit fauffement
perfuadé qu'elle eft *ordonnée* ou *défendue*,
on ne péche alors que quand on agit contre les lumières de fa confcience.

§ XI.

Confcience démonftrative *ou* probable. *Dixiéme régle.*

Enfin la confcience droite eft encore de
deux fortes, ou *bien éclairée & démonftrative*, ou fimplement *probable*.

La conscience bien eclaire'e eft celle
qui fe fonde fur des principes certains, &
fur

fur des raifons démonftratives , autant
du moins que le permet la nature des
chofes morales ; enforte que l'on peut
faire voir clairement & diftinctement la
rectitude du jugement que l'on fait de
telle ou telle action. Si au contraire ,
quoique l'on foit convaincu de la vérité
du jugement que l'on porte , il n'eft fondé que fur des vraifemblances , & que
l'on ne puiffe pas en démontrer la certitude méthodiquement & par des principes
inconteftables , la conscience n'eft que
probable.

Les fondemens de la confcience probable font en général l'*autorité* & l'*exemple* , foutenus par un fentiment confus
d'une *convenance naturelle* , & quelquefois
auffi par des *raifons populaires* , qui fem-
blent tirées de la nature même des chofes.
C'eft par cette forte de confcience que fe
conduifent la plupart des hommes , y en
ayant peu qui foient en état de connoître
la néceffité indifpenfable de leurs devoirs ,
en les déduifant de leurs premières fources , par une fuite méthodique de conféquences ; fur-tout quand il s'agit des maximes de Morale , qui étant un peu éloignées des premiers principes , demandent
une

une longue fuite de raifonnemens. Et cette conduite n'eft point déraifonnable. Car ceux qui n'ont pas par eux-mêmes des lumières fuffifantes pour bien juger de la nature des chofes, ne fauroient mieux faire que de s'en rapporter au jugement des perfonnes éclairées : c'eft la feule reffource qui leur refte pour agir avec quelque fureté. On pourroit à cet égard comparer les perfonnes dont il s'agit aux jeunes gens, dont le jugement n'a pas encore acquis toute fa maturité, & qui doivent écouter les confeils de leurs fupérieurs, & s'y conformer. L'autorité & l'exemple des perfonnes fages & éclairées peut donc être en certains cas, au défaut de nos propres lumières, un principe raifonnable de détermination & de conduite.

Mais enfin, comme ces fondemens de la confcience probable ne font pas fi folides qu'on ait lieu de s'y arrêter abfolument, il faut établir pour X^e. REGLE : *QUE l'on doit faire tous fes efforts pour augmenter le dégré de vraifemblance de fes opinions, afin d'approcher, autant qu'il eft poffible, de la confcience démonftrative & bien éclairée, & qu'il ne faut fe contenter de la probabilité que lorfqu'on ne peut faire mieux.*

CHA

CHAPITRE X.

Du MERITE & du DEMERITE des actions humaines, & de leur IMPUTATION, relativement aux loix naturelles. *

§ I.

Distinction de l'imputabilité & de l'imputation. Ce que c'est que Cause morale.

EN expliquant ci-devant ** la nature des actions humaines considérées par rapport au Droit, nous avons remarqué, qu'une qualité essentielle de ces actions est d'être susceptibles d'*imputation* ; c'est-à-dire, que l'agent peut en être regardé avec raison comme le véritable auteur, qu'on peut les mettre sur son compte, l'en rendre responsable ; tellement que les effets bons ou mauvais qui en proviennent lui seront justement attribués, & qu'ils retomberont sur lui comme en étant la cause. Sur quoi nous avons posé ce principe : *QUE toute action volontaire est de nature à pouvoir être imputée.*

* *Voyez* sur ce Ch. & le suivant, *Pufendorf,* Droit de la Nat. & des Gens. L. I. Ch. V. & Ch. IX.
** Part. I. Ch. III.

II. Partie.　　　　　　　　M　　　On

On appelle en général, CAUSE MORALE d'une action *celui qui l'a produite, en tout ou en partie, par une détermination de sa volonté ;* soit qu'il l'éxecute lui-même physiquement & immédiatement, & qu'il en soit l'*auteur;*soit qu'il la procure par le fait d'autrui, & que par-là il en soit la *cause.* Ainsi, soit que l'on blesse quelqu'un de sa main, soit que l'on aposte des assassins pour le faire, on est également la cause morale du mal qui en résulte.

Nous remarquions aussi qu'il ne faut pas confondre l'*imputabilité* des actions humaines avec leur *imputation actuelle.* La première, comme on vient de le dire, est une qualité de l'action ; la seconde, est un acte du Législateur, du Juge, ou de quelque autre, qui met actuellement sur le compte de quelqu'un une action qui de sa nature est telle qu'elle peut être imputée.

§ II.

Ce que c'est que l'imputation. *Elle suppose la connoissance de la loi & du fait.*

L'IMPUTATION *est* donc proprement *un jugement par lequel on déclare que quelqu'un étant l'auteur ou la cause morale d'une action*

tion commandée ou défendue par les loix , les effets bons ou mauvais qui font la fuite de cette action , doivent actuellement lui être attribués; qu'en conféquence il en eſt reſponſable, & qu'il doit en être loué ou blâmé , récompenſé ou puni.

Ce jugement d'imputation , aufli-bien que celui de la conſcience, ſe fait en appliquant la loi à l'action dont il s'agit , en comparant l'une avec l'autre , pour prononcer enſuite ſur le *mérite* du fait , & faire reſſentir en conſéquence à celui qui en eſt l'auteur , le bien ou le mal , la peine ou la récompenſe que la loi y a attaché. Tout cela ſuppoſe néceſſairement une connoiſſance éxacte de la loi & de ſon véritable ſens , aufli-bien que du fait en queſtion & de ſes circonſtances , qui peuvent avoir quelque rapport à la diſpoſition de la loi. Le défaut de ces connoiſſances ne pourroit que rendre l'application fauſſe & le jugement vicieux.

§ III.

Exemples.

Dᴏɴɴᴏɴs-en quelques exemples. L'un des Hᴏʀᴀᴄᴇs, qui demeura vainqueur du

M 2   com-

combat entre les trois frères de ce nom &
les trois CURIACES, outré de colère contre sa sœur, qui au lieu de se réjouir de
sa victoire, pleuroit la mort d'un des
CURIACES son amant, & lui en faisoit des
reproches amers, se porta à la tuer. Il fut
accusé devant les DUUMVIRS : & il étoit
question de sçavoir si la loi contre les
homicides devoit être appliquée au cas
présent, pour en faire porter la peine au
meurtrier. Ce fut le sentiment des Juges,
qui condamnèrent en effet le jeune Romain. L'affaire étant portée au PEUPLE,
il en jugea tout autrement. Il fut d'avis
que la loi n'étoit pas applicable au fait;
parcequ'une fille Romaine qui se mon-
troit plus touchée de son intérêt particulier que sensible au bien de sa patrie, pouvoit en quelque manière être regardée &
traitée comme un ennemi; & en conséquence il renvoya le jeune homme absous.
Ajoutons encore l'exemple d'une imputation avantageuse, ou d'un jugement de
récompense. CICERON, au commencement
de son Consulat, découvrit la conjuration
de CATILINA, qui menaçoit la République de sa ruine. Dans cette conjoncture
délicate, il se conduisit avec tant de prudence

dence & d'habileté, que cette conjuration fut détruite par la mort de peu de criminels, sans bruit, sans sédition, & sans retour. Cependant J. CESAR & quelques autres ennemis de CICERON l'accusérent devant le Peuple, comme ayant fait mourir des citoyens contre les régles, & sans que le Sénat ou le Peuple eussent porté contr'eux aucun jugement. Mais le Peuple faisant attention aux circonstances du fait, au péril que la République avoit couru, & au service important que lui avoit rendu CICERON, bien loin de le condamner comme violateur des loix, le décora par son décret, du titre glorieux de PERE DE LA PATRIE.

§ IV.

Principes. 1. *On ne peut pas conclurre de la seule imputabilité à l'imputation actuelle.*

POUR bien établir les principes & les fondemens de cette matière, il faut d'abord remarquer, 1. QUE l'on ne doit pas conclure de la seule *imputabilité* d'une action à son *imputation actuelle*. Afin qu'une action mérite d'être actuellement imputée, il faut nécessairement le concours de ces deux conditions : 1°. Qu'elle soit de nature à pouvoir l'être ; & 2°. Que l'agent

soit

foit dans quelque *obligation* de la faire ou
de s'en abftenir. Un exemple rendra la
chofe fenfible. De deux jeunes hommes
en qui l'on fuppofe les mêmes talens &
les mêmes commodités , mais que rien
n'oblige d'ailleurs à favoir l'Algébre , l'un
s'applique à cette fcience , & l'autre ne le
fait pas. Quoique l'action de l'un & l'omiffion de l'autre foient par elles - mêmes de
nature à pouvoir être imputées ; cependant elles ne le feront dans ce cas-ci , ni
en *bien* , ni en *mal*. Mais fi l'on fuppofe
que ces deux jeunes hommes font deftinés
par leur Prince , l'un à être Confeiller
d'Etat , l'autre à quelque emploi militaire ;
en ce cas , leur application ou leur négligence à s'inftruire dans la Jurifprudence ,
par exemple , ou dans les Mathématiques ,
leur feroit méritoirement imputée. C'eft
qu'alors ils font tous deux indifpenfable-
ment obligés d'acquérir les connoiffances
néceffaires pour bien s'acquitter des em-
plois aufquels ils font appellés. D'où il paroît manifeftement que comme l'*imputabilité* fuppofe le pouvoir d'agir ou de ne
pas agir , l'*imputation actuelle* demande
outre cela , que l'on foit dans l'obligation
de faire l'un ou l'autre.

§ V.

§ V.

2. *L'imputation suppose quelque liaison entre l'action*
& ses suites.

2. Q U A N D on impute une action à
quelqu'un , on le rend , comme on l'a
dit , responsable des suites bonnes ou
mauvaises de l'action qu'il a faite. Il suit
de-là que pour rendre l'imputation juste ,
il faut qu'il y ait quelque liaison nécessaire ou accidentelle entre ce que l'on a
fait ou omis , & les suites bonnes ou
mauvaises de l'action ou de l'omission ;
& que d'ailleurs l'agent ait eu connoissance de cette liaison , ou que du moins
il ait pu prévoir les effets de son action
avec quelque vraisemblance. Sans cela
l'imputation ne sauroit avoir lieu , comme
on le sentira par quelques exemples. Un
armurier vend des armes à un homme fait ,
qui lui paroît en son bon sens , de sang
froid & n'avoir aucun mauvais dessein.
Cependant cet homme va sur le champ
attaquer quelqu'un injustement , & il le
tue. On ne sauroit rien imputer à l'armurier , qui n'a fait que ce qu'il avoit droit
de faire , & qui d'ailleurs ne pouvoit ni
ne

ne devoit prévoir ce qui est arrivé. Mais
si quelqu'un laissoit par négligence des pis-
tolets chargés sur sa table, dans un lieu
exposé à tout le monde; & qu'un enfant
qui ne connoît pas le danger, se blesse ou
se tue; le premier est certainement responsable du malheur qui est arrivé : car
c'étoit une suite claire & prochaine de
ce qu'il a fait, & il pouvoit & devoit
le prévoir.

Il faut raisonner de la même manière
à l'égard d'une action qui a produit quelque bien. Ce bien ne peut nous être attribué, lorsqu'on en a été la cause sans le
savoir & sans y penser. Mais aussi il n'est
pas nécessaire pour qu'on nous en sache
quelque gré, que nous ayions une certitude entière du succès ; il suffit que l'on
ait lieu de le présumer raisonnablement ;
& quand l'effet manqueroit absolument,
l'intention n'en seroit pas moins louable.

§ VI.

3. *Fondemens du* mérite *&* du démérite.

3. MAIS pour remonter jusqu'aux premiers principes de cette théorie, il faut
remarquer que dès que l'on suppose que
l'homme se trouve par sa nature & par son
état, assujetti à suivre certaines régles de
con-

conduite ; l'observation de ces régles fait la *perfection* de la nature humaine & de son état , & leur violation produit au contraire la dégradation de l'un & de l'autre. Or nous sommes faits de telle manière , que la perfection & l'ordre nous plaisent par eux-mêmes , & que l'imperfection , le désordre & tout ce qui y a rapport , nous déplaît naturellement. En conséquence , nous reconnoissons que ceux qui répondant à leur destination , font ce qu'ils doivent , & contribuent ainsi au bien & à la perfection du système de l'humanité , sont dignes de notre approbation, de notre estime & de notre bienveillance ; qu'ils peuvent raisonnablement exiger de nous ces sentimens , & qu'ils ont quelque droit aux effets avantageux qui en sont les suites naturelles. Nous ne saurions au contraire nous empêcher de condamner ceux qui par un mauvais usage de leurs facultés, dégradent leur propre nature & leur état ; nous reconnoissons qu'ils sont dignes de désapprobation & de blâme , & qu'il est conforme à la raison , que les mauvais effets de leur conduite retombent sur eux. Tels sont les vrais fondemens du mérite & du démérite.

§ VII.

§ VII.

Ce que c'est que le mérite & le démérite.

Le mérite *est donc une qualité qui nous donne droit de prétendre à l'approbation, à l'estime & à la bienveillance de nos supérieurs ou de nos égaux, & aux avantages qui en sont une suite.* Le démérite *est une qualité* opposée, *qui nous rendant dignes de la désapprobation & du blâme de ceux avec lesquels nous vivons, nous force pour ainsi dire, de reconnoître que c'est avec raison qu'ils ont pour nous ces sentimens, & que nous sommes dans la triste obligation de souffrir les mauvais effets qui en sont les conséquences.*

Ces notions du mérite & du démérite ont donc, comme on le voit, leur fondement dans la nature même des choses, & elles sont parfaitement conformes au sentiment commun, & aux idées généralement reçues. La *louange* & le *blâme*, à en juger raisonnablement, suivent toujours la qualité des actions, suivant qu'elles sont moralement *bonnes* ou *mauvaises*. Cela est clair à l'egard du Législateur. Il se démentiroit lui-même grossièrement, s'il n'approuprouvoit pas ce qui eſt conforme à ſes loix, & s'il ne condamnoit pas ce qui y eſt contraire. Et par rapport à ceux qui dépendent de lui, ils ſont par cela même obligés de régler là-deſſus leurs jugemens.

§ VIII.

4. *Le mérite & le démérite ont leurs dégrés, & l'imputation auſſi.*

4. Nous avons remarqué ci-devant qu'il y a de meilleures actions les unes que les autres, & que les mauvaiſes peuvent auſſi l'être plus ou moins, ſuivant les diverſes circonſtances qui les accompagnent, & les diſpoſitions de celui qui les fait.*Le mérite & le démérite ont donc leurs *dégrés* : ils peuvent être plus ou moins grands. C'eſt-pourquoi, quand il s'agit de déterminer préciſément juſqu'à quel point on doit imputer une action à quelqu'un, il faut avoir égard à ces différences ; & la *louange* ou le *blâme*, la *récompenſe* ou la *peine*, doivent auſſi avoir leurs dégrés, proportionnellement au mérite ou au démérite. Ainſi, ſelon que le bien ou le mal qui provient d'une action eſt plus ou moins conſidé-

---

* Part. I. Ch. XI. § 12.

rable,

rable, selon qu'il y avoit plus ou moins de
facilité ou de difficulté à faire cette action,
ou à s'en abstenir, selon qu'elle a été faite
avec plus ou moins de réfléxion & de liberté, selon que les raisons qui devoient
nous y déterminer ou nous en détourner
étoient plus ou moins fortes, & que l'intention & les motifs en sont plus ou moins
nobles & généreux ; l'imputation s'en fait
aussi d'une manière plus ou moins efficace,
& les effets en sont plus avantageux ou
plus fâcheux.

§ IX.

5. L'imputation est ou simple ou efficace.

5. L'IMPUTATION peut se faire par différentes personnes, comme on l'a déja insinué : & l'on comprend bien que dans ces
cas différens, les effets n'en sont pas toujours les mêmes, mais qu'ils doivent être
plus ou moins grands & importans, selon
la *qualité* des personnes, & selon le différent *droit* qu'elles ont à cet égard. Quelquefois l'imputation se borne simplement
à la louange ou au blâme ; quelquefois elle
va plus loin. C'est ce qui donne lieu de
distinguer deux sortes d'imputation, l'une
SIMPLE, l'autre EFFICACE. La première, est
celle

celle qui confiste seulement à approuver
ou à désapprouver l'action , ensorte qu'il
n'en résulte aucun autre effet par rapport
à l'agent. Mais la seconde ne se borne pas
au blâme ou à la louange ; elle produit
encore quelque effet bon ou mauvais à
l'égard de l'agent, c'est-à-dire , quelque
bien ou quelque mal réel & positif qui re-
tombe sur lui.

§ X.

6. *Effets de l'une & de l'autre.*

6. L'imputation simple peut être faite
indifféremment par chacun , soit qu'il ait
ou qu'il n'ait pas un intérêt particulier &
personnel à ce que l'action fût faite , ou
qu'elle ne le fût pas : il suffit d'y avoir un
intérêt général & indirect. Et comme l'on
peut dire que tous les membres de la société sont intéressés à ce que les loix naturelles soient bien observées , ils sont tous
en droit de louer ou de blâmer les actions
d'autrui , selon qu'elles sont conformes ou
opposées à ces loix. Ils sont même dans
une sorte *d'obligation* à cet égard. Le respect qu'ils doivent au Législateur & à ses
loix l'exige d'eux ; & ils manqueroient à
ce qu'ils doivent à la société & aux particuliers

culiers , s'ils ne témoignoient pas , du moins par leur approbation ou leur défaveu , l'eſtime qu'ils font de la probité & de la vertu , & l'averſion qu'ils ont au contraire pour la méchanceté & pour le crime.

Mais à l'égard de l'imputation efficace , il faut, pour pouvoir la faire légitimement, que l'on ait un intérêt particulier & direct à ce que l'action dont il s'agit ſe faſſe ou ne ſe faſſe pas. Or ceux qui ont un tel intérêt , ce font 1°. Ceux à qui il appartient de *régler* l'action : 2°. Ceux qui en font l'*objet* , c'eſt-à-dire , ceux envers leſquels on agit , & à l'avantage ou au déſavantage deſquels la choſe peut tourner. Ainſi un Souverain qui a établi des loix , qui ordonne certaines choſes ſous la promeſſe de quelque récompenſe , & qui en défend d'autres ſous la menace de quelque peine , doit ſans doute s'intéreſſer à l'obſervation de ſes loix ; & il eſt en droit par conſéquent d'imputer à ſes ſujets leurs actions d'une manière efficace , c'eſt-à-dire, de les récompenſer ou de les punir. Il en eſt de même de celui qui a reçu quelque injure ou quelque dommage d'autrui : il ſe trouve par cela même , en droit d'imputer efficacement cette action à ſon auteur ,

teur, pour en obtenir une juste satisfaction, & un dédommagement raisonnable.

§ XI.

7. Si tous les intéressés n'imputent point une action,
elle est censée n'avoir point été faite.

7. Il peut donc arriver que plusieurs
personnes soient en droit d'imputer chacune de son côté, la même action à celui
qui l'a faite, parceque cette action les
intéresse tous à différens égards. Et alors,
si quelqu'un des intéressés veut bien relâcher de son droit, en n'imputant point
l'action à l'agent pour ce qui le concerne;
cela ne préjudicie en aucune manière au
droit des autres, qui n'est point en son
pouvoir. Lorsqu'un homme m'a fait une
injure, je puis bien lui pardonner, pour
ce qui me regarde; mais cela ne diminue en rien le droit que peut avoir le Souverain de prendre connoissance de cette
injure, & de punir celui qui en est l'auteur,
comme violateur des loix, & perturbateur
de l'ordre & de la police. Mais si tous ceux
qui ont intérêt à l'action veulent bien ne la
point imputer, & qu'ils pardonnent tous
ensemble l'injure & le crime, alors l'action
doit être censée moralement n'avoir point
été

été faite ; puisqu'elle n'est effectivement suivie d'aucun effet moral.

§ XII.

8. *Différence entre l'imputation des bonnes & des mauvaises actions.*

8. RÉMARQUONS enfin qu'il y a quelque différence entre l'imputation des bonnes & des mauvaises actions. Lorsque le Législateur a établi une certaine récompense pour une bonne action, il s'oblige par cela même à donner cette récompense, & il accorde le droit de l'exiger à ceux qui s'en sont rendu dignes par leur obéissance. Mais à l'égard des peines décernées pour les actions mauvaises, le Législateur peut effectivement les infliger, s'il le veut, & il est incontestablement en droit de le faire ; ensorte que le coupable ne sauroit raisonnablement se plaindre du mal qu'on lui fait souffrir, puisqu'il se l'est méritoirement attiré par sa désobéissance. Mais il ne s'ensuit pas de-là, que le Souverain soit indispensablement obligé de punir à la rigueur. Il demeure toujours le maître d'user de son droit ou de faire grace, de relâcher entièrement ou de diminuer la peine, & il peut avoir de bonnes raisons de faire l'un ou l'autre.

CHA-

CHAPITRE XI.

APPLICATION *de ces principes à différentes espéces d'actions, pour juger comment elles doivent être imputées.*

§ I.

Quelles actions sont actuellement imputées.

NOus pourrions nous en tenir aux principes généraux qui viennent d'être posés, s'il n'étoit utile d'en montrer l'application, & de faire connoître plus particulièrement de quelles actions & de quels événemens l'on est ou l'on n'est pas *responsable.*

1. Et premièrement, il suit de ce que nous avons dit, que l'on impute méritoirement à quelqu'un toute action ou omission dont il est l'auteur ou la cause, & qu'il pouvoit ou qu'il devoit faire ou omettre.

Actions de ceux qui n'ont pas l'usage de la raison.

2. Les actions de ceux qui n'ont pas l'usage de la raison, tels que sont les enfans, les insensés, les furieux, ne doivent point

II. Partie.　　　　　N　　　　leur

leur être imputées. Le défaut de connoiſſance empêche dans ces cas-là, l'imputation. Car ces perſonnes n'étant pas en état
de ſavoir ce qu'elles font, ni de le comparer avec les loix; leurs actions ne ſont pas
proprement des actions *humaines*, & ne
renferment aucune moralité. Si l'on gron-
de, ou ſi l'on bat un enfant, ce n'eſt point
en forme de *peine*; ce ſont de ſimples *cor-
rections*, par leſquelles on ſe propoſe principalement d'empêcher qu'il ne contracte
de mauvaiſes habitudes.

De ce qui eſt fait dans l'yvreſſe.

3. A l'égard de ce qui eſt fait dans l'y-
vreſſe; toute yvreſſe contractée volontairement, n'empêche point l'imputation
d'une mauvaiſe action commiſe dans cet
état.

§ II.

Des choſes impoſſibles. Du défaut d'occaſion.

4. L'ON n'impute à perſonne les choſes
qui ſont véritablement au-deſſus de ſes
forces, non plus que l'omiſſion d'une choſe ordonnée, ſi l'occaſion d'agir a manqué.
Car l'imputation d'une omiſſion ſuppoſe
manifeſtement ces deux choſes; 1°. que
l'on ait eu les forces & les moyens néceſſaires

faires pour agir ; & 2⁰. que l'on ait pu
faire usage de ces moyens, sans préjudice
de quelqu'autre devoir plus indispensable,
ou sans s'attirer quelque mal considérable
auquel on n'étoit pas obligé de s'exposer.
Bien entendu que l'on ne se soit pas mis
dans l'impuissance d'agir par sa faute : car
alors le Législateur pourroit aussi légitimement punir ceux qui se sont mis dans une
telle impuissance, que si étant en état d'a-
gir, ils refusoient de le faire. Tel étoit à
Rome le cas de ceux qui se coupoient le
pouce, pour se mettre hors d'état de ma-
nier les armes, & pour se dispenser d'aller
à la guerre. De même, un débiteur n'est
point excusable quand c'est par sa mauvaise conduite, qu'il s'est mis dans l'impos-
sibilité d'acquitter ses dettes. Et l'on est
même méritoirement rendu responsable
d'une chose impossible en soi, si l'on a en-
trepris de faire ce que l'on savoit, ou que
l'on pouvoit aisément savoir être au-dessus
de ses forces, si quelqu'un en souffre quelque dommage.

§. III.

Des qualités naturelles.

5. Les qualités naturelles de l'esprit ou

du corps ne sauroient par elles-mêmes être
imputées, ni en bien ni en mal. Mais on
est digne de louange, lorsque par son application & par ses soins, on perfectionne
ces qualités, ou que l'on corrige ces dé-
fauts; & au contraire, on est avec justice
rendu comptable des imperfections & des
infirmités qui proviennent de mauvaise
conduite ou de négligence.

Des événemens produits par des causes extérieures.

6. Les effets des causes extérieures, & les
événemens quels qu'ils soient, ne sauroient
être attribués à quelqu'un, ni en bien, ni
en mal, qu'autant qu'il pouvoit & devoit
les procurer, les empêcher, ou les diriger,
& qu'il a été ou soigneux ou négligent
à cet égard. Ainsi on met sur le compte
d'un laboureur une bonne ou une mauvaise
récolte, selon qu'il a bien ou mal travaillé
les terres de la culture desquelles il étoit
chargé.

§ IV.
De ce qui est fait par ignorance ou par erreur.

7. A l'égard des choses faites par erreur
ou par ignorance, on peut dire en général,
que l'on n'est point responsable de ce que
l'on fait par une ignorance invincible,
quand d'ailleurs elle est involontaire dans
son

fon origine & dans fa caufe. Si un Prince
traverfe fes Etats travefti & *incognito* , fes
fujets ne font point blâmables de ce qu'ils
ne lui rendent pas les honneurs qui lui font
dûs. Mais on imputeroit avec raifon une
fentence injufte à un Juge , qui par fa négligence à s'inftruire du *fait* ou du *droit* ,
auroit manqué des connoiffances néceffaires pour juger avec équité. Au refte, la pof-
fibilité de s'inftruire , & les foins que l'on
doit prendre pour cela , ne s'eftiment pas
à toute rigueur dans le train ordinaire de
la vie : on confidére ce qui fe peut ou ne
fe peut pas moralement , & avec de juftes
égards à l'état actuel de l'humanité.

L'ignorance ou l'erreur en matière de
loix & de devoirs , paffe en général pour
volontaire , & n'empêche point l'imputation des actions ou des omiffions qui en
font les fuites. C'eft une conféquence des
principes que nous avons pofés ci-devant.*
Mais il peut y avoir des cas particuliers ,
dans lefquels la nature de la chofe , qui fe
trouve par elle-même d'une difcuffion difficile , jointe au caractère & à l'état de la
perfonne , dont les facultés naturellement
bornées ont encore manqué de culture par

* *Voyez* ci-devant. Part. I. Ch. I. § 12.

un

un défaut d'éducation & de secours, rende
l'erreur insurmontable, & par conséquent
digne d'excuse. C'est à la prudence du Législateur à peser ces circonstances, & à modifier l'imputation sur ce pié-là.

§ V.

De ce qui est l'effet du tempérament, des habitudes,
& des passions.

8. Quoique le tempérament, les habitudes & les passions ayent par eux-mêmes
une grande force pour déterminer à certaines actions; cette force n'est pourtant pas
telle qu'elle empêche absolument l'usage
de la raison & de la liberté, du moins
quant à l'exécution des mauvais desseins
qu'ils inspirent. C'est ce que tous les Législateurs supposent, & ils ont raison de
le supposer. * Les dispositions naturelles,
les habitudes & les passions, ne portent
point invinciblement les hommes à violer
les loix naturelles. Ces maladies de l'ame ne
sont point incurables : avec quelques efforts
& de l'assiduité, on vient à bout de les gué-
rir, comme le remarque Ciceron, qui
allégue à ce sujet l'exemple de Socrate. **
Que si au lieu de travailler à corriger ces

* *Voyez* ci-devant. Part. I. Ch. I I. §. 16.
* Tuscul. Quæst. Lib. 4. Cap. 37.

dispositions

difpofitions vicieufes , on les fortifie par
l'habitude, l'on ne devient pas excufable
pour cela. Le pouvoir des habitudes eft à
la vérité fort grand : il femble même qu'elles nous entrainent par une efpéce de néceffité, à faire certaines chofes. Cependant
l'expérience montre qu'il n'eft point impoffible de s'en défaire , fi on le veut fé-
rieufement. Et quand même il feroit vrai
que les habitudes bien formées auroient
plus d'empire fur nous que la raifon ; comme il dépendoit toujours de nous de ne les
pas contracter , elles ne diminuent en rien
le vice des actions mauvaifes , & ne fauroient en empêcher l'imputation. Au contraire, comme l'habitude à faire le bien rend
les actions plus louables , l'habitude au vice ne peut qu'augmenter le blâme & le démérite. En un mot , fi les inclinations , les
paffions ou les habitudes pouvoient empêcher l'effet des loix, il ne faudroit plus
parler d'aucune direction pour les actions
humaines : car le principal objet des loix
en général eft de corriger les mauvais penchans , de prévenir les habitudes vicieufes,
d'en empêcher les effets , & de déraciner
les paffions , ou du moins de les contenir
dans leurs juftes bornes.

N 4   § VI.

§ VI.

Des actions ausquelles on est forcé.

9. Les différens cas que nous avons parcourus jusqu'ici n'ont rien de bien difficile. Il en reste quelques autres un peu plus embarrassans, & qui demandent une discussion plus détaillée.

Et premièrement on demande ce qu'il faut penser des actions ausquelles on est forcé : sont-elles de nature à pouvoir être imputées, & doivent-elles l'être effectivement ?

Je réponds 1°. qu'une violence physique, & telle qu'il est absolument impossible d'y résister, produit une action *involontaire*, qui bien loin de mériter d'être actuellement imputée, n'est pas même imputable de sa nature *. En ce cas, l'auteur de la violence est la vraie & unique cause de l'action, lui seul en est responsable : & l'agent immédiat étant purement passif, le fait ne peut pas plus lui être attribué, qu'à l'épée, au bâton, ou à tout autre instrument dont on se serviroit pour frapper.

2°. Mais si la *contrainte* est produite par la crainte de quelque grand mal, dont on

* *Voyez* ci-devant § 1.

est

est menacé par une personne plus puissante,
& qui est en état de le faire souffrir sur le
champ, il faut dire que l'action à laquelle
on se porte en conséquence, ne laisse pas
d'être *volontaire*, & que par conséquent,
à parler en général, elle est de nature à
pouvoir être imputée *.

Pour connoître ensuite si elle doit l'être
effectivement, il faut voir si celui envers
qui on use de contrainte est dans l'obligation rigoureuse de faire une chose ou de
s'en abstenir, au hazard de souffrir le mal
dont il est menacé. Si cela est, & qu'il se
détermine contre son devoir, la contrainte n'est point une raison suffisante pour le
mettre à couvert de toute imputation. Car
en général, on ne sauroit douter qu'un supérieur légitime ne puisse nous mettre dans
la nécessité indispensable d'obéir à ses ordres, au hazard d'en souffrir, & même au
péril de notre vie.

§ VII.

*Les actions forcées sont en elles-mêmes ou bonnes,
ou mauvaises, ou indifférentes.*

En suivant ces principes, il faut donc
* *Voyez* ci-devant Part. I. Ch. I I. §. 12.

distinguer

distinguer ici entre les actions *indifférentes*, & celles qui sont *moralement nécessaires*. Une action indifférente de sa nature, extorquée par la force, ne sauroit être imputée à celui qui y a été contraint; puisque n'étant dans aucune *obligation* à cet égard, l'auteur de la violence n'a aucun *droit* de rien exiger de lui. Et la loi naturelle défendant formellement toute violence, ne sauroit en même tems l'autoriser, en mettant celui qui la souffre dans la nécessité d'exécuter ce à quoi il n'a consenti que par force. C'est ainsi que toute promesse ou toute convention forcée est nulle par elle-même, & n'a rien d'obligatoire en qualité de *promesse* ou de *convention* : au contraire, elle peut & elle doit être imputée comme un *crime* à l'auteur de la violence. Mais si l'on suppose que celui qui emploie la contrainte, ne fait en cela qu'user de son droit & en poursuivre l'exécution; l'action quoique forcée, ne laisse pas d'être valable, & d'être accompagnée de tous ses effets moraux. C'est ainsi qu'un débiteur fuyant, ou de mauvaise foi, qui ne satisfait son créancier que par la crainte prochaine de l'emprisonnement ou de quelque exécution sur ses biens, ne sauroit reclamer contre le

le payement qu'il a fait, comme y ayant
été forcé. Car étant dans l'*obligation* de
payer ses dettes, il devoit le faire de lui-
même & de son bon gré, bien loin de s'y
faire contraindre.

Pour ce qui est des *bonnes* actions ausquelles on ne se détermine que par force,
& pour ainsi dire, par la crainte des coups
ou du châtiment, elles ne sont comptées
pour rien, & ne méritent ni louange, ni
récompense. L'on en voit aisément la raison. L'obéissance que les loix exigent de
nous doit être sincère, & il faut s'acquitter de ses devoirs par principe de conscience, volontairement & de bon cœur.

Enfin, à l'égard des actions manifestement *mauvaises* & *criminelles*, ausquelles
on se trouve forcé par la crainte de quelque grand mal, & sur-tout de la mort, il
faut poser pour régle générale : Que les
circonstances fâcheuses où l'on se rencontre peuvent bien diminuer le crime de celui
qui succombe à cette épreuve, & qui commet quoique malgré soi une action mauvaise, contre les lumières de sa conscience;
mais que néanmoins l'action demeure toujours vicieuse en elle-même, & digne de re-
proche; en conséquence dequoi elle peut
être

être imputée, & elle l'eſt effectivement, à
moins que l'on ne puiſſe alléguer en ſa faveur l'exception de la néceſſité.

§ VIII.

Pourquoi l'on peut imputer une mauvaiſe action, quoi-
que forcée.

Cette dernière régle eſt une conſéquence des principes que nous avons établis.
Une perſonne qui ſe détermine par la crainte de quelque grand mal, mais pourtant
ſans aucune violence phyſique, à exécuter
une action viſiblement mauvaiſe, concourt
en quelque manière à l'action, & agit volontairement, quoiqu'avec regret. D'ailleurs, il n'eſt point abſolument au-deſſus de
la fermeté de l'eſprit humain de ſe réſoudre
à ſouffrir, & même à mourir, plutôt que
de manquer à ſon devoir. L'on voit bien
des gens qui ont ce courage pour des ſujets
aſſés légers, dont ils ſont vivement frappés; & quoique la choſe ſoit véritablement *difficile*, elle n'eſt pas *impoſſible*. Le
Légiſlateur peut donc impoſer l'obligation
rigoureuſe d'obéir, & il peut avoir de juſtes raiſons de le faire. Il eſt ſouvent de l'intérêt de la ſociété, que l'on donne des
exemples

exemples d'une conſtance à toute épreuve.
Les nations civiliſées, & qui ont eu quelques principes de vertu, n'ont jamais mis
en queſtion ſi l'on pouvoit, par exemple,
trahir ſa patrie pour conſerver ſa vie : &
l'on ſait que la maxime contraire étoit un
principe dominant chés les Grecs & chés
les Romains. Pluſieurs Moraliſtes païens
ont fortement inculqué qu'il ne falloit pas
céder à la crainte des douleurs & des tour-
mens pour faire des choſes contraires à la
religion ou à la juſtice. « Si vous êtes cité
» pour témoin dans un fait équivoque &
» douteux, dit un Poëte Latin, dites la vé-
» rité; n'héſitez point : dites-la, quand mê-
» me Phalaris vous menaceroit de ſon tau-
« reau, ſi vous ne portez un faux témoi-
» gnage. Mettez-vous dans l'eſprit que le
» plus grand des maux eſt de préférer la vie
» à l'honneur, & ne cherchez jamais à la
» conſerver aux dépens de ce qui ſeul la
» rend deſirable *.

---

* Ambiguæ ſi quando citabere teſtis
Incertæque rei : Phalaris licet imperet ut ſis
Falſus, & admoto dictet perjuria tauro,
Summum crede nefas animam præferre pudori,
Et propter vitam vivendi, perdere cauſas.
    Juvenal Sat. VIII ℣. 78.

Telle

Telle eſt la régle. Il peut arriver pourtant, comme nous l'avons inſinué, que la
néceſſité où l'on ſe trouve, fourniſſe une
exception favorable qui empêche que l'action ne ſoit imputée. Pour bien expliquer cela, il faudroit entrer dans un détail, qui doit être renvoyé ailleurs. Il ſuf-
fira de remarquer ici, que les circonſtances
où l'on ſe rencontre, donnent quelquefois
lieu de préſumer raiſonnablement, que le
Légiſlateur nous diſpenſe lui-même de ſouffrir le mal dont on nous menace, & que
pour cela, il permet que l'on s'écarte alors
de la diſpoſition de la loi ; & c'eſt ce qui a
lieu toutes les fois que le parti que l'on
prend pour ſe tirer d'affaire, renferme en
lui-même un mal moindre que celui dont
on étoit menacé.

§ IX.

Sentiment de Pufendorf.

Au reſte, il ſemble que les principes de
Pufendorf ſur cette queſtion, ne ſont ni
juſtes en eux-mêmes, ni bien liés entr'eux.
Il poſe pour régle : Que la *contrainte*, auſſi
bien que la *violence* phyſique & actuelle,
exclut toute imputation ; & qu'une action
extorquée par la crainte ne peut non plus
être

être imputée à l'agent immédiat, qu'à l'é-
pée dont on se sert pour frapper. A quoi il
ajoute qu'à l'égard de certaines actions plei-
nes d'infamie, il y a pourtant de la générosité à aimer mieux mourir que de servir
d'instrument à de pareils forfaits, & que
ces cas-là doivent être exceptés. * Mais l'on
a eu raison de remarquer que cet Auteur
étend trop loin l'effet de la contrainte ; &
que l'exemple de la hache ou de l'épée, qui
sont des instrumens purement passifs, ne
prouve rien. D'ailleurs, si le principe général est solide, on ne voit pas pourquoi
on devroit en excepter certains cas : ou du
moins il auroit fallu donner quelque régle
pour distinguer sûrement ces exceptions.

§ X.

Des actions ausquelles plusieurs personnes ont part.

10. Mais si celui qui exécute par crainte
une mauvaise action, en est pour l'ordinaire responsable ; l'auteur même de la
contrainte ne l'est pas moins, & l'on peut
avec justice l'en rendre comptable de son
côté, pour la part qu'il y a eue.

* *Voyez.* Dev. de l'homme & du Citoy. Liv. I.
Ch. I. §. 24. & Dr. de la Nat. & des Gens. Liv. I.
Ch. V. § 9. avec les notes de M. *Barbeyrac.*

Cela

Cela nous donne lieu d'ajouter quelques réfléxions fur les cas où plufieurs perfonnes concourent à produire la même action ; & d'établir des principes , par lefquels on puiffe déterminer comment on peut imputer à quelqu'un l'action d'autrui. La matière étant importante & de grand ufage , elle mérite d'être traitée avec quelque précifion.

1. A parler exactement , perfonne n'eft refponfable que de fes propres actions , c'eft-à-dire , de ce qu'il a lui-même fait ou omis : car à l'égard des actions d'autrui, elles ne fauroient nous être imputées , qu'autant que nous y avons concouru , & que nous pouvions & devions les procurer , ou les empêcher , ou du moins les diriger d'une certaine manière. La chofe parle d'elle-même. Car imputer l'action d'autrui à quelqu'un , c'eft déclarer que celui-ci en eft la *caufe efficiente* , quoiqu'il n'en foit pas la *caufe unique* ; & que par conféquent , cette action dépendoit en quelque manière de fa volonté , ou dans fon principe , ou dans fon exécution.

2. Cela pofé , on peut dire que chacun eft dans une obligation générale de faire enforte , autant qu'il le peut , que toute
autre

autre personne s'acquitte de ses devoirs, &
d'empêcher qu'elle ne fasse quelque mauvaise action , & par conséquent de ne pas
y contribuer soi-même de propos délibéré,
directement ni indirectement.

3. A plus forte raison , l'on est responsable des actions de ceux sur qui l'on a quelque inspection particulière , & que l'on est
chargé de diriger : & c'est pourquoi le bien
ou le mal que font ces personnes , non-
seulement leur est imputé à elles-mêmes ,
mais encore à ceux à la direction desquels
elles sont soumises ; suivant qu'ils ont pris
ou négligé de prendre les soins moralement
nécessaires , tels que l'exigeoient la nature
& l'étendue de leur commission & de leur
pouvoir. C'est sur ce fondement que l'on
impute à un père de famille , par exemple ,
la bonne ou la mauvaise conduite de ses
enfans.

4. Remarquons ensuite , que pour être
raisonnablement censé avoir concouru à
une action d'autrui , il n'est pas nécessaire
que l'on fût sûr de pouvoir la procurer ou
l'empêcher , en faisant ou en ne faisant pas
certaines choses : il suffit que l'on eût là-
dessus quelque probabilité , ou quelque
vraisemblance. Et comme d'un côté , ce

II. Partie.   O   défaut

défaut de certitude n'excufe point la négligence ; de l'autre , fi l'on a fait tout ce
qu'on devoit , le défaut de fuccès ne peut
point nous être imputé : le blâme tombe
alors tout entier fur l'auteur immédiat de
l'action.

5. Enfin , il eft bon d'obferver encore ,
que dans la queftion que nous examinons ,
il ne s'agit point du dégré de vertu ou de
malice qui fe trouve dans l'action même ,
& qui la rendant plus excellente ou plus
mauvaife , en augmente la louange ou le
blâme , la récompenfe ou la peine : il s'a-
git proprement d'eftimer le dégré d'influence que l'on a eu fur l'action d'autrui ,
pour favoir fi l'on peut en être regardé
comme la *caufe morale* , & fi cette caufe eft
plus ou moins efficace. C'eft ce qu'il eft
important de bien diftinguer.

§ X I.

Trois fortes de caufes morales : caufe *principale ,* cau-
fe fubalterne *,* caufe *collatérale.*

AFIN de mefurer , pour ainfi dire , ce
dégré d'influence qui décide de la manière
dont on peut imputer à quelqu'un une action d'autrui , il y a plufieurs circonftances & plufieurs diftinctions à obferver ,

fans

fans quoi l'on jugeroit fort mal des chofes. Par exemple , il eſt certain qu'en général , la ſimple *approbation* a moins d'efficace pour porter quelqu'un à agir , qu'une
forte perſuaſion , ou une inſtigation particulière. Cependant la haute opinion que
l'on a de quelqu'un , & le crédit que cela
lui donne , peut faire qu'une ſimple approbation ait quelquefois autant , & peut-
être même plus d'influence ſur une action
d'autrui , que la perſuaſion la plus preſſante , ou l'inſtigation la plus forte d'une autre perſonne.

L'on peut ranger ſous trois claſſes , les
cauſes morales qui influent ſur une action
d'autrui. Tantôt cette cauſe eſt la *princi-*
pale , enſorte que celui qui exécute n'eſt
que l'*agent ſubalterne* ; tantôt l'agent immédiat eſt au contraire la *cauſe principale* ,
tandis que l'autre n'eſt que la *cauſe ſubal-*
terne ; d'autres fois ce ſont des *cauſes colla-*
térales , qui influent également ſur l'action
dont il s'agit.

§ XII.

CELUI-là doit être cenſé la CAUSE PRIN-
CIPALE , *qui en faiſant ou ne faiſant pas*
certaines choſes , influe tellement ſur l'action

ou

ou l'omiſſion d'autrui , que ſans lui cette ac-
tion n'auroit point été faite , ou cette omiſ-
ſion n'auroit pas eu lieu ; quoique d'ailleurs
l'agent immédiat y ait contribué ſciemment.
Un Officier exécute par un ordre exprès
du Général ou du Prince , une action manifeſtement mauvaiſe : le Prince ou le Général eſt la cauſe principale , & l'Officier
n'eſt que la cauſe ſubalterne. DAVID fut
la cauſe principale de la mort D'URIE ,
quoique JOAB y eût contribué , connoiſ-
ſant bien l'intention du Roi. De même
JEZABEL fut la cauſe principale de la mort
de NABOTH. *

J'ai dit qu'il falloit que l'agent immédiat eût pourtant contribué ſciemment à
l'action. Car ſuppoſé qu'il ne pût ſavoir
ſi cette action eſt bonne ou mauvaiſe , il
ne ſauroit être conſidéré que comme un
ſimple *inſtrument* : mais celui qui a donné
l'ordre , étant alors la cauſe *unique* & *ab-*
ſolue de l'action , il en ſeroit ſeul reſponſable. Tel eſt pour l'ordinaire le cas des
ſujets qui ſervent , par l'ordre de leur
Souverain , dans une guerre injuſte.

Au reſte , la raiſon pour laquelle un ſupérieur eſt cenſé être la cauſe principale

Voyez II. Rois. Ch. XI. & III. Rois. Ch. XXI.

de

de ce que font ceux qui dépendent de lui, n'eſt pas proprement la dépendance de ces derniers ; c'eſt l'ordre qu'il leur donne, ſans quoi on ſuppoſe que ceux-ci ne ſe ſeroient point portés d'eux-mêmes à l'action dont il s'agit. D'où il ſuit que toute autre perſonne qui aura la même influence ſur les actions de ſes égaux, ou même de ſes ſupérieurs, en pourra être regardée par la même raiſon comme la cauſe principale. C'eſt ce que l'on peut fort bien appliquer aux Conſeillers des Princes, ou aux Eccléſiaſtiques qui ont de l'aſcendant ſur leur eſprit, & qui en abuſent quelquefois pour les porter à des choſes auſquelles ils ne ſe ſeroient point déterminés d'eux-mêmes. En ce cas, la louange ou le blâme tombe principalement ſur l'auteur de la ſuggeſtion ou du conſeil. *

§ XIII.

Mais celui-là n'eſt que cause collate-

* Nous tranſcrirons ici avec plaiſir les réflexions judicieuſes de M. *Bernard* (Nouv. de la Rep. des Lettres. Août 1702. pag. 211.) « En Angleterre, » c'eſt aſſés l'ordinaire de rejetter ſur les Miniſtres » toutes les fautes du Prince, & j'avoue qu'on les » leur doit ſouvent imputer. Mais le crime des Mi-» niſtres n'excuſe pas toujours les fautes du Souve-

RALE qui, *en faisant ou ne faisant pas cer-*
taines choses, concourt suffisamment & au-
tant qu'il dépend de lui, à l'action d'autrui ;
en sorte qu'il est censé coopérer avec lui, quoi-
qu'on ne puisse pas présumer absolument que
sans son concours l'action n'eût pas été faite.
Tels sont ceux qui fournissent quelque secours à l'agent immédiat ; ceux qui lui
donnent retraite & qui le protégent : celui, par exemple, qui, tandis qu'un autre
enfonce une porte, prend garde aux ave-
nues, pour favoriser le vol, &c. Un *com-*
plot entre plusieurs personnes, les rend,
pour l'ordinaire, également coupables.

» rain : car, après tout, ils ont leur raison & leurs
» lumières, & ils sont maîtres. S'ils se laissent trop
» gouverner par ceux qui les approchent de plus
» près, c'est leur faute. En plusieurs rencontres ils
» doivent voir par leurs propres yeux, & ne pas se
» laisser conduire par un courtisan vicieux ou inté-
» ressé. Que s'ils ne sont pas capables d'examiner
» les choses eux mêmes, & de distinguer le bien
» d'avec le mal, ils doivent laisser à d'autres le soin
» de gouverner des peuples qu'ils sont incapables de
» conduire : car je ne sais si l'on ne pourroit point
» appliquer aux Princes qui gouvernent mal, ce que
» S. *Charles Borromée* dit des Evêques qui ne condui-
» sent pas bien leurs troupeaux : » *S'ils sont inca-*
pables d'un tel emploi, pourquoi tant d'ambition ?
S'ils en sont capables, pourquoi tant de négligence ?

Tous

Tous font cenſés cauſes *égales* & *collatéra-les*, comme étant aſſociés pour le même fait, & unis d'intérêt & de volonté. Et quoique chacun d'eux n'ait pas une égale part à l'exécution, l'action des uns peut fort bien être miſe ſur le compte des au-tres.

§ XIV.

Enfin la cause subalterne *eſt celle qui n'influe que peu ſur l'action d'autrui, qui n'y fournit qu'une légère occaſion, ou qui ne fait qu'en rendre l'exécution plus facile ; de ma-nière que l'agent, déja tout déterminé à agir, & ayant pour cela tous les ſecours néceſſai-res, eſt ſeulement encouragé à exécuter ſa ré-ſolution ;* comme quand on lui indique la manière de s'y prendre, le moment favo-rable, le moyen de s'évader, &c. ou quand on loue ſon deſſein, & qu'on l'excite à le ſuivre.

Ne pourroit-on point mettre dans la même claſſe, l'action d'un juge, qui au-lieu de s'oppoſer à un avis qui a tous les ſuf-frages, mais qu'il croit mauvais, s'y ran-geroit par timidité ou par complaiſance ? Le mauvais exemple ne peut auſſi être mis qu'au rang des *cauſes ſubalternes.* Car pour

l'or-

l'ordinaire , de tels exemples ne font impreffion que fur ceux qui font d'ailleurs
portés au mal , ou fujets à s'y laiffer faci-
lement entraîner ; enforte que ceux qui les
donnent, ne contribuent que foiblement au
mal que l'on fait en les imitant. Cependant il y a quelquefois des exemples fi efficaces , à caufe du caractère des perfonnes
qui les donnent , & de la difpofition de
ceux qui les fuivent , que fi les premiers
s'étoient abftenus du mal , les autres n'auroient pas penfé à le commettre. Tels font
les mauvais exemples des fupérieurs , ou
des perfonnes qui par leurs lumières &
leur réputation ont beaucoup d'afcendant
fur les autres : ils font particulièrement
coupables de tout le mal qui fe fait à leur
imitation. On pourroit raifonner de même
fur plufieurs autres cas. Selon que les circonftances varient , les mêmes chofes ont
plus ou moins d'influence fur les actions
d'autrui, & par conféquent ceux qui en les
faifant concourent à ces actions , doivent
être confidérés tantôt comme caufes principales , tantôt comme caufes collatérales ,
& tantôt comme caufes fubalternes.

§ XV.

§ XV.

Application de ces distinctions.

L'APPLICATION de ces distinctions & de
ces principes se fait d'elle-même. Toutes
choses d'ailleurs égales, les *causes collaté-*
rales doivent être traitées également. Mais
les *causes principales* méritent sans doute
plus de louange ou de blâme, & un plus
haut dégré de récompense ou de peine,
que les *causes subalternes.* J'ai dit, *toutes*
choses étant d'ailleurs égales : car il peut arriver, par la diversité des circonstances qui
augmentent ou diminuent le mérite ou le
démérite d'une action, que la cause *su-*
balterne agisse avec un plus grand dégré de
malice que la cause *principale*, & qu'ainsi
l'imputation soit aggravée à son égard.
Supposé, par exemple, qu'un homme de
sang froid assassinât quelqu'un, à l'instiga-
tion d'un autre qui se trouvoit animé par
une injure atroce qu'il venoit de recevoir
de son ennemi ; quoique l'instigateur soit
le premier auteur du meurtre, on trouvera son action, faite dans un transport de
colère, moins indigne que celle du meurtrier qui l'a servi dans sa passion, étant
lui-même tranquille & de sens rassis.

Nous

Nous finirons ce chapitre par quelques remarques. Et 1°. quoique la distinction de trois ordres de causes morales d'une action d'autrui, soit en elle-même très-bien fondée, il faut pourtant avouer que l'application aux cas particuliers en est quelquefois difficile. 2°. Dans le doute, il ne faut pas tenir aisément pour *cause principale* un autre que l'auteur immédiat de l'action : l'on doit plutôt regarder ceux qui y ont concouru, ou comme *causes subalternes*, ou tout au plus comme *causes collatérales*. 3°. Enfin, il est bon d'observer que PUFENDORF, dont nous avons suivi les principes, établit fort bien la distinction des *causes morales* : mais n'ayant pas défini précisément ces différentes causes, il lui est arrivé, dans le détail des exemples qu'il allégue, de rapporter quelquefois à une classe ce qui devoit être rapporté à une autre. C'est ce qui n'a pas échappé à M. BARBEYRAC, des judicieuses remarques duquel nous avons nous-mêmes fait usage. *

* *Voyez* les notes de M. Barbeyrac sur les Devoirs de l'homme & du Citoyen. Liv. I. Ch. I. § 27.

CHA-

CHAPITRE XII.

De l'AUTORITE' & de la SANCTION des LOIX NATURELLES ; * & 1°. des BIENS & des MAUX qui font la fuite naturelle & ordinaire de la VERTU & du VICE.

§ I.

Ce que c'eſt que l'autorité des Loix naturelles.

NOUS entendons ici par l'AUTORITE DES LOIX NATURELLES, *ce caractère de force qui leur vient, non-ſeulement de l'approbation que la raiſon leur donne ; mais principalement de ce que nous reconnoiſſons qu'elles ont Dieu pour auteur :* ce qui nous met dans la plus étroite obligation d'y conformer notre conduite, à cauſe du droit ſuprême que Dieu a ſur nous.

Ce que l'on a expoſé ci-deſſus de l'origine & de la nature de ces loix, de leur réalité & de leur certitude, pourroit ſuffire, ce ſemble, pour établir auſſi leur autorité. Il nous reſte cependant quelque

* *Voyez* Pufendorf. Droit de la Nat. & des Gens. Liv. II. Ch. III. § 24.

choſe

chofe à faire à cet égard. La force des loix
proprement dites, dépend principalement
de leur *fanction.* * C'est ce qui met, pour
parler ainfi, le *fceau* à leur autorité. Il eft
donc néceffaire & important de rechercher
s'il y a effectivement une *fanction des Loix
naturelles*, c'eft-à-dire, fi elles font accompagnées de menaces & de promeffes, de
peines & de récompenfes.

§ II.

*L'obfervation des Loix naturelles fait le bonheur de
l'homme & de la fociété.*

LA première réfléxion qui s'offre là-deffus à l'efprit, c'eft que ces régles de conduite, que l'on appelle Loix naturelles,
font tellement proportionnées à notre nature, aux difpofitions primitives & aux
defirs naturels de notre ame, à notre conftitution, à nos befoins & à l'état où nous
nous trouvons dans ce monde, qu'il paroît manifeftement qu'elles font faites
pour nous. Car en général, & tout bien
compté, l'obfervation de ces loix eft le
feul moyen de procurer, & aux particuliers & au public, un bonheur réel &

* *Voyez* Part. I. Ch. X. § 11.

durable :

durable : au lieu que leur violation jette
les hommes dans un désordre également
préjudiciable & aux individus & à toute
l'espéce. C'est-là comme une première
sanction des loix naturelles.

§ III.

Eclaircissemens sur l'état de la question.

POUR le prouver, & pour bien poser d'a-
bord l'état de la question , il faut remarquer , 1°. qu'en disant que l'observation
des loix naturelles est seule capable de faire le bonheur de l'homme & celui de la
société , nous n'entendons pas que ce bonheur puisse jamais être parfait , ni au-dessus de toute atteinte ; l'humanité ne peut
rien espérer de pareil : & si la vertu même
ne peut produire cet effet , il n'est guères
probable que le vice ait sur elle cet avantage.

2. Comme on cherche quelle est la régle
que l'homme doit suivre , notre question
se réduit proprement à savoir , Si en général & à tout prendre , l'observation des
loix naturelles n'est pas le moyen le plus
propre & le plus sûr, pour conduire l'homme à son but , & pour lui procurer le bonheur

heur le plus pur, le plus complet & le plus
durable dont on puisse jouir en ce monde;
& cela non-seulement pour quelques personnes, mais pour tous les hommes; non-
seulement en certains cas particuliers,
mais dans tout le cours de la vie.

Sur ce pié-là, il ne sera pas difficile de
prouver, tant par la raison que par l'expérience, que tel est véritablement l'effet
propre & ordinaire de la vertu, & que le
vice ou le déréglement des passions produit
un effet tout opposé.

§ IV.

Preuve de la vérité posée ci-devant, par le raison-
nement.

EN raisonnant ci-devant sur la nature
de l'homme & sur ses différens états, nous
avons montré, que de quelque manière &
sous quelque face que l'on considére le
systême de l'humanité, l'homme ne peut
remplir sa destination, ni perfectionner
ses talens & ses facultés, ni se procurer un
véritable bonheur, & le concilier avec celui de ses semblables, que par le moyen de
la *raison* : qu'ainsi, son premier soin doit
être d'éclairer sa raison, de la consulter
& d'en suivre les conseils : qu'elle lui apprend

prend qu'il y a des chofes qui lui conviennent, & d'autres qui ne lui conviennent
pas ; que les premières ne lui conviennent
pas toutes également, ni de la même manière : qu'il doit donc faire un jufte difcernement des biens & des maux, pour
régler fa conduite fur des jugemens certains : que le vrai bonheur ne peut confif-
ter dans des chofes incompatibles avec fa
nature & fon état ; & qu'enfin, l'avenir ne
devant pas moins entrer dans fes vues que
le préfent & le paffé, il ne fuffit pas, pour
arriver furement à la félicité, de regarder
fimplement ce qui fe trouve de bien ou de
mal dans chaque action préfente, mais il
faut, en rappellant le paffé, confidérer
auffi l'avenir, pour combiner le tout enfemble, & voir quel doit en être le réfultat dans toute la durée de notre être. Ce
font-là autant de vérités clairement dé-
montrées. Or les loix naturelles ne font
que les conféquences de ces vérités primitives : d'où il paroît qu'elles ont néceffairement & par elles-mêmes, une très-grande
influence fur notre bonheur. Et comment
en douter après avoir vu dans tout le cours
de cet ouvrage, que la feule méthode pour
découvrir les principes de ces loix, c'eft d'é-
tudier

tudier d'abord la nature & l'état de l'homme , & de rechercher enfuite ce qui convient effentiellement à fa perfection & à
fa félicité ?

§ V.

Preuves de fait. 1°: *La vertu eft par elle-même le prin-*
cipe d'une fatisfaction intérieure , & le vice un
principe d'inquiétude & de trouble.

MAIS ce qui paroît déja fi clair & fi bien
établi par le raifonnement , devient inconteftable par l'expérience. En effet , nous
voyons généralement que la vertu, c'eft-
à-dire , l'obfervation des loix naturelles ,
eft par elle-même une fource de fatisfaction intérieure , & que par fes effets elle
eft infiniment avantageufe , foit à chaque
particulier , foit à la fociété humaine en
général ; au-lieu que le vice a des effets
bien différents.

Tout ce qui eft contraire aux lumières de
la raifon & de la confcience, ne peut qu'emporter une défapprobation fecrette de notre efprit , & nous caufer du chagrin &
de la honte. Le cœur eft bleffé de l'idée du
crime , & le fouvenir en eft toujours trifte
& amer. Au contraire , toute conformité
avec la droite raifon eft un état d'ordre &
de

de perfection que l'esprit approuve ; &
nous sommes faits de telle manière qu'une
bonne action devient pour nous le germe
d'une joie secrette ; on en rappelle toujours
le souvenir avec plaisir. Et véritablement,
qu'y a-t-il de plus doux que de pouvoir se
rendre témoignage à soi-même, qu'on est
ce que l'on doit être, & que l'on fait ce
qu'on doit faire raisonnablement, ce qui
nous sied le mieux, ce qui est le plus conforme à notre destination naturelle ? Tout
ce qui est naturel est agréable ; tout ce qui
est dans l'ordre, est satisfaisant.

§ V I.

2°. *Des biens & des maux extérieurs qui sont la sui-*
te de la vertu ou du vice.

Outre ce principe interne de joie, qui
se trouve naturellement attaché à la pratique des loix naturelles, nous voyons qu'elle
produit au-dehors toutes sortes de bons
fruits. Elle tend à nous conserver la santé
& à prolonger nos jours ; elle exerce &
perfectionne toutes les facultés de notre
ame ; elle nous rend propres au travail, &
à toutes les fonctions de la vie domestique
& civile ; elle assure le bon usage & la durée de tous nos biens ; elle écarte un grand

II. Partie.   P   nombre

nombre de maux , & adoucit ceux qu'elle ne peut écarter ; elle nous attire la confiance , l'estime & l'affection des autres hommes : d'où résultent de grandes douceurs dans le commerce de la vie , & de grands secours pour le succès de nos entreprises.

Observez surquoi roule la sureté commune, la tranquillité des familles, la prospérité des Etats , & le plus grand bien de chaque particulier. N'est-ce pas sur les grands principes de religion , de tempérance , de pudeur , de bénéficence , de justice & de bonne-foi ? Et d'où viennent au contraire les désordres & la plupart des maux qui troublent la société , ou qui altérent le bonheur de l'homme ? si ce n'est de l'oubli de ces mêmes principes. Outre l'inquiétude & la honte qui accompagnent pour l'ordinaire des mœurs déréglées , le vice traine encore à sa suite une foule de maux extérieurs , comme l'affoiblissement du corps & de l'esprit, les maladies & les accidens sinistres , souvent la pauvreté & la misère, les bévues, les partis violens & dangereux , les troubles domestiques , les inimitiés, les craintes continuelles , le deshonneur , les châtimens , le mépris,

la

la haine , & ce qui en est une suite , mille
traverses dans les entreprises que l'on forme. Un ancien a fort bien dit :* Que la malice boit elle-même plus de la moitié de
son venin.

§ VII.

*Ces différens effets du vice & de la vertu sont encore
plus grands dans qui ont le pouvoir & l'autorité.*

Mais si telles sont pour le commun des
hommes les suites naturelles de la vertu &
du vice , les effets en sont encore plus
grands & plus remarquables dans ceux
qui par leur condition & leur rang ont une
influence particulière sur l'état de la société , & décident du sort des autres. Que
n'auroient point à craindre les peuples , si
leurs Souverains se croyoient au-dessus de
toute régle & indépendans de toute loi ; si
rapportant tout à eux-mêmes , ils n'écou-
toient que leur caprice , & se livroient à
l'injustice , à l'ambition , à l'avarice & à
la cruauté ? Quel bien au contraire ne produira pas le gouvernement d'un Prince

---

* *Senec.* Ep. 82. « Quemadmodum Attalus noster
» dicere solebat : Malitia ipsa maximam partem ve-
» neni sui bibit. «

éclairé

éclairé & vertueux , qui se croyant obligé
plus que tout autre , de ne s'écarter jamais
des régles de la piété , de la justice , de la
modération & de la bénéficence , ne fera
usage de son pouvoir que pour maintenir
l'ordre au-dedans & la sureté au-dehors ;
& qui mettra sa gloire à bien gouverner ses
sujets , c'est-à-dire , à les rendre sages &
heureux ? Il ne faut qu'ouvrir l'Histoire ,
& consulter l'expérience , pour reconnoître que ce sont-là des vérités de fait, qu'on
ne sauroit raisonnablement contester.

§ VIII.

Confirmation de cette vérité par l'aveu de tous les peu-ples.

CELA est si généralement reconnu , que
toutes les institutions que les hommes forment entr'eux pour leur bien & leur avantage commun , sont fondées sur l'observation des loix naturelles ; & que les précautions mêmes que l'on prend pour assurer l'effet de ces institutions , seroient vai-
nes & inutiles , sans l'autorité de ces mêmes loix. C'est ce que supposent manifestement toutes les loix humaines en général ;
tous les établissemens pour l'éducation de
la Jeunesse ; tous les réglemens de police ,
qui

qui tendent à faire fleurir les arts & le commerce ; & tous les traités, tant publics que particuliers. Car à quoi aboutiroient toutes ces choses, ou quel fruit en reviendroit-il, si l'on ne posoit pour base la justice, la probité, la bonne-foi & la religion du serment ?

§ IX.

Confirmation de la même vérité par l'absurdité du contraire.

Pour le mieux sentir encore, que l'on essaye, si l'on veut, de former un système de Morale sur des principes directement contraires à ceux que nous avons établis. Supposons que l'ignorance & les préjugés prennent la place d'une raison éclairée ; que le caprice & les passions soient mis au lieu de la prudence & de la vertu ; bannissez de la société & du commerce des hommes la justice & la bienveillance, pour y substituer un amour-propre injuste, qui rapportant tout à soi, ne tienne aucun compte de l'intérêt d'autrui, ni de l'avantage commun : étendez & appliquez ces principes aux états particuliers de l'homme, & voyez ensuite quel pourroit être le résultat d'un pareil système, supposé qu'il fût reçu &

passé

paſſé en régle. Peut-on croire qu'il fît jamais le bonheur de l'homme , le bien des
familles , l'avantage des nations , & celui
du genre humain ? Perſonne n'a encore oſé
ſoutenir un tel paradoxe , tant l'abſurdité
en eſt palpable.

§ X.

Réponſe à quelques objections particulières.

Je ne diſconviens pas que l'injuſtice &
les paſſions ne puiſſent en certains cas procurer quelque plaiſir ou quelque avantage.
Mais outre que la vertu produit bien plus
ſouvent & plus ſurement les mêmes effets ,
la raiſon & l'expérience nous montrent
que les biens procurés par l'injuſtice ne
ſont ni auſſi réels , ni auſſi durables , ni
auſſi purs , que ceux qui ſont le fruit de la
vertu. C'eſt que les premiers n'étant point
conformes à l'état d'un être raiſonnable
& ſociable , manquent par le principe ,
& n'ont qu'une apparence trompeuſe *.
Ce ſont des fleurs qui n'ayant point de
racine , ſéchent & tombent preſque auſſi-
tôt qu'elles ſont écloſes.

2. Quant aux maux & aux diſgraces

* *Voyez* Part. I. Ch. VI. § 3.

atta-

attachés à l'humanité , & aufquels on peut dire en général que les honnêtes gens font expofés comme les autres ; il eft certain pourtant que la vertu a encore ici divers avantages. Premièrement elle eft très-propre par elle-même à prévenir ou à écarter plufieurs de ces maux ; comme on voit que les perfonnes fages & modérées évitent en effet bien des écueils où tombent les infenfés. 2°. Dans les cas où cette même fageffe ne peut faire éviter les maux , elle donne à l'ame la force de les fupporter , & elle les contrebalance par des confolations & des douceurs qui n'en diminuent pas peu l'impreffion. Il y a un contentement inféparable de la vertu , qui ne peut jamais nous être enlevé ; & notre bonheur effentiel ne fouffre que peu d'atteinte par les accidens paffagers & en quelque forte extérieurs , qui nous troublent quelquefois.

» Je fuis furpris (difoit Isocrate *)
» qu'il y ait quelqu'un qui fe perfuade que
» ceux qui s'attachent conftamment à la
» piété & à la juftice , doivent s'atten-
» dre à être plus malheureux que les mé-
» chans , & ne puiffent fe promettre plus

* Orat. de Permutatione.

P 4

» d'a-

» d'avantages de la part des Dieux & des
» hommes. Pour moi, je crois que les seuls
» gens de bien jouissent abondamment de
» ce qui est à rechercher , & que les mé-
» chans au contraire ne connoissent pas
» même aucun de leurs véritables intérêts.
» Quiconque préfére l'injustice à la justice ,
» & fait consister le souverain bien à ravir
» le bien d'autrui , ressemble, à mon avis ,
» aux bêtes qui mordent à l'hameçon : ce
» qu'il a pris le flatte d'abord agréable-
» ment , mais bientôt après il se trouve
» engagé dans de très-grands maux. Ceux
» au contraire qui s'attachent à la piété &
» à la justice , sont non-seulement en su-
» reté pour le présent , mais encore ont lieu
» de concevoir de bonnes espérances pour le
» reste de leur vie. J'avoue que cela n'arrive
» pas toujours , mais il est certain que
» l'expérience le vérifie d'ordinaire. Or
» dans toutes les choses dont on ne sauroit
» prévoir infailliblement le succès , il est
» d'un homme sage de prendre le parti qui
» tourne le plus souvent à notre avantage.
» Mais rien n'est plus déraisonnable que
» l'opinion de ceux , qui croyant que la
» justice est quelque chose de plus beau
» & de plus agréable aux Dieux que l'in-
» justice ,

» justice, s'imaginent pourtant que ceux
» qui s'attachent à la première seront plus
» malheureux que ceux qui s'abandonnent
» à la dernière.

§ XI.

L'avantage se trouve toujours du côté de la vertu ; &
c'est-là une première sanction des loix naturelles.

C'EST ainsi que tout bien compté, l'avantage est sans comparaison du côté de la
vertu. Il paroît manifestement que le plan
de la Sagesse divine a été de lier naturellement le mal physique avec le mal moral,
comme l'effet avec la cause ; & d'attacher
au contraire le bien physique ou le bonheur de l'homme, au bien moral ou à la
pratique de la vertu : de sorte qu'à parler
en général, & suivant la constitution originale des choses, l'observation des loix
naturelles n'est pas moins propre à avancer le bonheur public & particulier, qu'un
bon régime de vie est naturellement propre à conserver la santé. Et comme ces récompenses & ces punitions naturelles de
la vertu & du vice, sont un effet de l'institution de Dieu, on peut véritablement
les regarder comme une sorte de SANCTION
des loix naturelles, qui donne déja beaucoup

coup d'autorité aux maximes de la droite raison.

§ XII.

Difficulté générale , tirée des exceptions qui rendent cette première sanction insuffisante.

CEPENDANT il faut avouer que cette première sanction ne paroît pas encore suffisante , pour donner aux conseils de la raison tout le poids & toute l'autorité que doivent avoir de véritables loix. Car si l'on considére la chose de plus près & en détail , on verra que par la constitution des choses humaines , & par la dépendance où nous sommes naturellement les uns des autres , la régle générale dont nous venons de parler n'est pas tellement fixe & invariable , qu'elle ne souffre diverses exceptions qui ne peuvent qu'en affoiblir la force & l'effet.

Les biens & les maux de la nature & de la fortune , sont distribués inégalement & non selon le mérite de chacun.

1°. En général , l'expérience nous montre que le dégré de bonheur ou de malheur dont chacun jouit en ce monde , ne se trouve pas toujours exactement proportionné

tionné & mesuré sur le dégré précis de vertu ou de vice qui se rencontre en chaque personne. C'est ainsi que la santé, les biens de la fortune, de l'éducation, de la condition, & d'autres avantages extérieurs dépendent pour l'ordinaire de diverses conjonctures qui en font un partage fort inégal ; & ces avantages s'évanouissent souvent par des accidens qui enveloppent également tous les hommes. Il est vrai que la différence du rang ou des richesses ne décide pas absolument du bonheur ou du malheur de la vie : mais il faut convenir aussi que l'extrême pauvreté, la privation de tout secours pour s'instruire, les travaux excessifs, les afflictions de l'esprit, les douleurs du corps, sont des maux bien réels, que diverses casualités font pourtant tomber sur les honnêtes gens comme sur les autres.

Les maux produits par l'injustice tombent sur les inno-
cens comme sur les coupables.

2°. Outre cette distribution inégale des biens & des maux naturels, les honnêtes gens ne sont pas plus à couvert que les autres de divers maux qu'enfante la malice, l'injustice, la violence & l'ambition. Telles

Telles sont les vexations tyranniques, les horreurs de la guerre, & tant d'autres calamités publiques ou particulières qui enveloppent sans distinction les bons & les méchans. Souvent même il arrive que les auteurs de toutes ces misères sont ceux qui en souffrent le moins, soit parceque le succès les met à l'abri des revers, soit parceque leur endurcissement va quelquefois au point de les laisser jouir presque sans trouble & sans remords du fruit de leurs crimes.

Quelquefois c'est la vertu même qui attire la persécution.

3°. Bien plus, il n'est pas rare de voir l'innocence être en butte à la calomnie, & la vertu elle-même devenir l'objet de la persécution. Or dans ces cas particuliers, où l'honnête homme devient, pour ainsi dire, la victime de sa propre vertu, quelle force auront les loix naturelles, & comment pourra-t-on soutenir leur autorité ? La satisfaction intérieure que donne le témoignage d'une bonne conscience, sera-t-elle seule capable de déterminer l'homme au sacrifice de ses biens, de son repos, de son honneur, & même de sa vie ?
Cepen-

Cependant ces conjonctures délicates reviennent affés souvent ; & le parti que
l'on prend alors , peut avoir des fuites
très-importantes & très-étendues pour le
bonheur ou le malheur de la société.

§ XIII.

Les moyens que la prudence humaine employe pour re-
médier à ces défordres font encore infuffifans.

TEL eſt au vrai l'état des choſes. D'un
côté l'on voit qu'en général l'obſervation
des loix naturelles peut ſeule mettre quelque ordre dans la ſociété , & faire le bonheur des hommes ; mais d'un autre côté il
paroît que la vertu & le vice ne ſont pourtant pas toujours diſtingués ſuffiſamment
par leurs effets & par leurs ſuites communes & naturelles , pour faire prévaloir
l'ordre en toute rencontre.

De-là naît une difficulté très-forte contre le ſyſtème moral que nous avons poſé.
TOUTE LOI , dira-t-on , doit avoir une
ſanction ſuffiſante pour déterminer une
créature raiſonnable à obéir , par la vue de
ſon propre bien & de ſon intérêt , qui eſt
toujours le grand mobile de ſes actions.
Or quoique le ſyſtême moral dont vous
avez parlé , donne en général un grand
avantage

avantage à ceux qui le suivent, sur ceux
qui ne le suivent pas ; cet avantage n'est
pourtant pas si grand ni si sûr, qu'on
puisse en chaque cas particulier être par-
là suffisamment dédommagé des sacrifices
que l'on doit faire pour remplir son devoir. Ce système n'est donc pas encore
muni de toute l'autorité & de toute la
force nécessaires pour le but que Dieu se
propose ; & le caractère de Loi, sur-tout
d'une loi qui émane d'un Etre tout sage,
demande encore une sanction plus marquée, plus sûre & plus étendue.

Les Législateurs & les politiques l'ont
bien compris, en tâchant, comme ils le
font, d'y suppléer autant qu'il est en leur
pouvoir. Ils ont publié un Droit civil, qui
tend à fortifier le Droit naturel : ils y
ont dénoncé des peines au crime, & pro-
mis des récompenses à la vertu ; ils ont
dressé des tribunaux. C'est-là sans doute
un nouvel appui pour la justice, & c'est
le meilleur moyen que l'on puisse employer humainement pour remédier aux
inconvéniens dont nous avons parlé. Cependant ce moyen ne pourvoit pas à tout,
& laisse encore un grand vuide dans le
système moral.

Car

Car 1°. il y a plusieurs maux , tant naturels que provenant de l'injustice des
hommes , dont toùt le pouvoir humain ne
sauroit garantir les plus honnêtes gens: 2°.
Les loix humaines ne sont pas toujours
dressées conformément à la justice & à l'é-
quité : 3°. Quelque justes qu'on les suppose , elles ne sauroient s'étendre à tout : 4°.
Leur exécution est quelquefois commise à
des hommes foibles , peu éclairés ou cor-
ruptibles : 5°. Quelque intégrité qu'ait un
Magistrat , il échappe bien des choses à sa
vigilance ; il ne sauroit ni tout voir ni tout
redresser : 6°. Enfin , il n'est pas sans exemple que la vertu , au-lieu de trouver un
protecteur dans son juge , n'y rencontre
qu'un ennemi puissant. Quelle ressource
restera-t-il alors à l'innocence , & à qui au-
ra-t-elle recours , si le bras même qui doit
la protéger & la défendre , se trouve armé
contre elle ?

§ XIV.

La difficulté proposée est de grande conséquence.

Ainsi la difficulté subsiste toujours , &
elle est de grande conséquence ; puisque
d'un côté elle porte contre le plan de la
Providence divine , & que de l'autre elle
peut

peut beaucoup affoiblir ce que nous dilions de l'empire que doit avoir la vertu, & de fa liaifon néceffaire avec la félicité de l'homme.

Une objection fi grave, & qui a été élevée de tout tems, mérite bien qu'on s'applique à la réfoudre. Mais plus elle eft grande & réelle, plus il eft probable qu'elle doit avoir fon dénouement. Car comment croire que la Sageffe divine eût laiffé une telle imperfection & un tel énigme dans l'ordre moral, elle qui a fi bien réglé toutes chofes dans le monde phyfique ?

Voyons donc fi de nouvelles réfléxions fur la nature & la deftination de l'homme, ne nous feroient point trouver ailleurs que dans la vie préfente, l'ouverture que nous cherchons. Ce qui a été dit des fuites naturelles de la vertu & du vice fur la terre, nous montre déja une demi-fanction des loix naturelles : voyons fi nous n'en trouverions point une entière & proprement dite, dont l'efpéce, le dégré, le tems & la manière dépendent du bon plaifir du Légiflateur, & qui fuffife pour faire toutes les compenfations que demande l'exacte juftice, & pour mettre à cet égard,

comme

comme à tout autre, le syſtême des loix
divines fort au-deſſus des loix humaines.

CHAPITRE XIII.

2°. Preuves de L'IMMORTALITÉ DE L'AME.
Qu'il y a une SANCTION PROPREMENT
DITE des loix naturelles.

§ I.

État de la queſtion.

LA difficulté dont nous venons de parler, & que nous devons éclaircir dans
ce chapitre, ſuppoſe, comme l'on voit,
que le syſtême de l'homme eſt abſolument
borné à la ſphère de la vie préſente ; qu'il
n'y a point d'état à venir, & que par conſéquent il n'y a rien à attendre de la Sageſſe divine en faveur des loix naturelles, au-delà de ce qui ſe manifeſte en ce
monde.

Si l'on pouvoit donc prouver au contraire, que l'état préſent de l'homme n'eſt
que le commencement d'un syſtême plus
étendu ; & que d'ailleurs la volonté de
Dieu eſt véritablement de donner aux ré-

II. Partie.   Q   gles

gles de conduite qu'il nous prescrit par la
raison , toute l'autorité des loix , en les
fortifiant d'une sanction proprement dite ;
nous pourrions enfin conclure qu'il ne
manque rien à la perfection du système
moral.

§ II.

Partage des sentimens. Comment on peut connoître
ici la volonté de Dieu.

LES sentimens se trouvent partagés sur
ces questions importantes. Quelques-uns
soutiennent que la raison seule fournit
des preuves claires & démonstratives ,
non-seulement des récompenses & des peines d'une vie à venir , mais encore d'un
état d'immortalité. D'autres , au contraire,
prétendent qu'en ne consultant que la raison , on ne trouve qu'obscurité & incertitude; & que loin d'avoir ici une démonstration , on n'a même aucune probabilité
qu'il y ait une autre vie.

C'est peut-être aller trop loin de part &
d'autre , que de raisonner de cette manière. Comme il s'agit ici d'un point qui dépend uniquement de la volonté de Dieu ,
le meilleur moyen de connoître cette volonté , seroit sans doute une déclaration
expresse

expreſſe de ſa part. Mais renfermés dans
le cercle des connoiſſances naturelles , il
faut voir ſi indépendamment de cette première voie, le ſeul raiſonnement peut nous
donner ſur ce ſujet des lumières ſures , ou
nous fournir des conjectures & des préſomptions aſſés fortes , pour en inférer
avec quelque certitude quelle eſt l'intention de Dieu. Pour cet effet , conſidérons
encore de plus près la nature de l'homme
& ſon état préſent ; conſultons les idées
que la droite raiſon nous donne des perfections de Dieu , & du plan qu'il s'eſt formé par rapport au genre humain ; pour tâcher de connoître enfin quelles ſuites doivent avoir les loix naturelles qu'il nous a
données.

§ III.

L'ame eſt-elle immortelle ?

Quant à la nature de l'homme , il s'a-
git d'abord de ſavoir ſi la mort eſt véritablement le dernier terme de notre exiſtence ; & ſi la diſſolution du corps entraîne
néceſſairement l'anéantiſſement de l'ame ;
ou bien ſi notre ame eſt immortelle , c'eſt-
à-dire , ſi elle ſubſiſte après la mort du
corps.

Or

Or non-feulement l'immortalité de l'a-
me n'a en elle-même rien d'impoffible ,
mais la raifon nous fournit des conjectures très-fortes , que telle eft en effet fa deftination.

Première preuve. La nature de l'ame paroît tout-à-
fait diftincte de celle du corps.

Les obfervations des plus habiles Phi-
lofophes vont à diftinguer abfolument l'a-
me du corps , comme étant d'une nature
effentiellement différente. 1°. En effet, nous
ne voyons point que les facultés de l'ame ,
l'intelligence , la volonté , la liberté , avec
toutes les opérations qu'elles produifent ,
ayent aucun rapport avec celles de l'étendue , de la figure & du mouvement, qui
font les propriétés de la matière. 2°. Il
femble même que l'idée que nous avons de
la fubftance étendue, comme purement
paffive, eft abfolument incompatible avec
cette activité propre & interne qui carac-
térife l'être penfant. Le corps ne fe met
point en mouvement de lui-même ; mais
l'efprit trouve en foi le principe de fes propres mouvemens. Il agit , il penfe , il veut ,
il fait agir le corps, il tourne fes opérations
comme il lui plaît , il s'arrête , il va en
avant ,

avant, ou il revient sur ses pas. 3°. On observe encore que ce qui pense en nous est un être simple, unique & indivisible ; puisqu'il rassemble toutes les idées & les sensations comme en un point, en les comprenant, les sentant & les comparant, &c. ce qui ne sauroit se faire dans un être composé de plusieurs parties.

§ IV.

Donc la mort n'emporte pas nécessairement l'anéan-
tissement de l'ame.

Il paroît donc que notre ame est d'une nature particulière ; qu'elle n'a rien de commun avec les êtres grossiers & maté-riels : mais que c'est une pure intelligen-ce, qui participe en quelque sorte à la na-ture de l'Intelligence suprême. C'est ce que Ciceron a fort-bien exprimé. « On ne » peut absolument, dit-il, trouver sur la » terre l'origine des ames. Car il n'y a » rien dans les ames qui soit mixte & » composé ; rien qui paroisse venir de la » terre, de l'eau, de l'air ou du feu. Tous » ces élémens n'ont rien qui fasse la mé-» moire, l'intelligence, la réflexion ; qui » puisse rappeler le passé, prévoir l'avenir,

Q 3   em-

» embraſſer le préſent. Jamais on ne trou-
» vera d'où l'homme reçoit ces divines qua-
» lités, à moins que de remonter à un
» DIEU. Et par conſéquent l'ame eſt d'une
» nature ſingulière, qui n'a rien de com-
» mun avec les élémens que nous connoiſ-
» ſons. Quelle que ſoit donc la nature
» d'un être qui a ſentiment, intelligence,
» volonté, principe de vie ; cet être-là eſt
» céleſte, il eſt divin, & dès-là IMMOR-
» TEL. *

Cette concluſion eſt très juſte. Car ſi
l'ame eſt eſſentiellement diſtincte du corps,
la deſtruction de l'un n'entraine pas néceſſairement celle de l'autre ; & juſque-là

* »Animorum nulla in terris origo inveniri poteſt
» nihil enim eſt in animis mixtum atque concretum,
» aut quod ex terrâ natum atque fictum eſſe videa-
» tur ; nihil ne aut humidum quidem, aut flabile, aut
» igneum. His enim in naturis nihil ineſt, quod
» vim memoriæ, mentis, cogitationis habeat ; quod
» & præterita teneat, & futura provideat, & complec-
» ti poſſit præſentia: quæ ſola divina ſunt ; nec in-
» venietur unquam, unde ad hominem venire poſ-
» ſint, niſi à DEO. Singularis eſt igitur quædam na-
» tura atque vis animi, ſejuncta ab his uſitatis no-
» tiſque naturis. Ita quidquid eſt illud, quod ſentit,
» quod ſapit, quod vivit, quod viget, cœleſte &
» divinum, ob eamque rem æternum ſit neceſſe eſt.
Cic. Tuſcul. Diſput Lib. I. Cap. 27.

rien

rien n'empêche que l'esprit ne subsiste malgré la ruine du bâtiment fragile où il habi-
toit.

§ V.

Objection. Réponse.

Si l'on dit que nous ne connoissons pas
assés la nature intime des substances, pour
décider que Dieu n'ait pas pu attacher la
pensée à quelque portion de matière : je
réponds que nous ne pouvons pourtant juger des choses que suivant leur apparence
& selon nos idées ; autrement tout ce qui
ne seroit pas fondé sur une démonstration
rigoureuse, deviendroit incertain dans les
sciences ; ce qui aboutiroit à une sorte de
pyrrhonisme. Tout ce que la raison exige
ici de nous, c'est que nous fassions un juste
discernement de ce qui est douteux, probable ou certain ; & comme tout ce que
nous connoissons de la matière ne paroît
avoir aucune affinité avec les facultés de
notre ame, & que même nous trouvons
dans l'une & dans l'autre des qualités qui
paroissent incompatibles : ce n'est point
mettre des bornes à la Puissance divine ;
c'est plutôt suivre les notions que la raison
nous donne, que d'assurer qu'il est très-

probable

probable que ce qui pense en nous est d'une
nature essentiellement distincte de celle du
corps.

§ VI.

*Confirmation de la preuve précédente. Rien ne s'anéan-
tit dans la nature.*

Mais quelle que soit la nature de l'ame,
& quand même, contre toute apparence,
on la supposeroit corporelle ; il ne s'ensui-
vroit nullement que la mort du corps dût
nécessairement procurer l'anéantissement
de l'ame. Car nous ne voyons aucun exemple de l'anéantissement proprement dit. Le
corps lui-même, quelque inférieur qu'il
soit à l'ame, n'est point anéanti par la mort.
Il souffre à la vérité une grande altération :
mais sa substance demeure toujours essentiellement la même ; il ne lui arrive qu'un
changement de modification ou de forme.
Pourquoi donc l'ame sera-t-elle anéantie ?
Elle éprouvera, si l'on veut, de son côté,
un grand changement : elle se trouvera dé-
gagée des liens qui l'attachoient au corps,
& ne pourra plus opérer avec lui. Mais s'ensuit-il de-là qu'elle n'existe pas séparément,
ou qu'elle perde sa qualité essentielle, qui
est l'intelligence ? C'est ce qui ne paroît
pas ; l'un ne suit point de l'autre.

Ainsi

Ainfi, quand même on ne pourroit pas
décider fur la nature intrinféque de l'ame ,
ce feroit toujours aller plus loin qu'il ne
faut , & conclure au-delà de ce que le
fait nous préfente , que de foutenir que la
mort entraîne néceffairement la deftruc-
tion totale de l'ame. La queftion revient
donc toujours à ceci : Dieu veut-il anéantir l'ame , ou la conferver ? Mais fi ce que
nous connoiffons de la nature de l'efprit ,
ne nous conduit point à croire qu'il foit
deftiné à périr par la mort , nous allons
voir encore que la confidération de fon excellence eft une préfomption bien forte en
faveur de fon immortalité.

§ VII.

Seconde preuve : l'excellence de l'ame.

Et véritablement il n'eft point probable
qu'une intelligence qui eft capable de connoître tant de vérités , de faire tant de découvertes , de raifonner fur une infinité
de chofes , d'en fentir les proportions , les
convenances , les beautés ; de contempler
les œuvres du Créateur , de remonter jufqu'à lui , d'obferver fes deffeins , & d'en
pénétrer les caufes ; de s'élever au-deffus
de

des choses senſibles , & juſqu'à la connoiſſance des choses ſpirituelles & divines ; qui
peut agir avec liberté & avec diſcernement,
& qui eſt capable des plus belles vertus ; il
n'eſt , dis-je , guères probable qu'un être
orné de qualités ſi excellentes & ſi ſupé-
rieures à celles des animaux brutes , n'ait
été fait que pour le court eſpace de cette
vie. Les Philoſophes anciens étoient vivement frappés de ces conſidérations.
» QUAND je vois , diſoit encore CICERON ,
» ce qu'il y a d'activité dans nos eſprits, de
» mémoire du paſſé , de prévoyance de
» l'avenir ; quand je vois tant d'arts , de
» ſciences & de découvertes où ils ſont par-
» venus ; je crois & je ſuis pleinement per-
» ſuadé qu'une nature qui a en ſoi le fonds
» de tant de choſes , ne ſauroit être mor-
» telle. *

§ VIII.

*Confirmation. Nos facultés ſont toujours ſuſceptibles
d'un plus grand dégré de perfection.*

TELLE eſt d'ailleurs la nature de l'eſprit

* « Quid multa ? Sic mihi perſuaſi , ſic ſentio ,
» cùm tanta celeritas animorum ſit , tanta memoria
» præteritorum , futurorumque prudentia , tot artes,
» tantæ ſcientiæ , tot inventa , non poſſe eam na-
humain ,

humain, qu'il peut toujours faire des progrès, & perfectionner ses facultés. Quoique
nos connoissances soient actuellement res-
treintes dans certaines limites, nous ne
voyons point de bornes ni dans celles que
nous pouvons acquérir, ni dans les inven-
tions dont nous sommes capables, ni dans
les progrès de notre jugement, de notre
prudence, & de notre vertu. L'homme est
à cet égard toujours susceptible de quelque
nouveau dégré de perfection & de maturité. La mort l'atteint avant qu'il ait, pour
ainsi dire, achevé ses progrès, & lorsqu'il
étoit bien capable d'aller encore plus loin.
« Qui pourroit s'imaginer, dit fort-bien le
» Spectateur Anglois * que l'ame qui
» est capable de tant de perfections, & de
» s'avancer à l'infini en vertus & en con-
» noissances, dût tomber dans le néant,
» presqu'aussitôt qu'elle est créée ? Cette
» capacité lui est-elle donnée sans aucun
» dessein, & n'a-t-elle aucun usage ? Une
» bête brute arrive à un certain dégré de
» perfection, au-delà duquel elle ne sau-
» roit passer : en très-peu d'années elle a

» turam quæ res eas contineat, esse mortalem. »
Cicer. De Senect. Cap. 21.

* Tom. II. Dis. 18.

acquis

» acquis toutes les qualités dont elle est ca-
» pable ; & supposé qu'elle en vecût un
» million de plus, elle seroit toujours à
» peu près ce qu'elle est aujourd'hui. Si l'a-
» me d'une créature humaine étoit ainsi
» bornée dans ses progrès ; si ses facultés ar-
» rivoient à leur perfection, sans qu'il y eût
» moyen de passer outre, je m'imagine-
» rois qu'elle pourroit déchoir peu à peu,
» & s'anéantir tout d'un coup. Mais est-il
» croyable qu'un être qui pense, qui fait
» tous les jours de nouveaux progrès, &
» qui s'élève d'une perfection à l'autre,
» après avoir jetté les yeux sur les ouvra-
» ges de son Créateur, & avoir reconnu
» quelques traits de son infinie sagesse, de
» sa bonté, & de son pouvoir sans bornes,
» vînt à s'éteindre dès son premier début,
» & lorsqu'il est encore au commencement
» de ses recherches » ?

§ IX.

Objection. Réponse.

IL est vrai que la plupart des hommes se
ravalent en quelque sorte à une vie animale, & se mettent peu en peine de perfectionner leurs facultés. Mais si ces gens-là
se dégradent volontairement, cela ne sauroit

roit porter aucun préjudice à ceux qui soutiennent mieux la dignité de leur nature;
& ce que nous disons de l'excellence de l'a-
me n'en est pas moins certain. Car pour
bien juger des choses, il faut les considérer en elles-mêmes, & dans leur état le plus
parfait.

§ X.

*Troisiéme preuve, tirée de nos dispositions & de nos
desirs naturels.*

C'est sans doute par le sentiment naturel de la dignité de notre être & de la gran-
deur de notre destinée, que nous portons
naturellement nos vues sur l'avenir; que
nous nous intéressons à ce qui arrivera
après nous; que nous cherchons à perpé-
tuer notre nom & notre mémoire, & que
nous ne sommes point insensibles au jugement de la postérité. Ces sentimens ne sont
point une illusion de l'amour propre ni du
préjugé. Le desir & l'espérance de l'immortalité sont une impression qui nous vient
de la nature. Et ce desir est si raisonnable
en soi, il est si utile & si bien lié avec le
systême de l'humanité, que l'on peut au
moins en tirer une induction très-probable
en faveur d'un état futur. Quelque grande
que

que soit en elle-même la vivacité de ce desir, elle augmente encore à mesure que
nous prenons plus de soin de cultiver notre raison, & que nous faisons plus de
progrès dans la connoissance de la vérité,&
dans la pratique de la vertu. Ce sentiment
devient le principe le plus sûr des actions
nobles, généreuses & utiles à la société;
& l'on peut dire que sans ce principe, toutes les vues humaines seroient petites, bas-
ses & rampantes.

Tout cela semble nous indiquer clairement que, par l'institution du Créateur,
il y a comme une proportion & un rapport naturel de l'ame à l'immortalité. Car
ce n'est point par des illusions que la Sagesse suprême nous méne à son but; & un
principe si raisonnable, si nécessaire, qui
ne peut produire quede bons effets, qui
éléve l'homme au-dessus de lui-même, qui
le rend capable des plus grandes choses,
& supérieur aux tentations les plus délicates & les plus dangereuses pour la vertu;
un tel principe ne sauroit être chimérique.*

* CICERON dépeint fort bien l'influence qu'ont
eu de tout tems le desir & l'espérance de l'immortalité, pour exciter les hommes à tout ce qui s'est
fait de grand & de beau. *Nemo unquam sine magna*
Ainsi

Ainsi tout concourt à nous persuader que notre ame doit subsister après la mort. Ce que nous connoissons de la nature de notre esprit ; son excellence, ses facultés toujours susceptibles d'une plus grande perfection ; cette disposition qui nous porte à nous élever au-dessus de la vie présente, & à desirer l'immortalité ; ce sont-là autant d'indices naturels, & de présomptions très-fortes, que telle est effectivement l'intention du Créateur.

§ XI.

La sanction des loix naturelles se manifestera dans la vie à venir.

Ce premier point ainsi éclairci, est d'une grande importance pour notre question principale, & répond déja en partie à la difficulté que nous examinons. Car dès que l'on suppose que l'ame subsiste après

spe immortalitatis se pro patria offerret ad mortem. Licuit esse otioso Themistocli ; licuit Epaminondæ ; licuit, ne & vetera & externa quæram, mihi : sed nescio quomodo inhæret in mentibus quasi seculorum quoddam augurium futurorum ; idque in maximis ingeniis altissimisque animis existit maximè, & apparet facillimè. Quo quidem dempto, quis tam esset amens, qui semper in laboribus & periculis viveret ? Tusculan. Quæst. Lib. I. Cap. 15.

la diſſolution du corps , rien n'empêche
que l'on ne diſe que ce qui manque dans
l'état préſent à la ſanction des loix naturelles , s'exécutera dans la ſuite, ſi la Sageſſe
divine le trouve à propos.

Nous venons de conſidérer l'homme du
côté *phyſique* , & cela nous donne déja
une ouverture très-favorable pour trouver
ce que nous cherchons. Voyons à préſent
ſi en conſidérant l'homme du côté *moral*,
c'eſt-à-dire comme un être capable de régle , qui agit avec connoiſſance & par
choix , & nous élevant enſuite juſqu'à
Dieu , nous ne découvrirons pas de nouvelles raiſons , & des préſomptions toujours plus fortes d'une vie à venir , d'un
état de récompenſe & de punition.

Ici l'on ne peut ſe diſpenſer de répéter
une partie des choſes qui ont déja été
dites dans cet Ouvrage , parcequ'il s'agit
d'en prendre le réſultat ; la vérité que nous
voulons établir étant comme la concluſion
de tout le ſyſtême. C'eſt ainſi qu'un pein-
tre , après avoir travaillé ſéparément
chaque partie de ſon tableau , ne laiſſe pas
de les retoucher toutes à la fois , pour
produire ce qu'on appelle l'harmonie &
l'effet total.

§ XII.

§ XII.

Première preuve, tirée de la nature de l'homme considéré du côté moral.

Nous avons vu que l'homme est un être raisonnable & libre, qui distingue le juste & l'honnête, qui trouve au-dedans de lui des principes de conscience, qui connoît sa dépendance du Créateur, & qui est né pour remplir certains devoirs. Son plus bel ornement est la raison & la vertu. Sa grande tâche dans la vie est de faire des progrès de ce côté-là, en profitant de toutes les occasions qu'il a de s'instruire, de réfléchir & de faire du bien. Plus il s'exerce & se fortifie dans des occupations si louables, plus il remplit les vues du Créateur, & se montre digne de l'existence qu'il a reçue. Il sent que l'on peut raisonnablement lui faire rendre compte de sa conduite ; & il s'approuve ou se condamne lui-même, selon la différente manière dont il agit.

Il paroît évidemment par toutes ces circonstances, que l'homme n'est pas borné, comme les animaux, à une simple œconomie *physique* ; mais qu'il est compris sous une

II. Partie.   R   œcono-

œconomie *morale* , qui l'éléve beaucoup plus haut , & qui doit aussi avoir de plus grandes suites. Car quelle apparence qu'une ame qui avance tous les jours en sagesse & en vertu , tende à l'anéantissement , & que Dieu juge à propos d'éteindre cette lumière , dans le tems qu'elle éclaire le mieux ? N'est-il pas plus raisonnable de penser que le bon ou le mauvais usage que nous aurons fait de nos facultés aura des suites dans l'avenir ; que nous aurons à en rendre compte à celui de qui nous les tenons , & que nous recevrons de lui la juste rétribution que nous aurons méritée ? Puis donc que ce jugement de Dieu ne se déploie pas suffisamment dans ce monde , il est naturel d'augurer que le plan de la Sagesse divine par rapport à nous , embrasse une durée d'une plus grande étendue.

§ XIII.

Seconde preuve , tirée des perfections de Dieu.

Remontons de l'homme à Dieu , & nous nous convaincrons toujours davantage , que tel est en effet le plan qu'il s'est formé.

Si , comme nous l'avons montré cidevant ,

devant, Dieu veut que les hommes obfervent les régles de la droite raifon, à proportion de leurs facultés & des circonftances où ils fe trouvent ; cette volonté ne peut être qu'une volonté férieufe, expreffe & pofitive. C'eft la volonté du Créateur, du gouverneur du monde, du fouverain Seigneur de toutes chofes : c'eft donc un vrai commandement, qui nous met dans l'obligation d'obéir. C'eft d'ailleurs la volonté d'un Etre fouverainement puiffant, fage & bon ; qui fe propofant toujours, & pour lui-même & pour fes créatures, les fins les plus excellentes, ne peut manquer d'établir les moyens qui dans l'ordre de la raifon & fuivant la nature & l'état des chofes, font néceffaires pour l'exécution de fes deffeins. On ne fauroit raifonnablement contefter ces principes : mais voyons quelles conféquences l'on peut en tirer.

1. S'il a été de la Sageffe divine de donner effectivement des loix aux hommes, cette même Sageffe exige que ces loix foient accompagnées des motifs néceffaires pour déterminer des êtres raifonnables & libres à s'y conformer dans tous les cas. Autrement il faudroit dire, ou que

Dieu ne veut pas véritablement & férieu-
fement l'obfervation des loix qu'il a données , ou qu'il manque de puiffance ou
de fageffe pour la procurer.

2. Si par un effet de fa bonté , il n'a pas
voulu laiffer vivre les hommes à l'avantu-
re , ni les abandonner au caprice de leurs
paffions ; s'il leur a donné un flambeau
pour fe conduire , cette même bonté fait
fans doute qu'il attache un bonheur complet & durable , au bon ufage que chacun
fera de cette lumière.

3. La raifon nous dit enfuite que l'Etre
tout-puiffant , tout-fage & tout-bon, aime
fouverainement l'ordre ; que ces mêmes
perfections lui font fouhaiter que cet ordre régne parmi les créatures intelligentes
& libres , & que c'eft pour cela même qu'il
leur a donné des loix. Les mêmes raifons
qui l'ont porté à établir un ordre moral ,
l'engagent auffi à en procurer l'obfervation. Il eft donc de fa fatisfaction & de fa
gloire , de faire connoître hautement la
différence qu'il met entre ceux qui troublent l'ordre , & ceux qui le fuivent. Il ne
fauroit être indifférent là-deffus : au contraire , il fe trouve porté par l'amour de
lui-même & de fes propres perfections , à
donner

donner à ſes commandemens toute l'efficace néceſſaire pour faire reſpecter ſon
autorité : ce qui emporte l'établiſſement
des récompenſes & des punitions dans un
état à venir ; ſoit pour contenir l'homme
en régle dans l'état préſent , autant qu'il
eſt poſſible , par les puiſſans motifs de l'eſpérance & de la crainte ; ſoit pour donner
dans la ſuite à ſon plan une exécution digne de ſa juſtice & de ſa ſageſſe , en ramenant toutes choſes à l'ordre primitif
qu'il a établi.

4. Le même principe nous méne encore
plus loin. Car ſi Dieu aime ſouverainement l'ordre qu'il a établi dans le *monde*
moral , il ne peut qu'approuver ceux qui
par un attachement ſincère & ſoutenu à
ſuivre cet ordre , s'efforcent de lui plaire ,
en concourant à l'accompliſſement de ſes
vues ; & il ne ſauroit que déſapprouver &
condamner ceux qui tiennent une conduite
oppoſée : * car les uns ſont , pour ainſi dire , les amis de Dieu ; & les autres ſe dé-
clarent ſes ennemis. Mais l'approbation
de Dieu emporte ſa protection , ſa bienveillance & ſon amour : au lieu que ſa dé-
ſapprobation ne peut avoir que des effets

* *Voyez* Part. II. Ch. X. §. 7.

tout

tout contraires. Cela étant , comment
pourra-t-on croire que les amis & les ennemis de Dieu feront confondus , ou qu'il
n'y aura entr'eux aucune différence ? N'eft-
il pas bien raifonnable de penfer que la
juftice divine fera enfin connoître d'une
manière ou d'une autre, l'extrême différence qu'elle met entre la vertu & le vice , en
rendant finalement & pleinement heureux,
ceux qui par leur dévouement à faire fa volonté , font devenus l'objet de fa bienveillance , & en faifant au contraire reffentir
aux méchans fa jufte févérité ?

§ XIV.

Voila ce que les notions les plus claires que nous ayons des perfections de
Dieu, nous font juger de fes vues & du
plan qu'il s'eft formé. Si la vertu ne trouvoit pas finalement fa récompenfe , ni le
vice fa punition , & cela d'une manière
fure & inévitable , d'une manière générale , complette & exactement proportionnée au dégré de mérite ou de démérite de
chacun; le plan des loix naturelles ne ré-
pondroit pas à ce qu'on a droit d'attendre
du Légiflateur fuprême, dont la prévoyance , la fageffe , la puiffance & la bonté font
                                    fans

fans bornes. Ce feroit laiffer ces loix dé-
pourvues de leur principale force, & les
réduire à la qualité de fimples confeils :
ce feroit enfin détruire le point fondamental du fyftême des créatures intelligentes, qui eft d'être attirées à faire un
ufage raifonnable de leurs facultés en vue
de leur bonheur. En un mot, le fyftême
moral tomberoit par-là dans un point d'imperfection, que l'on ne fauroit concilier
ni avec la nature de l'homme, ni avec l'é-
tat de la fociété, ni avec les perfections
morales de Dieu.

Il n'en eft pas de-même dès qu'on reconnoît une vie à venir. Le fyftême moral
fe trouve par-là foutenu, lié & terminé
d'une manière qui ne laiffe rien à defirer.
C'eft alors un plan véritablement digne
de Dieu, & utile à l'homme. Dieu fait tout
ce qu'il doit faire avec des créatures libres
& raifonnables, pour les porter à fe bien
conduire : les loix naturelles fe trouvent
ainfi établies fur les fondemens les plus
folides ; & rien n'y manque pour lier les
hommes par les motifs les plus propres à
faire impreffion fur eux.

Mais fi ce plan eft fans comparaifon le
plus beau & le meilleur ; s'il eft le plus di-

gne

gne de Dieu , & le mieux lié avec tout ce
que nous connoiſſons de la nature de
l'homme , de ſes beſoins & de ſon état ;
comment douter que ce ne ſoit celui que
la Sageſſe divine a choiſi ?

§ XV.

L'objection tirée de l'état préſent des choſes ſe tourne
en preuve du ſentiment auquel on l'oppoſe.

J'AVOUE que ſi l'on trouvoit dans le
cours de la vie préſente , une ſanction ſuffiſante des loix naturelles , dans la meſure
& la plénitude dont nous venons de parler ; nous ne ſerions pas en droit de preſ-
ſer cet argument : car rien ne nous obli-
geroit de chercher dans l'avenir l'entier
développement du plan de Dieu. Mais
nous avons vu dans le chapitre précédent ,
qu'encore que par la nature des choſes ,
& même par divers établiſſemens humains , la vertu ait déja ſa récompenſe , &
le vice ſa punition ; cet ordre ſi juſte ne
s'accomplit pourtant qu'en partie , & que
l'hiſtoire & l'expérience de la vie humaine
font voir un grand nombre d'exceptions
à cette régle. De-là naît une objection
très - embarraſſante contre l'autorité des
loix naturelles. Mais dès que l'on parle
d'une

d'une autre vie , la difficulté disparoît ,
tout s'éclaircit , tout s'arrange : le système
se trouve lié , assorti , soutenu : la Sagesse
divine est justifiée : on trouve tous les sup-
plémens & toutes les compensations nécessaires pour redresser les irrégularités
présentes : on donne à la vertu un appui
inébranlable , en fournissant à l'honnête-
homme un motif capable de le soutenir
dans les pas les plus difficiles , & de le faire triompher des tentations les plus délicates.

Si ce n'étoit-là qu'une simple conjectu-
re , on pourroit la regarder comme une
supposition plus commode que solide. Mais
nous avons vu qu'elle est d'ailleurs fondée
sur la nature & l'excellence de notre ame ;
sur l'instinct qui nous porte à nous élever
au-dessus de la vie présente ; sur la nature
de l'homme considéré du côté moral , comme une créature comptable de ses actions ,
& qui doit suivre une certaine régle.
Quand avec cela nous voyons que la même opinion sert de soutien à la vertu , &
couronne si bien tout le système des loix
naturelles , il faut convenir qu'elle n'est
pas moins vraisemblable que belle & in-
téressante.

XVI.

§ XVI.

*La croyance d'un état à venir a été reçue chés tous
les peuples.*

De-la vient qu'elle a été reçue plus ou
moins de tout tems, & chés toutes les nations, selon que la raison a été plus ou
moins cultivée, ou que les peuples tou-
choient de plus près à l'origine des choses.
Il seroit aisé d'en alléguer diverses preuves historiques, & de rapporter aussi divers beaux passages des Philosophes, qui
feroient voir que les mêmes raisons qui
nous frappent, ont également frappé les
plus sages d'entre les Païens. Mais nous
nous contenterons d'observer, que ces té-
moignages, que d'autres ont recueillis,
ne sont point indifférens sur cette matière ; puisque cela montre, ou la trace d'une
tradition primitive, ou un cri de la raison
& de la nature, ou l'un & l'autre ensemble : ce qui n'ajoute pas peu de poids aux
raisonnemens que nous avons faits.

CHA-

CHAPITRE XIV.

Que les preuves qu'on vient d'alléguer sont d'une telle VRAISEMBLANCE, & d'une telle CONVENANCE, qu'elles doivent suffire pour fixer notre croyance, & pour déterminer notre conduite.

§ I.

Les preuves qu'on a données de la sanction des loix naturelles sont suffisantes.

ON vient de voir jusqu'où peuvent nous conduire les lumières naturelles sur l'importante question de l'immortalité de l'ame, & d'un état à venir de récompense & de punition. Chacune des preuves que nous avons alléguées, a sans doute sa force particulière; mais venant à l'appui l'une de l'autre, & acquérant plus de force par leur union, elles ont certainement de quoi faire impression sur tout esprit attentif & non-prévenu, & elles doivent paroître suffisantes pour établir l'autorité & la sanction des loix naturelles dans toute l'étendue que nous desirons.

§ II.

§ II.

Objection. Ces preuves n'aboutissent qu'à une raison
de convenance. *Réponse générale.*

Si l'on disoit que tous nos raisonnemens
sur ce sujet ne sont pourtant que des probabilités & des conjectures, & qu'ils se rédui-
sent proprement à une *raison de convenance*,
ce qui laisse toujours la chose bien au-dessous de la *démonstration ;* je conviendrai , si
l'on veut , que l'on ne trouve pas ici une
évidence entière , mais il me paroît que la
vraisemblance y est si forte , & la convenance si grande & si bien établie , que cela
suffit pour l'emporter de beaucoup sur l'o-
pinion contraire , & par conséquent pour
nous décider.

Car l'on seroit étrangement embarrassé ,
si dans toutes les questions qui s'élèvent ,
on ne vouloit se déterminer que sur un argument démonstratif. Le plus souvent il
faut se contenter d'un amas de probabilités,
qui réunies & poussées jusqu'à un certain
point , ne nous trompent guères , & qui
doivent tenir lieu de l'évidence dans les
sujets qui n'en sont pas susceptibles. C'est
ainsi que dans la Physique , dans la Mé-
decine , dans la Critique , dans l'Histoire ,
dans

dans la Politique, dans le Commerce, &
dans presque toutes les affaires de la vie,
un homme sage prend son parti sur un concours de raisons, qui à tout prendre lui
paroissent supérieures aux raisons opposées.

§ III.

Ce que c'est que la raison de convenance.

POUR faire mieux sentir la force de cette sorte de preuve, il ne sera pas inutile
d'expliquer d'abord ce que nous entendons
par la raison de convenance ; de rechercher ensuite quel est le principe général sur
lequel cette espéce de raisonnement se fonde, & de voir en particulier ce qui en fait
la force, quand on l'applique au Droit
Naturel. Ce sera le vrai moyen de connoître la juste valeur de nos preuves, & de
quel poids elles doivent être dans nos déterminations.

LA RAISON DE CONVENANCE *est une rai-*
son tirée de la nécessité d'admettre une chose
comme certaine, pour la perfection d'un sys-
téme d'ailleurs solide, utile & bien lié ; mais
qui sans ce point-là se trouveroit défectueux ;
quoiqu'il n'y ait aucune raison de supposer
qu'il péche par quelque défaut essentiel. * Par

* *Voy*. ci-devant. Ch. VIII. § 2.

exemple,

exemple , un grand & magnifique palais
se présente à notre vue : nous y remarquons
une symmétrie & une proportion admirable : toutes les régles de l'art , qui font la
solidité , la commodité & la beauté d'un
édifice , y sont observées ; en un mot , tout
ce que nous voyons du bâtiment indique
un habile architecte : ne supposera-t-on
pas avec raison , que les fondemens que
nous ne voyons point , sont également solides & proportionnés à la masse qu'ils portent ? & peut-on croire que l'habileté de
l'architecte se soit oubliée dans un point
aussi important ? Il faudroit pour cela avoir
des preuves certaines d'un tel oubli , ou
avoir vu qu'en effet les fondemens manquent ; sans quoi l'on ne sauroit présumer
une chose si peu vraisemblable. Qui est-ce
qui sur la simple possibilité métaphysique
qu'on ait négligé de poser ces fondemens ,
voudroit gager que la chose est ainsi ?

§ I V.

Fondement général de cette manière de raisonner.

Telle est la nature de la convenance.
Le fondement général de cette manière de
raisonner , c'est qu'il ne faut pas regarder
seulement ce qui est possible , mais ce qui
est

eſt probable; & qu'une vérité peu connue
par elle-même, acquiert de la vrai-ſemblan-
ce par ſa liaiſon naturelle avec d'autres vérités plus connues. Ainſi les Phyſiciens ne
doutent pas qu'ils n'ayent trouvé le vrai,
quand une hypothèſe explique heureuſement tous les phénoménes; & un événement, quoique peu connu dans l'Hiſtoire,
ne paroît plus douteux, quand on voit
qu'il ſert de clé & de baſe unique à pluſieurs
autres événemens très-certains. C'eſt en
grande partie ſur ce principe que roule la
certitude morale *, dont on fait tant d'u-
ſage dans la plupart des ſciences, auſſi-
bien que dans la conduite de la vie, &
dans les choſes de la plus grande importance pour les particuliers, pour les familles
& pour la ſociété entière.

§ V.

La raiſon de convenance eſt très-forte en matiere de
Droit naturel.

MAIS ſi cette manière de juger & de raiſonner a lieu ſi ſouvent dans les affaires

* Voyez l'*Eſſai Philoſophique* de M. Boullier *ſur*
l'ame de bétes, &c. **2**. Edition, à laquelle on a
peint un *Traité des vrais principes qui ſervent de fon-*
dement à la certitude morale. Amſt. 1737.

humaines,

humaines, & si en général elle se fonde
sur un principe solide ; elle est encore bien
plus sûre quand il s'agit de raisonner sur
les ouvrages de Dieu, de découvrir son
plan, & de juger de ses vues & de ses desseins. Car l'Univers entier, avec les systèmes
particuliers qui le composent, & singuliè-
rement le système de l'homme & de la société, sont l'ouvrage de l'Intelligence suprême. Rien n'a été fait au hazard ; rien
ne dépend d'une cause aveugle, ou capri-
cieuse, ou impuissante : tout a été calculé
& mesuré avec une profonde sagesse. Ici
donc, plus que nulle part, on a droit de
juger qu'un Auteur si puissant & si sage,
n'a rien laissé en arrière de tout ce qui étoit
nécessaire à la perfection de son plan ; &
que d'accord avec lui-même, il l'a assorti
de toutes les parties essentielles pour le dessein qu'il s'est proposé. Si l'on doit raisonnablement présumer un tel soin dans un
habile architecte, qui n'est pourtant qu'un
homme sujet à l'erreur ; combien plus doit-
on le présumer dans l'Intelligence souveraine ?

§ VI

§ VI.

Cette convenance a différens dégrés. Principes pour en juger.

Ce que l'on vient de dire fait voir que cette raison de convenance n'est pas toujours d'un même poids ; mais qu'elle peut être plus ou moins forte, à proportion de la nécessité plus ou moins grande sur laquelle elle se trouve établie. Et pour donner là-dessus quelques régles, l'on peut dire en général, 1°. Que plus les vues & le dessein de l'Auteur nous sont connus, 2°. Plus nous sommes assurés de sa sagesse & de sa puissance ; 3°. Plus cette puissance & cette sagesse sont parfaites, 4°. Plus sont grands les inconvéniens qui résultent du système opposé, plus ils approchent de l'*absurde* ; & Plus aussi les conséquences tirées de ces sortes de considérations deviennent pressantes. Car alors on n'a rien à leur opposer qui les contrebalance, & par conséquent c'est de ce côté-là que la droite raison nous détermine.

§ VII.

Application de ces principes à notre sujet.

Ces principes s'appliquent d'eux-mêmes

II. Partie.   S   à

à notre fujet, & d'une manière fi jufte &
fi complette, que la raifon de convenance
ne fauroit être pouffée plus loin. Après tout
ce qui a été dit dans les chapitres précédens, ce feroit entrer dans des répétitions
inutiles, que de le montrer en détail : la
chofe fe fait fentir d'elle-même. Conten-
tons-nous de remarquer que la raifon de
convenance en faveur de la fanction des
loix naturelles, eft d'autant plus forte &
plus preffante, que le fentiment contraire
jette dans le fyftême de l'humanité une obf-
curité & un embarras qui approche fort
de l'abfurde, s'il ne va pas jufque-là. Le
plan de la Sageffe divine n'eft plus pour
nous qu'une énigme inexplicable; l'on ne
peut plus rendre raifon de rien; & l'on ne
fauroit dire pourquoi une chofe fi néceffaire viendroit à manquer dans un plan
d'ailleurs fi beau, fi utile, & fi bien lié.

§ VIII.

Comparaifon des deux fyftêmes oppofés.

Faisons la comparaifon des deux fyftêmes, pour voir lequel eft le plus conforme
à l'ordre, le plus convenable à la nature &
à l'état de l'homme ; en un mot le plus raifonnable, & le plus digne de Dieu.

Suppofons

Suppofons d'un côté : Que le Créateur s'eft propofé la perfection & la félicité de fes créatures, & en particulier le bien de l'homme & celui de la fociété : Que pour cet effet ; ayant donné à l'homme l'intelligence & la liberté, l'ayant fait capable de connoître fa deftination , de découvrir & de fuivre la route qui feule peut l'y conduire; il lui impofe l'obligation rigoureufe de marcher conftamment dans cette route ; & de ne jamais perdre de vue le flambeau de la raifon qui doit toujours éclairer fes pas : Que pour le mieux guider , il a mis en lui tous les fentimens & les principes néceffaires pour lui fervir de régle : Que cette direction & ces principes venant d'un fupérieur puiffant , fage & bon , ont tous les caractères d'une véritable Loi : Que cette loi porte déja avec elle dans cette vie, fa récompenfe & fa punition ; mais que cette première fanction n'étant pas fuffifante , Dieu pour donner à un plan fi digne de fa fageffe & de fa bonté toute fa perfection, & pour fournir à l'homme dans tous les cas poffibles les motifs & les fecours néceffaires, a encore établi une fanction proprement dite des loix naturelles, qui fe manifeftera dans la vie à venir : & qu'at-

tentif

tentif à la conduite des hommes , il se propose de leur en faire rendre compte , de
récompenser la vertu & de punir le vice ,
par une rétribution exactement proportionnée au mérite ou au démérite de
chacun.

Mettez en opposition avec ce premier
système celui qui suppose : Que tout est
borné pour l'homme à la vie présente , &
qu'au-delà il n'y a rien à espérer ni à
craindre : Que Dieu , après avoir créé
l'homme , & avoir institué la société , n'y
prend plus aucun intérêt : Qu'après nous
avoir donné par la raison le discernement
du bien & du mal , il ne fait aucune attention à l'usage que nous en faisons ;
mais nous abandonne tellement à nous-
mêmes , que nous demeurons absolument
les maîtres d'agir selon notre volonté :
Que nous n'aurons aucun compte à rendre
à notre Créateur ; & que malgré la distribution inégale & irrégulière des biens &
des maux dans cette vie , malgré tous les
désordres causés par la malice ou l'injustice
des hommes, nous n'avons à attendre de la
part de Dieu aucun redresse ment , aucune
compensation.

§ IX.

§ IX.

Le système de la sanction des loix naturelles l'emporte
de beaucoup sur le système contraire.

Peut-on dire que ce dernier système
soit comparable au premier ? Met-il dans
un aussi grand jour les perfections de Dieu ?
Est-il également digne de sa sagesse, de sa
bonté & de sa justice ? Est-il aussi propre
à réprimer le vice, & à soutenir la vertu,
dans les conjonctures délicates & dangereuses ? Rend-il l'édifice de la société aussi
solide, & donne-t-il aux loix naturelles
une autorité telle que la demande la gloire
du souverain Législateur, & le bien de
l'humanité ? Si l'on avoit à choisir entre
deux sociétés dont l'une admettroit le premier système, tandis que l'autre ne con-
noîtroit que le second ; où est l'homme
sage qui ne préférât hautement de vivre
dans la première de ces sociétés ?

Il n'y a certainement aucune comparaison à faire entre ces deux systèmes, pour
la beauté & la convenance. Le premier est
l'ouvrage de la raison la plus parfaite ; le
second est défectueux, & laisse subsister
bien des désordres. Or cela seul indique
S 3   assés

affés de quel côté eſt la vérité ; puiſqu'il
s'agit ici de juger & de raiſonner des deſſeins & des œuvres de Dieu, qui fait tout
avec la plus haute ſageſſe.

§ X.

Objection. Réponſe.

ET que l'on ne diſe pas , que bornés
comme nous le ſommes , il y a de la témérité à décider de cette manière ; & que
nous avons des idées trop imparfaites de
la nature de Dieu & de ſes perfections,
pour pouvoir juger de ſon plan & de ſes
deſſeins avec quelque certitude. Cette réflexion qui eſt vraie juſqu'à un certain
point , & qui eſt juſte en certains cas ,
prouve trop , ſi on l'applique à notre ſujet,
& n'eſt par conſéquent d'aucune force.
Que l'on y réfléchiſſe , & l'on verra que
cette penſée conduiroit inſenſiblement au
Pyrrhoniſme moral , qui feroit le renverſement de la vie humaine, & de toute l'œ-
conomie de la ſociété. Car enfin , il n'y a
point ici de milieu : il faut choiſir entre
les deux ſyſtêmes que nous venons d'ex-
poſer. Rejetter le premier , c'eſt admettre
le ſecond avec tous les inconvéniens qui
en

en font inféparables. Cette remarque eft
importante, & fuffit prefque feule pour
faire fentir quelle eft ici la force de la
convenance ; puifque ne pas reconnoître
la folidité de cette raifon, c'eft fe mettre
dans la néceflité de recevoir un fyftême défectueux, chargé d'inconvéniens, & dont
les conféquences ne font rien moins que
raifonnables.

§ XI.

De l'influence que ces preuves doivent avoir fur notre
conduite. Nous devons agir dans ce monde, fur
le fondement de la croyance d'un état futur.

TELLE eft la nature & la force de la
raifon de convenance, fur laquelle les
preuves de la fanction des loix naturelles
font établies. Il ne refte plus qu'à voir
quelle impreffion de telles preuves réunies
doivent faire fur notre efprit, & quelle
influence elles doivent avoir fur notre conduite. C'eft le point capital auquel tout
doit aboutir.

1°. Je remarque d'abord que quand
même tout ce que l'on peut dire pour la
fanction des loix naturelles, n'iroit qu'à
laiffer la queftion indécife ; il feroit toujours raifonnable dans cette incertitude

même, d'agir comme si l'affirmative l'emportoit. Car c'eſt manifeſtement le parti le plus sûr, c'eſt-à-dire, celui où il y a le moins à perdre, & le plus à gagner à tout événement. Mettons la choſe dans le doute. S'il y a un état à venir, non-ſeulement c'eſt une erreur de ne pas le croire, mais c'eſt un égarement funeſte d'agir comme s'il n'y en avoit point ; une telle erreur entraîne après ſoi des ſuites pernicieuſes : au-lieu que s'il n'y en a point, l'erreur de le croire ne produit en général que de bons effets ; elle n'eſt ſujette à aucun inconvénient pour l'avenir, & elle ne nous expoſe pas pour l'ordinaire à de grandes incommodités pour le préſent. Ainſi, quoiqu'il en puiſſe être, & dans le cas même le moins favorable aux loix naturelles, un homme ſage n'héſitera point entre le parti d'obſerver ces loix & celui de les violer : la vertu l'emportera toujours ſur le vice.

2°. Mais ſi ce parti eſt déja le plus prudent & le plus ſage, dans la ſuppoſition même du doute & d'une entière incertitude, combien plus le ſera-t-il ſi l'on reconnoît, comme on ne peut s'empêcher de le faire, que cette opinion eſt au moins plus probable que l'autre ? Un premier

mier dégré de vraisemblance, une simple probabilité, bien que légère, devient un motif raisonnable de détermination pour tout homme qui calcule & qui réfléchit. Et s'il est de la prudence de se conduire par ce principe dans les affaires ordinaires de la vie, la même prudence nous permet-elle de nous écarter de cette route, dans des choses plus importantes, & qui intéressent essentiellement notre félicité ?

3°. Mais enfin, si allant un peu plus loin, & ramenant la chose à son vrai point, l'on convient que nous avons ici en effet, sinon une démonstration proprement dite d'une vie à venir, au moins une vraisemblance fondée sur tant de présomptions raisonnables, & sur une convenance si grande, qu'elle approche fort de la certitude ; il est encore plus manifeste que, dans cet état des choses, nous devons agir sur ce pié-là, & qu'il ne nous est pas raisonnablement permis de nous faire une autre régle de conduite. *

* *Voyez* Part. I. Ch. VI. § 6.

§ XI.

§ XII.

C'est-là une suite nécessaire de notre nature & de notre état.

RIEN n'est plus digne, il est vrai, d'un être raisonnable, que de chercher en tout l'*évidence*, & de ne se déterminer que sur des principes clairs & certains. Mais comme tous les sujets n'en sont pas susceptibles, & qu'il faut pourtant se déterminer, où en seroit-on, s'il falloit toujours attendre pour cela une démonstration rigoureuse ? Au défaut du plus haut dégré de certitude, on s'arrête à celui qui est au-dessous ; & une grande vraisemblance devient une raison suffisante d'agir, quand il n'y en a point d'aussi grande à lui opposer. Si ce parti n'est pas en lui-même évidemment certain, c'est au moins une *régle évidente* & *certaine*, que dans l'état des choses on doit le préférer.

Et cela est une suite nécessaire de notre nature & de notre état. N'ayant que des lumières bornées, & étant pourtant dans la nécessité de nous déterminer & d'agir ; s'il étoit nécessaire pour cela d'avoir une certitude entière, & qu'on ne voulût pas

pren-

prendre la probabilité pour principe de
détermination, il faudroit, ou se déterminer pour le parti le moins probable &
contre la vraisemblance, ce que personne,
je pense, n'osera soutenir ; ou bien il faudroit passer sa vie dans le doute, flotter
sans cesse dans l'irrésolution, demeurer
presque toujours en suspens, sans agir,
sans prendre aucun parti, & sans avoir aucune régle fixe de conduite : ce qui seroit le
renversement total du système de l'humanité.

§ XIII.

La raison nous met dans l'obligation de le faire.

Mais s'il est très-raisonnable en général
d'admettre la convenance & la probabilité
pour régle de conduite au défaut de l'évidence, cette régle devient encore plus nécessaire & plus juste dans les cas particuliers où, comme nous le disions, l'on ne
court aucun risque à la suivre. Lorsqu'il
n'y a rien à perdre si l'on se trompe, &
beaucoup à gagner si l'on ne se trompe
pas ; que peut-on desirer de plus pour se
déterminer convenablement ? sur - tout
quand le parti opposé vous met au contraire dans un grand péril en cas d'erreur,

&

& ne vous donne aucun avantage quand
vous auriez bien rencontré. Dans ces circonſtances, il n'y a point à balancer ſur le
choix ; la raiſon veut qu'on aille au plus
ſûr ; elle nous en impoſe l'obligation, &
cette obligation eſt d'autant plus forte,
qu'elle eſt produite par un concours de raiſons auſquelles on ne ſauroit rien oppoſer
qui puiſſe les affoiblir.

En un mot, s'il eſt raiſonnable de prendre ce parti dans le cas même d'une entière incertitude, il l'eſt encore davantage, s'il a en ſa faveur quelque probabilité : il devient néceſſaire, ſi les probabilités ſont preſſantes & en grand nombre ;
& enfin, la néceſſité augmente encore, ſi
à tout événement ce parti eſt le plus ſûr
& le plus avantageux. Que faut-il de plus
pour produire une véritable obligation, *
ſelon les principes que nous avons établis
ſur l'obligation interne que la raiſon nous
impoſe ?

§ XIV.

C'eſt auſſi un devoir que Dieu lui-même nous impoſe.

Ce n'eſt pas tout : Cette obligation interne & primitive ſe trouve fortifiée par la

* *Voyez* Part. I. Ch. VI. § 9 & 13.

volonté

volonté même de Dieu, & devient par conséquent auſſi forte qu'il ſoit poſſible. En
effet, cette manière de juger & d'agir, étant,
comme on vient de le voir, une ſuite de
notre conſtitution, telle que le Créateur
lui-même l'a formée, cela ſeul eſt une
preuve certaine que la volonté de Dieu
eſt que nous nous conduiſions par ces principes, & qu'il nous en fait un devoir. Car,
comme on l'a obſervé ci-devant : * TOUT
ce qui eſt dans la nature de l'homme, tout
ce qui eſt une ſuite de ſa conſtitution &
de ſon état primitif, nous indique clairement & diſtinctement quelle eſt la volonté
du Créateur ; quel uſage il a prétendu que
nous fiſſions de nos facultés, & à quelles
obligations il a voulu nous aſſujettir. Ceci
mérite une grande attention : car ſi l'on
peut dire, ſans crainte de ſe tromper,
que Dieu veut effectivement que les hommes ſe conduiſent en ce monde ſur le fondement de la croyance d'un état futur, &
comme ayant tout à eſpérer ou tout à craindre de ſa part, ſelon qu'ils auront fait ou
bien ou mal ; ne réſulte-t-il pas de-là une
preuve plus que probable de la réalité de
cet état, & de la certitude des récompen-

* *Voyez* Part. II. Ch. IV. § 5.

ſes & des peines ? Autrement, il faudroit
dire que Dieu lui-même nous trompe,
parceque cette erreur étoit néceſſaire à
l'exécution de ſes deſſeins, & devenoit un
principe eſſentiel au plan qu'il avoit formé
par rapport à l'homme & à la ſociété. Mais
parler ainſi de l'Etre très-parfait, de celui
dont la puiſſance, la ſageſſe & la bonté
n'ont point de bornes, ne ſeroit-ce pas
tenir un langage auſſi abſurde qu'indé-
cent ? Par cela même que cet article de
croyance eſt néceſſaire à l'homme, & entre
dans les vues de Dieu, ce ne peut pas être
une erreur. Tout ce dont il nous fait un
devoir, ou un PRINCIPE RAISONNABLE DE
CONDUITE, eſt ſans doute une vérité.

§ XV.

CONCLUSION.

AINSI tout concourt à bien établir l'AU-
TORITE' des LOIX NATURELLES : 1°. L'approbation que la raiſon leu donne : 2°. le
commandement exprès de Dieu: 3°. les
avantages réels que leur obſervation nous
procure dans ce monde : 4°. &enfin, les
grandes eſpérances & les juſtes craintes que
l'on doit avoir pour l'avenir, ſelon qu'on
aura

aura obfervé ou méprifé ces loix. C'eft ainfi que Dieu nous attache à la pratique de la vertu par des liens fi forts & en fi grand nombre, que tout homme, qui confulte & qui écoute fa raifon, fe trouve dans l'obligation indifpenfable d'y conformer invariablement fa conduite.

§ XVI.

Ce qui eft déjà fi probable par la feule raifon, eft mis par la révélation dans une pleine évidence.

L'on trouvera peut-être que nous nous fommes trop étendu fur la fanction des loix naturelles. Il eft vrai que la plupart de ceux qui ont écrit fur le Droit naturel, fe font refferrés fur cet article ; & Pufendorf lui-même n'y infifte guères. * Cet

---

* On peut voir dans un petit écrit, intitulé *Jugement d'un Anonyme*, &c. & qui eft joint à la cinquiéme édition des *Devoirs de l'homme & du Citoyen*, les reproches que M. *Leibnitz*, auteur de cet Ecrit, fait là-deffus a *Pufendorf*. M. *Barbeyrac*, qui a joint fes Remarques à l'Ouvrage de M. *Leibnitz*, juftifie affés bien *Pufendorf*. Cependant un Lecteur attentif fentira qu'il refte encore quelque chofe à defirer pour l'entière juftification du fyftême de cet Auteur, qui fur ce point fe trouve véritablement un peu foible.

Auteur,

Auteur, sans exclure absolument de cette
science, la considération d'une vie à venir, semble pourtant renfermer le Droit
naturel dans les bornes de la vie présente, comme tendant uniquement à rendre
l'homme sociable. * Il reconnoît cependant que l'homme desire naturellement
l'immortalité, & que cela a porté les
Paiens à croire que l'ame est immortelle;
que cette croyance se trouve encore auto-
risée par une tradition très-ancienne touchant une Divinité vengeresse : à quoi il
ajoute qu'il y a en effet beaucoup d'apparence que Dieu punira la violation des
loix naturelles; mais qu'il reste pourtant
quelque obscurité là-dessus, & qu'il n'y a
qu'une révélation qui puisse rendre la chose certaine. **

Mais lors même que la raison ne nous
fourniroit que des probabilités sur cette
question, il ne faudroit pas pour cela exclure du Droit naturel toute considération
d'un état à venir; sur-tout si ces probabilités sont très-grandes, & si elles approchent

* *Voyez* la Préface de Pufendorf sur les Devoirs
de l'homme & du citoyen. §. 6. 7.
** *Voyez* Droit de la Nature & des Gens. Liv. II.
Ch. III. §. 21.

de

de la certitude. Cet article entre nécessairement dans le système de cette science, & il
en fait une partie d'autant plus essentielle,
que sans cela l'autorité des loix de la nature se trouveroit très-affoiblie, comme
nous l'avons montré; & qu'il seroit très-
difficile, pour ne rien dire de plus, d'établir solidement plusieurs devoirs importans, qui nous obligent de sacrifier nos
plus grands avantages au bien de la société, ou au maintien du droit & de la justice. Il étoit donc nécessaire d'examiner avec
quelque soin jusqu'où les lumières naturelles peuvent nous conduire sur cette
question, & de faire bien sentir, soit la
force des preuves qu'elles nous donnent,
soit l'influence que ces preuves doivent
avoir sur notre conduite.

Il est vrai, comme nous le disions nous-
mêmes, que le meilleur moyen de connoître quelle est à cet égard la volonté de
Dieu, seroit une déclaration expresse de
sa part. Mais si en raisonnant comme simples Philosophes, nous n'avons pu faire usage d'une preuve aussi décisive, rien
ne nous empêche, en qualité de Philosophes Chrétiens, de nous prévaloir de l'a-
vantage que nous donne la REVELATION,

II. Partie.   T   pour

pour fortifier nos conjectures. Rien ne montre mieux en effet que nous avions bien raisonné & bien conjecturé, que la déclaration positive de Dieu sur ce point important. Car puisqu'il paroît par le fait, que Dieu veut récompenser la vertu & punir le vice dans une autre vie, on ne peut plus douter de ce que nous disions, que cela est très-conforme à sa sagesse, à sa bonté & à sa justice. Les preuves que nous avons tirées de la nature de l'homme, des desseins de Dieu à son égard, de la sagesse & de l'équité avec laquelle il gouverne le monde, & de l'état présent des choses, ne sont donc point l'ouvrage de l'imagination, ni une illusion de l'amour-propre; ce sont des réflexions dictées par la DROITE RAISON : & quand la révélation vient s'y joindre, elle achéve de mettre dans une pleine évidence ce qui étoit déja si probable par les seules lumières naturelles.

Au reste, la réflexion que nous faisons ici ne regarde pas seulement la sanction des loix naturelles : elle peut s'étendre également aux autres parties de cet ouvrage. Il est bien satisfaisant pour nous, de voir que les principes que nous avons posés,